갈라디아서를 처방합니다

갈라디아서를 처방합니다

지은이 | 김정우
초판 발행 | 2021. 10. 19
등록번호 | 제1988-000080호
등록된 곳 | 서울특별시 용산구 서빙고로 65길 38
발행처 | 사단법인 두란노서원
영업부 | 2078-3352 FAX | 080-749-3705
출판부 | 2078-3331

책값은 뒤표지에 있습니다.
ISBN 978-89-531-4092-9 03230 Printed in Korea

독자의 의견을 기다립니다.
tpress@duranno.com www.duranno.com

갈라디아서를 처방합니다

흔들리는 믿음을 향한
바울의 진단

김정우
지음

두란노

기독교 윤리학자인 동시에 수십 년간 지역 교회를 담임한 김정우 목사님의 글
은 학문과 경건을 아우르는 깊은 묘미가 있습니다. 기독교 윤리학을 전공했기
에 성도의 도덕을 강조할 것으로 기대할 수 있지만, 오히려 정반대로 예수님이
베풀어 주신 진정한 자유가 무엇인지를 가르치는 갈라디아서에 대한 강해서를
출판한 것은 시사하는 바가 큽니다. 아마도 오늘 그리스도인의 윤리적 삶은 그
리스도가 베풀어 주신 초월적 은혜로 말미암은 자유로만 가능한 것임을 그동안
의 학문적 노력과 목회 사역을 통해 김 목사님이 절실하게 느꼈기 때문으로 보
입니다. 그런 점에서 김 목사님의 《갈라디아서를 처방합니다》는 단순히 서재
안에서의 독서와 연구에서 나온 것이 아니라, 목회 현장의 경험에서 나온 생생
한 증언입니다.

　오늘 한국 교회는 아직도 율법을 지나치게 강조하는 율법주의와 율법은 신약
시대에 더 이상 필요가 없다는 반율법주의 사이에서 진자 운동을 하고 있습니
다. 이런 양극단 가운데서 김정우 목사님의 《갈라디아서를 처방합니다》는 복음
과 율법의 관계를 자유를 중심으로 균형 있게 잘 설명하는 수작입니다. 복음이
무엇이며, 복음이 선물한 자유는 어떤 것이며, 복음을 통해 자유를 맛본 그리스
도인들은 이 세상에서 어떻게 살아야 하는지를 이렇게 맛깔나게 보여 주는 갈
라디아서 강해는 지금까지 없었던 것 같습니다.

　김정우 목사님은 갈라디아서 본문의 건실한 주해에 근거해 복음의 정수를 보
여 주는 한편, 현대 기독교 윤리의 학문적 성과와 목회를 통해 깨달은 인간 본
성에 대한 이해를 중심으로 오늘날 그리스도인들이 어떻게 삶을 영적으로 살아
내야 하는지를 설득력 있게 그리고 감동적으로 설명합니다.

　김정우 목사님의 책은 오랜 숙고와 성찰의 결과를 바탕으로 그리스도인은 물
론 일반인들도 이해하기 쉽게 써 내려갔기에 누구나 읽으면서 깊게 묵상하고

삶의 지혜와 도움을 얻을 수 있는 훌륭한 영적 서적입니다. 또한 각 장마다 함께 생각하고 나눌 수 있도록 몇 개의 질문들을 제시했기에 독서 세미나나 그룹 토의용으로도 매우 유익합니다.

복음이 무엇인지 그리고 복음의 진리가 어떻게 우리를 자유롭게 하는지, 그리스도의 십자가가 어떻게 복음과 자유의 유일한 근원인지를 알기 원하는 독자라면 누구나 읽어 볼 필요가 있기에 강력하게 추천하는 바입니다.

김지찬 총신대학교 신학대학원 교수

갈라디아서는 예수 그리스도의 대속적 죽음과 부활 복음이 무할례자들(이방인들)을 아브라함의 영생 식탁에 초청하는 복음임을 감동적으로 설파하는 서신이다 (갈 3:8-16). 본서는 간결하면서도 따뜻한 목회자의 마음으로 갈라디아서의 핵심 주제를 은혜롭게 천착한다. 본서를 읽는 동안 독자들은 따뜻한 위로를 받으면서 동시에 심각한 자기 성찰도 요구받는다. 한국 교회 성도들의 자유를 위협하는 다른 복음이 무엇일까? 나는 다른 사람을 사랑으로 섬길 만큼 충분히 자유로워졌는가? 나를 복음만으로 만족하지 못하게 만드는 위협은 무엇일까?

이런 질문들을 불러일으키는 본서는 오늘날 바울 사도의 원시적 순수 복음을 위협하는 다른 복음의 정체가 무엇일까를 숙고하도록 인도한다. 본서는 시종일관 코로나 사태로 인해 고립되어 영적 건조증을 앓고 있는 성도들의 기진맥진한 마음에 호소하고 있다. 독자들은 이 책을 읽는 내내 고단하고 어려운 세상을 살아가는 성도들을 향한 목회자의 상한 심정과 사랑을 느낄 수 있을 것이다.

특히 기독교 위인들의 글이나 기독교 고전에서 택한 감동적 경구나 잠언을 인용하면서 매 장을 시작하는 저자는 먼저 사람들을 얽어매는 세상에 대한 분석적 진단을 먼저 제시한 후에 이런 세상 문제를 해결할 열쇠를 지고 있는 복음의 대안을 제시한다. 먼저 세상에서 성도들이 직면한 문제 상황을 묘사한 후에, 복음을 통한 해방적 이완과 구원을 제시한다. 이런 책의 편집적 짜임새가 언제 다 읽었는지도 모를 정도로 독자들이 책에 몰입할 수 있도록 도와준다. 부디 이 책이 코비드19 팬데믹으로 혼란스럽고 지친 성도들에게 그리스도의 소망과 위로를 전하는 '복음'이 되기를 간구한다.

김회권 숭실대학교 기독교학과 교수, 가향교회 신학 지도 목사

이 책은 영양 만점의 잘 차려진 복음 정찬입니다. 복음의 핵심 가치를 갈라디아서의 구절구절을 통해 세심하고 명확하게 제시해 줍니다. 풍성하지만 과하지 않고, 맛깔나지만 자극적이지 않으며, 다양하지만 난해하지 않습니다.

독자들은 복음의 정수를 부드럽게 제시하는 저자의 간절함을 느낄 것입니다. 동시에 신앙의 치부를 날카롭게 찌르는 원저자 바울의 안타까움을 느낄 것입니다. 이 책은 '복음은 이런 것이다'라고 크게 선포하며 또한 '설교는 이런 것이다'라고 잠잠히 말해 줍니다.

박태양 TGC코리아 대표, 목사

평소에 따뜻하고 겸손한 성품과 지혜로움으로 복음을 위한 연합과 갱신 사역에 앞장서시던 목사님이 쓰신 책이기에 말씀 한마디 한마디에 더 신뢰와 애정이 갑니다. 지도는 우리에게 아주 중요한 물건입니다. 올바른 방향을 제시하기 때문입니다. 뛰어난 기술과 화려한 디자인, 빠른 속도가 있어도 방향이 틀리면 모든 것이 허사입니다. 김정우 목사님의 《갈라디아서를 처방합니다》는 우리가 올바른 경로를 찾아서 목적지에 도달할 수 있도록 안내하는 귀한 책입니다. 저자의 말처럼 지속된 팬데믹으로 어려움을 겪는 교회와 성도들을 위한 이정표가

담겨 있습니다. 원인에 따른 문제를 파악하고, 이유에 적절하게 대응하는 논리가 담겨 있어 이해하기도 쉽습니다. 그저 '복음으로 돌아가라'는 외침이 아니라 시대가 요구하는 논리를 통해 변증하여 우리가 복음으로 돌아가야 하는 이유를 시대적 언어로 탁월하게 풀어냈습니다. 이 책을 통해 세속과 율법주의의 함정에서 벗어나 구원의 올바른 종착역에 모두가 도착할 수 있기를 소망합니다. 복음 지도를 따라가는 우리의 여정에 지참해야 할 책으로 기쁘게 이 책을 추천합니다.

이인호 더사랑의교회 담임 목사

어느 시대이건 복음을 명확히 드러내 상황에 적용하는 것만이 교회의 사명이다. 복음이 시대적 상황에 적용될 때 강조되는 부분은 분명 다양하게 나타난다. 자유, 평화, 화목, 기쁨, 용기 등 다양한 영적 덕목들이 복음의 열매로 나타난다. 갈라디아 지역 교회들은 율법에 얽매여 복음 안에서 누릴 수 있는 자유를 잃어버린 채 신앙생활을 하고 있었고, 이에 대한 목회적 처방서로 갈라디아서가 쓰였다. 오늘 이 시대에도 복음을 통해 참된 능력을 누리지 못하는 것은 필경 복음을 명확하게 드러내지 않게 하는 다른 어떤 요소가 포함되어 있기 때문이다. 김정우 목사님의 갈라디아서 강해는 이러한 핵심 문제를 잘 드러내며 한국 교회의 상황에 적실하게 적용하고 있다. 복음적 교회 사역을 위해 헌신하고 있는 김정우 목사님을 통해 이 중요한 문제를 다루는 책이 나오게 된 것을 기쁘게 생각한다. 이 귀한 책을 통해 한국 교회 성도들이 복음의 능력을 다시 회복하게 되기를 소망한다.

이재훈 온누리교회 담임 목사

나 자유 얻었네!

미국 국민들이 지금까지도 가장 존경하는 16대 대통령 에이브러햄 링컨(Abraham Lincoln)이 일리노이(Illinois) 주 하원의원 재임 시 있었던 일입니다. 한날 그는 노예 경매장을 방문하게 되었습니다. 그곳에서 벌어지고 있는 일들을 보는 링컨의 마음은 찢어질 듯 아팠습니다. 한 소녀가 경매에 나왔습니다. 링컨은 그 노예 소녀의 몸값을 지불한 후, 그 소녀에게 이렇게 말했습니다. "이제부터 너는 자유의 몸이다." 링컨의 말을 들은 소녀는 의아해하는 눈빛으로 "선생님, 자유가 뭐예요?" 하고 물었습니다. 링컨이 대답했습니다. "네가 마음먹은 대로 할 수 있는 것이 자유지." 설명이 끝나자마자 소녀가 말했습니다. "그러면, 전 마음먹은 대로 선생님과 함께 가겠습니다."

이 이야기는 우리가 어떻게 그리스도인이 되었는지와 또 왜 그리스도인답게 살아야 하는지를 생각하게 만듭니다. 갈라디아서는 우리가 얻은 '자유'가 우리 자신의 '율법의 의'(철저하게 율법의 규례를 따라 종교 생활을 하는 가운데 나름대로 만든 의)로 말미암은 것이 아니라, 예수 그리스도의 '대속(값을 대신하여 치름)의 죽음이 가져온 의'를 믿음으로 얻게 된 것임을 가르쳐 줍니다. 더 나아가, 갈라디아서는 우리가 얼마나 엄청난 일을 하는지에 대해 별로 관심을 기울이지 않습니다. 대신 예수님이 우리를 위해 하신 일이 무엇인지에 먼저 주목하도록 우리를 이끕니다. 그래서 할 수 있는 대로 우리 안에 계신 예수님이 드러나시도록 하는 것이 '믿음'임을 갈라디아서는 강조합니다. "내가 그리스도와 함께 십자가에 못 박혔나니 그런즉 이제는 내가 사는 것이 아니요 오직 내 안에 그리스도께서 사시는 것이라 이제 내가 육체 가운데 사는 것은 나를 사랑하사 나를 위하여 자기 자신을 버리신 하나님의 아들을 믿는 믿음 안에서 사는 것이라"(갈 2:20).

문제는 우리 자신이 믿음으로 얻게 된 자유를 충분히 누리지 못하고 있을 뿐만 아니라, 그렇게 누리지 못하는 것에 대해 너무나도 익숙해져 있다는 사실입니다. 스위스의 정신과 의사인 칼 융(Carl Gustav Jung)은 모든 인간에게는 '다섯 가지의 감옥'이 있다고 주장했습니다. '자기 사랑의 감옥', '근심의 감옥', '과거의 감옥', '선망(비교)의 감옥' 그리고 '증오의 감옥'입니다. 굳이 설명하지 않더라도 그 의미하는 바가 무엇인지 우리는 알고 있습니다. 성경 또한 우리가 '죄의 종'이 되어 진정한 '자유'를 누리지 못하며 어떤 삶을 살았는지를 잘 보여 줍니다. 예수님은 우리를 이러한 감옥(우리 안에서 만들어지기도 하고, 우상의 형태로 드러나기도 합니다)에서 나오게 하셨습니다. 그런데 안타깝게도, 이러한 감옥에 스스로 들어가는 성도들이나, 심지어 목회자들이 있습니다. 그래서 갈라디아 교회 성도들을 향해 외쳤던 바울의 호소가 오늘 우리에게도 필요합니다. "그리스도께서 우리를 자유롭게 하려고 자유를 주셨으니 그러므로 굳건하게 서서 다시는 종의 멍에를 메지 말라"(갈 5:1). 그렇다고 우리가 마땅히 누려야 할 '자유'는 결코 죄를 마음대로 지을 수 있는 자유가 아닙니다. 다만 죄의 지배로부터의 자유일 따름입니다. 율법을 버려도 되는 자유가 아니라, 율법의 완성으로서의 자유입니다. 자신의 유익과 행복만을 위한 '자기중심적 자유'가 아니라, 절제와 희생이 뒤따르는 '헌신적 자유'입니다. 스스로 사랑으로 종노릇하는 자유입니다. 16세기 종교 개혁자 마르틴 루터(Martin Luther)의 말처럼, "자유란 원하는 것을 마음대로 할 수 있는 권리가 아니라, 마땅히 해야만 하는 것을 할 수 있게 하는 능력"입니다. 이러한 '자유'를 제대로 누릴 때, 우리 자신의 신앙도 그리고 교회도 건강해지리라 확신합니다.

왜 지긋지긋한 감옥살이를 다시 하는 일들이 생겼을까요? 조심스럽게 그 이유를 말씀드려 볼까 합니다. 생각보다 한국 교회 성도들이(혹은 목회자들이) '율법주의적 설교'에 길들여져 있기 때문입니다. 그래서 저는 인간이 보편적으로 가지고 있는 '종교성'을 자극하는 설교나 '감성팔이식'의 설교는 하지 말자고 스스로 다짐하게 되었습니다. 그런 다짐 가운데 '복음의 자유'를 선포하는 갈라디아서를 설교하게 되었고, 기회가 닿아 이처럼 강해했던 것을 책으로 출간하게 되었습니다.

어떤 면에서 이 책은 '복음의 은혜와 능력, 아름다움 그리고 영광'을 강조하면서도 여전히 인위적인 방식으로 목회를 이어 가기도 하는 그리고

14

주님이 받으실 영광의 조그만 부분이라도 목회의 보상으로 떼어 내려는 어리석은 목회자, 바로 저 자신에 대한 '도전'이기도 합니다. 강요당한 헌신, 사람의 인정을 구하는 봉사, 통계 수치에만 민감한 부흥이 아닌, '복음의 역동성'에 따른 진정한 헌신과 봉사 그리고 부흥이 어느 때보다도 필요한 시기에 책이 출간되었기에 남모를 기쁨이 저에게 있습니다. 아무쪼록 이 책이 '복음의 자유'를 누리고 '복음 안에서의 진정한 회복과 부흥'을 일으키는 일에 미약하나마 보탬이 되기를 소원합니다.

2021년 10월
관악산을 바라보며, 김정우

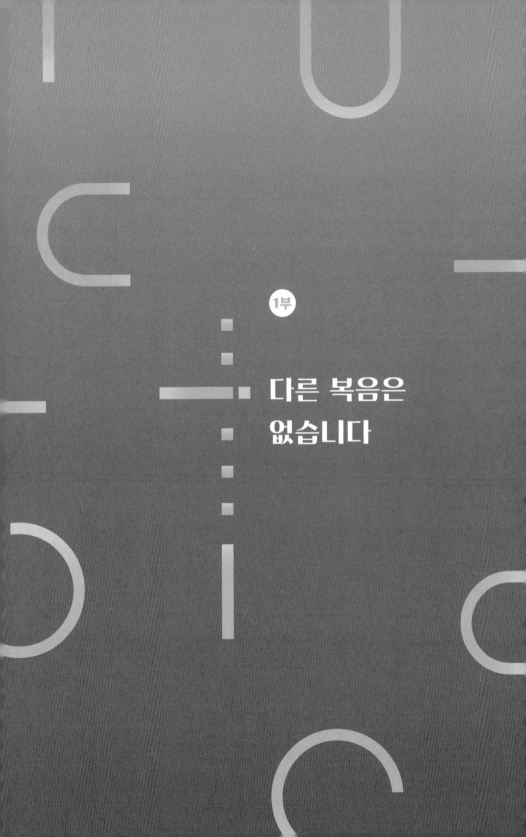

1부

다른 복음은
없습니다

1. 복음만이 소망의 열쇠가 됩니다

갈 1:1-5

> "우리는 우리를 정죄하실 수 있는
> 오직 그 한 분으로부터 죄 사함을 입었습니다.
> 우리는 진정으로 자유로운 사람이 되었습니다."
> 맥스 루케이도(Max Lucado)

2018년 7월, 보건복지부가 'OECD(경제협력개발기구) 보건 통계 2018'을 인용해서 발표한 자료에 따르면, 2016년 기준 우리나라 국민의 평균 기대 수명은 82.4세로 OECD 평균 80.8세보다 높았습니다. 그런데 스스로 건강하다고 생각하는 비율은 32.5퍼센트로 OECD 국가들 가운데 가장 낮았습니다(캐나다는 88.4퍼센트). 그런 이유에서인지 우리나라 국민 일인당 외래 진료 횟수는 한 해 17회로 OECD 국가들 가운데서 가장 높았습니다. 가장 자주 의사를 찾았다는 말입니다. 그리고 인구 10만 명당 자살 비율(23.5명 vs. OECD 평균 10.9명) 역시 최고라는 사실은 이미 많은 사람들이 아는 바입니다.

이러한 통계는 우리나라 국민들이 자신의 삶(건강 포함)에 대해 필요 이상으로 부정적이고, 혹은 비관적인 생각을 가지고 있음을 보여 줍니다. 왜 우리나라 국민들은 다른 선진국 국민들에 비해 자신의 삶에 대해 건강한 자부심을 가지고 있지 못할까요?

여러 가지 이유가 있겠지만, 그 가운데 실패를 인정하지 않는 사회적 분위기가 가장 큰 이유라고 생각합니다. 지나치게 몸을 사리게 만들고, 늘 다른 사람을 의식하며 살게 하는 분위기 말입니다. 그런 면에서 '2018 실패 박람회'(행정안전부와 중소벤처기업부 공동 주최)는 바람직한 시도였다고 봅니다. 실패자를 낙오자로 쉽게 낙인찍어 버려서는 안 됩니다. 실패를 재도약을 위한 준비 단계로 볼 수 있어야 합니다. 그리고 누구에게든 재도전의 기회가 주어져야 합니다. 지금 갈라디아 교회는 영적으로 실패한 가운데 있습니다. 다시 교회다움을 회복해야 하는 단계에 있는 것입니다.

바울의 다른 편지들과 마찬가지로, 갈라디아서는 바울이 그의 사역 초기 때(주후 50년경) 갈라디아 지역의 교회들이 당면한 문제들을 해결하기 위해 보낸 '목회적 처방'입니다. 갈라디아서는 죄와 악으로 가득 찬 세상을 살아가는 인간들에게 가장 필요한 것이 무엇인가를 가르쳐 줍니다. 오직 예수 그리스도의 복음 안에만 진정한 '자유'가 있고, 또 '구원의 길'이 있다는 사실입니다. 그런데 갈라디아 교회들에 살며시 들어온 거짓 교사들은 복음만으로는 우리의 구원을 온전히 이룰 수 없고, 할례를 포함한 유대 종교의 전통과 규례를 지켜야 구원에 이를 수 있다는 주장을 폈습니다. 그래서 바울은 당시 보통 서신들이 포함하고 있는 '발신자, 수신자 그리고 인사말' 가운데서도 자신의 사도적 권위와 그가 전했던 복음의 능력을 강조할 수밖에 없었습니다. 그런 면에서 본문은 갈라디아서 전체의 핵심적인 가르침을 담고 있다고도 볼 수 있습니다.

복음은 오늘날 코로나 팬데믹으로 갈등과 침체의 어려움을 겪고 있는 교회들에게도 회복과 부흥의 진정한 처방이 됩니다. 팀 켈러(Tim Keller)는 "그리스도인에게도 복음은 반드시 필요하다. 왜냐하면 복음은 그리스도인의 삶의 전부이기 때문이다. 복음은 하나님 나라에 들어가는 관문일 뿐 아니라 그 나라의 시민답게 살아가게 하는 방식이다. 그리스도는 복음을 통해 사람과 교회와 공동체를 변화시킨다"라고 말했습니다.

우리는 늘 복음으로 돌아가야 합니다. 그리고 복음으로 살아야 합니다. 어떻게 하면 '복음적인 삶'을 보다 실제적으로 살 수 있을지 살펴보겠습니다.

━ 세상의 곤경

"그리스도께서 하나님 곧 우리 아버지의 뜻을 따라 이 악한 세대에서 우리를 건지시려고 우리 죄를 대속하기 위하여 자기 몸을 주셨으니"(갈 1:4).

예수 그리스도의 복음보다 더 생생하게 세상의 형편을 드러내는 것은 없습니다. 사람마다 필요로 하고, 또 원하는 것이 다 다릅니다. 병든 사람에게는 건강을 회복하는 것이 가장 필요합니다. 학생들에게는 좋은 성적이, 청년들에게는 안정된 직장이 가장 필요할 것입니다. 그러나 우리가 필요로 하는 것은 지역이나 연령 그리고 각자의 상황에 따라 언제든지 달라질 수 있습니다. 그렇다면 인간 모두에게 진정으로 필요한 것은 무엇일까요? 인간의 근본적인 문제는 무엇일까요? 문제를 정확히 알면 답을 찾기가 한결 수월해집니다.

본문은 이 세대가 '악한'(aggressively evil) 세대임을 분명히 밝히고 있습니다. 여기서 '악하다'라는 말은 조금만 조심하면 그럭저럭 살아갈 수 있을 정도로 막연하게 세상이 살기 험하고 힘들다는 뜻이 아닙니다. 적극적으로 그리고 공격적으로 우리를 죄 가운데로 몰아가 함께 죄짓고, 함께 멸망당할 세대라는 뜻입니다. 워낙 죄악의 규모와 강도가 크고 또 세기 때문에 보통의 윤리, 도덕, 교육 혹은 종교적인 행위로는 감당할 수가 없다는 뜻입니다. 우리의 선행이나 수행으로도 불가능한 일입니다. 이 악한 세대에서 피할 길을 세상에서는 찾을 수가 없습니다. 새로운 길이 나타나야 합니다. 악은 굉장히 공격적입니다. 순하고 얌전한 악은 결코 존재하지 않습니다.

얼마 전, 50대 초반의 한 지체 장애인이 자신이 겪었던 일을 소개한 글을 읽은 적이 있습니다. 그 장애인은 자신의 곁을 지나가던 어떤 사람이 작은 소리로 하는 말을 들었습니다. "저렇게 사느니 죽는 게 낫지." 그 말을 들은 그는 그렇게 말을 함부로 하는 사람이 진짜 장애인이란 생각이 들었다고 합니다. 세상은 스스로 구원할 능력을 가지고 있지 못합니다. 소망이 없습니다. 파국을 향해 달려갈 따름입니다. 이런 세상에 대해 무엇을 말해 주어야 할까요? "저렇게 사느니 죽는 게 낫지"라고 말해야 할까요? 우리는 곤경에 처한 이웃에게 '생명의 소식'을 전해 주어야 합니다. '살 소망'을 심어 주어야 합니다. '복음의 빛'을 세상에 비추어야 합니다.

제임스 보이스(James Boice) 목사가 든 예화입니다. '기차와 역마차'에 관한 이야기입니다. 한밤중에 건널목으로 역마차가 다가옵니다. 그리고 기차도 다가옵니다. 건널목 간수는 기차가 오는 것을 보고 등을 흔들어 역마차에게 경고 신호를 보냅니다. 그러나 역마차는 건널목을 건너다 기차와 충돌하게 되고, 그 역마차에 타고 있던 일가족은 모두 목숨을 잃게 됩니다. 후에 건널목 간수는 그 사건과 관련해서 수사를 받게 됩니다. 수사관이 묻습니다. "기차가 오는 것을 보았습니까?" "예." "등을 흔들었습니까?" "예." 사고는 역마차를 몰던 사람의 부주의로 인해 일어난 것으로 결론짓고, 수사는 종결되었습니다. 시간이 지난 후, 건널목 간수가 죽음을 맞게 되었습니다. 주위에 둘러선 사람들에게 그가 말했습니다. "수사관이 수사 과정에서 나에게 한 가지 묻지 않은 것이 있었다." "무엇입니까?" "그 등에 불이 켜져 있었습니까?" 간수는 불을 켜지 않은 채 열심히 등을 흔들었던 것입니다.

이 어두운 세상에서 우리 외에 진리의 빛을 비출 자는 누구일까요? 이 악한 세대에 우리는 복음을 공격적으로 전해야 합니다. 종교 개혁자인 마르틴 루터는 말합니다. "어제 예수님께서 십자가에서 죽으시고, 오늘 살아나셨으며, 내일 다시 오실 것처럼 말씀을 전해야 한다."

대속의 죽음

"사람들에게서 난 것도 아니요 사람으로 말미암은 것도 아니요 오직 예수 그리스도와 그를 죽은 자 가운데서 살리신 하나님 아버지로 말미암아 사도 된 바울은"(갈 1:1).

"그리스도께서 하나님 곧 우리 아버지의 뜻을 따라 이 악한 세대에서 우리를 건지시려고 우리 죄를 대속하기 위하여 자기 몸을 주셨으니"(갈 1:4).

1절은 예수 그리스도가 죽으셨다고 말합니다. 그리고 4절은 그가 왜 죽으셨는지를 가르쳐 줍니다. '우리를 악한 세대에서 건지고, 또 우리 죄를 대속하기 위해' 예수님은 십자가에서 죽으셨습니다. 하나님은 진정 우리가 죄악 된 자리에 머물지 않고 거기서 벗어나 복된 삶을 살기를 원하십니다. 늘 은혜와 평강 가운데 거하기를 원하십니다. 사도 바울은 그래서 이렇게 축복합니다.

"우리 하나님 아버지와 주 예수 그리스도로부터 은혜와 평강이 있기를 원하노라"(갈 1:3).

망가진 인생에 대한 하나님의 긍휼이 우리를 위한 구원의 동기가 된 것입니다. 예수님의 죽으심은 철저하게 하나님 아버지의 뜻을 따른 것이었습니다. 하나님이 금하신 선악을 알게 하는 나무의 열매를 따 먹고 죄 가운데 두려워하며 무화과나무 잎으로 지은 옷을 입고 있던 아담과 하와에게 가죽 옷을 지어 입히셨던 사랑, 바로 '덮으시는 그 사랑'을 우리는 십자가를 통해 경험하게 됩니다.

악한 세대에서 우리를 건져 주실 수 있는 분은 오직 예수 그리스도밖에 없습니다. 그 '건지심'에 우리가 관여하거나 기여한 일은 한 가지도 없습니다. 전적으로 하나님의 은혜의 행위입니다. 덧붙일 것도 없습니다. 그래서 우리의 구원에 관한 한 오직 하나님에게만 영광이 돌려져야 합니다.

"영광이 그에게 세세토록 있을지어다 아멘"(갈 1:5).

예수 그리스도의 복음보다 더 깊게 하나님의 사랑을 증거하는 것은 없음을 인식해야 합니다. 그래서 우리가 복음으로 말미암아 산다는 것은 사랑이 우리의 삶의 원리가 된다는 것을 의미합니다.

미국 트리니티(Trinity) 신학교의 조직신학자 웨인 그루뎀(Wayne Grudem)은 "사랑이 없는 곳은 한마디의 말조차도 의심을 품게 하고, 한 가지의 행동까지도 오해와 갈등을 낳는다. 사랑 없이 되어지는 모든 것이 결국 사탄의 기쁨이 된다"고 말했습니다. 우리는 오직 복음으로 살아야 합니다. 서로를 사랑으로 품어 주는 인생이 되어야 합니다.

— 소명의 사람

사도 바울 자신과 갈라디아 교회 성도들 모두는 하나님의 부르심을 받은 사람들입니다. 우리는 예수 그리스도의 복음보다 더 근본적으로 사람 자체를 변화시키는 것은 없음을 인식해야 합니다. 어떤 사람을 오랫동안 교도소에 가두어 둔다고 그 사람이 변화될까요? 상대가 원하는 대로 다 해 주면 그 사람이 내 마음을 알아줄까요? 수입이 늘어나면 될까요? 물론 수입이 늘어나면 차를 바꾸거나 입는 옷을 바꿀 수는 있습니다. 사는 집도 바꿀 수 있습니다. 그러나 늘어난 수입으로도 사람 자체를 바꾸어 놓을 수는 없습니다.

항상 자신의 것부터 먼저 챙기던 사람이 어떻게 다른 사람의 유익을 먼저 생각할 수 있을까요? 항상 자신의 안전만을 도모하던 사람이 어떻게 스스로 십자가를 지려는 사람이 될 수 있을까요?

우리는 스스로에게 질문해 보아야 합니다. "나는 복음으로 말미암아 무엇이 변했고, 지금 어떤 길을 가고 있는가?"

● **함께 생각하고 솔직하게 나눠 봅시다.**

1. 최근 당신이 가장 염려하거나 두려워하는 것은 무엇입니까(건강, 재정, 관계, 진로, 습관 등)?

2. '기차와 역마차' 예화에서 건널목 간수가 불이 꺼진 등을 열심히 흔들었다는 고백이 지금 당신의 삶과 교회의 모습에 주는 교훈은 무엇입니까?

3. 복음이 당신의 삶에 끼친 가장 큰 영향은 무엇입니까? 또한 복음의 능력은 여전히 당신의 언행에 핵심적인 영향을 미치고 있습니까?

2. 기준은 복음입니다

> "복음에 담겨 있는 가장 장엄한 진리는
> 그리스도께서 여기 이 땅에 유일하게 남겨 놓고 가신 것이
> 그의 피라는 사실입니다."
>
> 드와이트 무디(Dwight L. Moody)

영국의 유력 일간지인 〈가디언〉(*The Guardian*)은 2018년 6월, 미국인들이 3억 9,300만 정의 총기를 보유하고 있다고 보도했습니다. 미국 인구가 3억 2,670여 만 명 정도니까 엄청난 수의 총기를 보유하고 있는 셈입니다. 그런데 문제는 총기를 많이 소유하고 있다는 것 자체가 안전을 보장하는 것은 아니라는 데 있습니다.

실제로 미국의 비영리 민간단체인 '총기 폭력 기록 보관소'(GVA[Gun Violence Archive])의 자료에 따르면, 2016년 현재 약 2만 명의 미국인이 총으로 스스로 목숨을 끊고, 또 총으로 다른 미국인 1만 5천여 명을 살해했다고 합니다. 다른 나라와의 전쟁에서 전사한 군인의 수가 아닙니다. 미국 내에서 일어나는 일입니다.

교회가 겪는 문제 가운데 가장 다루기 힘든 것이 교회 내부에서 생긴 문제입니다. 교회에 들어온 거짓 교사들의 율법주의적 가르침으로 인해 갈라디아 교회들은 내적으로 심한 진통을 겪게 되었습니다. 존 파이퍼(John Piper)는 이러한 갈라디아 교회의 상황을 '내적 왜곡'(in-house distortion)이라고 불렀습니다. '거짓 복음'에 미혹된 교인들이 복음의 진리를 버

리고 그들을 부르신 하나님을 떠나기 시작한 것입니다. 그래서 사도 바울은 그의 다른 서신과는 달리, 처음부터 문제의 핵심으로 들어갑니다.

"그리스도의 은혜로 너희를 부르신 이를 이같이 속히 떠나 다른 복음을 따르는 것을 내가 이상하게 여기노라"(갈 1:6).

헬라어 원문 성경에는 "내가 이상하게 여기노라"라는 말이 문장 서두에 나옵니다. 정말 이해하기 힘들다는 것을 강조하기 위함입니다. 그렇다면 이처럼 심각한 영적 위기에 처한 갈라디아 교회의 문제에 대해 사도 바울은 어떤 해결책을 가지고 있었습니까? 본문은 그 해결책이 바울 자신이 예수 그리스도에게 받아 그들에게 전한 바로 그 '복음'임을 가르쳐 줍니다. 결코 '다른 복음'은 없다는 것입니다. 그 무엇도 복음을 대체할 수는 없다는 것입니다. 그렇다면 오직 한 복음 안에서 진정한 자유를 누리며, 성도다운 삶을 살고, 또 교회다운 교회로 그 역할을 제대로 감당하기 위해 필요한 일은 무엇일까요?

■ 복음의 확신

"다른 복음은 없나니 다만 어떤 사람들이 너희를 교란하여[선동하여, 논쟁을 일으키어, 마음을 동요케 하여, 혼돈케 하여] 그리스도의 복음을 변하게[왜곡시키려] 하려 함이라"(갈 1:7).

영적으로 '교란'에 빠지지 않으려면 복음에 대한 분명한 확신을 가지고 있어야 합니다. 복음의 확신을 가진다는 말은 복음으로 말미암는 구원에 대한 확신을 가진다는 뜻입니다. 어떻게 구원받았는지에 대해 생각이 흐릿하다면, 우리는 언제든지 교란에 빠질 수 있습니다. 그래서 교회를 다니는 것만으로는 복음에 대한 확신을 가지기 힘들다는 사실을 강조할 수밖에 없습니다. 예수 그리스도의 삶과 죽으심, 부활 그리고 승천과 재림에 대한 바른 지식을 분명히 가지고 있어야 합니다. 그런데 의외로 많은 교인들이 복음의 본질에 대해 그리고 구원의 기본 진리에 대해 등한시하는 경향이 있습니다. 어떤 사람, 심지어 다른 교인의 성격, 도덕성, 모습에 대해서는 철저하게 따지지만, 예수님과 바른 복음에 대해서는 아예 관심을 두지 않는 경우도 있습니다. 존 스토트(John Stott)는 "마귀는 교회를 죄악으로뿐 아니라 오류를 통해서도 괴롭힌다"고 우리에게 말합니다.

2018년 아시안게임 때 베트남 축구 국가대표팀을 이끌고 우리나라 국가대표팀과 준결승전을 치렀던 박항서 감독은 그 당시 베트남에서 최고의 존경과 사랑을 받았던 인물입니다. 한 예로, 동아제약이 2018년 6월부터 박항서 감독을 본사 제품인 '박카스'의 광고 모델로 삼은 뒤 베트남에서 3개월간 무려 166만 개의 박카스가 판매되었습니다. 박항서 감독에 대한 무한 신뢰가 만들어 낸 판매량입니다. '박항서 효과'라고 볼 수 있습니다. 우리도 복음의 확신을 가지고 산다면, 그 확신으로 인해 어떤 모양으로든 삶에 긍정적인 효과가 분명히 나타날 것입니다. 그리고 다른 것에 쉽게 마음을 빼앗기지 않게 될 것입니다.

본문 6절에서 바울은 복음을 떠나는 것을 은혜로 부르신 하나님을 떠나는 것과 마찬가지로 생각합니다. 그러면 하나님과 그분의 말씀을 떠날 때 무슨 일이 일어날까요? 이스라엘 백성의 모습을 보십시오.

"그들이 내가 그들에게 명령한 길을 속히 떠나 자기를 위하여 송아지를 부

어 만들고 그것을 예배하며 그것에게 제물을 드리며 말하기를 이스라엘
아 이는 너희를 애굽 땅에서 인도하여 낸 너희 신이라 하였도다"(출 32:8).

먼저는 우상 숭배가 시작됩니다. 하나님을 제대로 예배하지 않으면 더
유익하고 선한 일을 하게 될까요? 아닙니다. 다른 것을 찾게 됩니다. 그것
을 하나님의 자리에 두고 섬기려고 합니다. 그리고 얼마 지나지 않아 또
다시 허망함을 느끼게 됩니다. 그 결과 다른 신들을 따라갑니다.

"그들이 그 사사들에게도 순종하지 아니하고 오히려 다른 신들을 따라가
음행하며 그들에게 절하고 여호와의 명령을 순종하던 그들의 조상들이 행
하던 길에서 속히 치우쳐 떠나서 그와 같이 행하지 아니하였더라"(삿 2:17).

성경은 또한 아버지를 떠난 삶의 모습을 다음과 같이 보여 줍니다.

"그 후 며칠이 안 되어 둘째 아들이 재물을 다 모아 가지고 먼 나라에 가 거
기서 허랑방탕하여 그 재산을 낭비하더니"(눅 15:13).

예수님의 제자인 베드로에게도 믿음이 연약할 때가 있었습니다.

"야고보에게서 온 어떤 이들이 이르기 전에 게바가 이방인과 함께 먹다가
그들이 오매 그가 할례자들을 두려워하여 떠나 물러가매"(갈 2:12).

이 일로 모두가 베드로의 뒤를 이어 외식하게 됩니다. 문제는 늘 가까
운 곳에서 생깁니다. 복음에 우리의 그 무엇(예배를 빠지지 않고 드림, 헌금을 칠

저히 함, 힘을 다해 봉사함 등)이 더해져서 우리가 하나님의 의를 얻게 된다고 생각하는 순간, 복음은 더 이상 복음이 아닙니다. 복음을 변질시키는 것이 때로는 우리 자신의 교만과 자기 의라는 사실을 잊지 말아야 합니다. 어떤 면에서는 '복음' 자체보다 다른 '그 무엇'이 사람들에게는 더 매력적일 수 있다는 사실을 간과해서는 안 될 것입니다. 우리도 복음의 은혜의 자리에서 멀어질 수 있다는 사실을 결코 잊어서는 안 됩니다. 자신을 자주 영적으로 넘어지게 하는 것이 무엇인지 알아야 합니다. 그리고 이제 믿음을 가지고 그것과 싸워야 합니다.

▬ 복음의 보존

> "그러나 우리나 혹은 하늘로부터 온 천사라도 우리가 [이미] 너희에게 전한 복음 외에 다른 복음을 전하면 저주를 받을지어다[하나님의 진노와 심판 아래 있게 되리라] 우리가 전에 말하였거니와 내가 지금 다시 말하노니 만일 누구든지 너희가 받은 것 외에 다른 복음을 전하면 저주를 받을지어다"(갈 1:8-9).

바울(과 그의 동역자들) 역시 복음의 진리를 고쳐서 다르게 전해서는 안 됩니다. 전에 그가 전했던 복음과 다른 이야기를 해서는 안 된다는 말입니다. 그럴 경우, 바울도 저주를 받게 될 것입니다. 천사도 마찬가지입니다. 우리에게는 복음의 변질을 막고, 복음을 순수하게 지켜야 할 의무가 있습니다.

교회는 아무리 좋은 것이라도 복음과 섞어서는 안 됩니다. 교회에서 만든 것(전통, 규례, 혹은 의식 등)을 첨가할 경우, 오히려 복음은 그 능력을 잃게 됩니다. 교회 역시 영적으로 심한 몸살을 앓게 됩니다. 교회는 무엇보다도 '복음을 복음 되게 하는 사명'을 잘 감당해야 합니다. 늘 복음적인 설교, 복음적인 사역 그리고 복음적인 삶이 이어져야 합니다. 교회의 가장 큰 위기는 자신들이 가장 관심을 두고 해야 할 일이 무엇인지를 모르는 것입니다.

하나님이 이스라엘을 택하신 것은 당신의 언약을 변질시키지 않고 보존시켜 다음 세대에게 물려주시기 위함이었습니다. 그러나 이스라엘 백성은 하나님의 약속보다는 가나안에서의 안락한 삶에 더 관심을 기울였고, 그런 가운데 우상 숭배의 죄에 깊이 빠지고 말았습니다. 그 결과, 그들은 존재 가치를 잃고 이방 나라에 의해 멸망당하고 말았습니다. 교회도 '복음의 보존'이라는 막중한 사명을 감당하지 못하고 다른 일에 빠져 스스로 존재 가치를 잃게 될 때, 결국 촛대가 옮겨지게 될 것입니다.

세계적인 바이올리니스트 사라 장(Sarah Chang)이 몇 년 전 한 인터뷰에서 자신이 가지고 있는 연주복이 300벌 이상 된다고 밝힌 적이 있습니다. 그리고 그보다 더 많은 수의 구두를 가지고 있다고도 했습니다. 그런 그에게 거의 없는 것이 있었습니다. 바로 핸드백입니다. 그녀에게는 핸드백을 드는 일보다 바이올린 케이스를 드는 일이 더 많았기 때문입니다. 그녀의 관심은 좋은 바이올린 연주가 아니겠습니까?

교회는 어떤 일에 분주해야 합니까? 어디에 더 관심을 가져야 합니까? 어떤 일이 있어도 복음을 다른 것으로 대체해서는 안 됩니다. 복음의 자리로 슬며시 들어가 있는 것이 무엇인지를 늘 살펴야 합니다. 그것이 사람일 수 있습니다. 심지어 목회자일 수도 있습니다. 교회의 전통, 규례, 혹은 각종 사역 등이 복음의 자리를 차지할 수 있습니다.

━ 복음의 전파

"이제 내가 사람들에게 좋게 하랴 하나님께 좋게 하랴 사람들에게 기쁨을

구하랴 내가 지금까지 사람들의 기쁨을 구하였다면 그리스도의 종이 아니

니라"(갈 1:10).

교회는 자칫 복음을 살짝 옆으로 밀쳐 내고 사람을 기쁘게 하는 사역에 몰두할 수 있습니다. 하나님의 부르심에 합당하게 우리는 우리 자신을 드려야 합니다. 우리는 철저하게 버림받고, 멸망당하기에 합당한 죄인이었습니다. 스스로 구원에 이를 만한 그 무엇도 갖추지 못한 무능한 존재였습니다. 다만 예수 그리스도가 십자가에서 이루신 일을 믿었을 따름입니다. 우리 자신을 그분에게 맡겼을 뿐입니다. 그리고 부활하신 그분의 능력이 붙들어 주시기에 섬길 수 있게 되었습니다.

사람을 기쁘게 하는 사역이 전혀 필요 없는 것은 아니지만, 사람을 기쁘고 좋게 하는 사역은 계속해서 그런 식의 사역에만 치중해야 하는 치명적인 약점이 있습니다. 우리는 '복음의 생명'을 널리 전하는 일을 해야 합니다. 사람의 기쁨을 구하면 구할수록 복음 증거의 일은 더 힘들어진다는 사실을 깊이 인식해야 합니다. 십자가의 도는 결코 부끄러운 것이 아닙니다. 오히려 자랑할 만한 것입니다. 복음을 전하는 것은 하나님이 가장 기뻐하시는 일입니다.

● **함께 생각하고 솔직하게 나눠 봅시다.**

1. 지금까지 신앙생활을 하면서 다른 복음에 교란된 그리스도인 혹은 거짓 복음에 미혹된 교회를 경험한 적이 있습니까? 있다면 무엇입니까?

2. 당신에게, 때로 진짜 복음보다 더 매력적으로 여겨지는 좋은 것이 있습니까(번영과 성공의 신학, 목회자의 지식이나 화술, 교회의 명성과 시설 등)?

3. 다른 복음에 현혹되지 않기 위해 당신이 영적으로 더욱 무장해야 하는 것은 무엇입니까(일정한 기도 시간, 규칙적인 성경 읽기, 성도들과의 교제, 제자 훈련, 주일 예배 엄수 등)?

3. 내려놓음이 복음의 시작입니다   갈 1:11-17

> "하나님의 율법은 우리가 마땅히 행해야 할 것이지만,
> 복음은 하나님께서 우리에게 주시기로 한 것이다."
> 마르틴 루터

우리는 인터넷의 혜택을 그 어느 때보다도 많이 누리며 살아갑니다. 인터넷을 통해 상대의 얼굴을 보면서 무료 통화를 할 수 있고, 좋은 정보나 자료들을 손쉽게 얻을 수 있습니다. 음악을 듣거나 영화를 볼 수도 있습니다. 우리가 잘 아는 것처럼, 인터넷은 WWW(World Wide Web)로 시작됩니다. 그런데 이 '웹'(www)을 개발한 영국의 컴퓨터 공학자 팀 버너스-리(Tim Berners-Lee)가 "오염된 웹을 버리자"라는 주장을 했습니다. 공개와 공유 그리고 모두가 함께 유익을 누리기 원해서 만들었던 웹이 이제는 사적 유익을 위해 몇몇 기업의 손에 의해 독점되고, 또 웹이 온갖 종류의 유해한 정보와 가짜 뉴스가 판치는 장이 되어 버렸기 때문입니다.

아무리 뛰어난 기능을 가진 기기라 할지라도 우리를 생명의 근원이신 하나님에게 접속시킬 수는 없습니다. 오직 예수 그리스도만이 우리를 하나님에게로 나아가게 만드는 길이 됩니다. 그리고 그 길을 만들기 위해 하나님이 예수 그리스도 안에서 행하신 일과 그 이야기를 우리는 '복음'이라 부릅니다. 그래서 복음의 가장 큰 특징 가운데 하나는 그것이 위로부터 온 것이라는 점입니다.

본문은 사도 바울이 갈라디아 교회 성도들에게 전한 복음이 하나님으로부터 온 것임을 주장하는 내용을 담고 있습니다. 즉, 복음은 유대교 전승(전해 내려온)의 일부도 아니고, 자기보다 앞서 부름 받은 사도들로부터 배워 습득한 것도 아닌, 전적으로 '그리스도의 계시'라는 것입니다. 이를 뒷받침하기 위해 바울은 자신의 경험담을 들려줍니다. 일종의 '간증'이라고 볼 수 있을 것입니다(사도행전 22장 2-21절과 26장 4-23절에도 복음을 변호하기 위한 그의 간증이 나옵니다).

물론 사도 바울의 간증은 사람들에게 감동을 주거나 자신을 드러내기 위한 것이 아니었습니다. 자신이 유대교에 몸담았을 때 가졌던 종교적 열정이 하나님 앞에서는 아무런 '의'가 되지 못한다는 사실을 강조하기 위함이었습니다. 바울은 단순히 종교적 열정이 좋은 믿음으로 여겨져서는 안 됨을 말하고 싶었던 것입니다. 그리고 그는 복음을 전하기 위해 자신이 하나님의 택하심을 받았다는 것도 밝히고 있습니다. 복음은 위로부터 난 것이기 때문에 세상적인 생각으로, 혹은 어떤 종교적인 틀 안에 갇혀서는 도저히 이해할 수가 없는 것입니다. 그렇다면 위로부터 난 복음을 제대로 알고, 또 그 복음을 따라 제대로 살기 위해 필요한 것은 무엇일까요?

■ 복음의 생명

> "형제들아 내가 너희에게 알게 하노니 내가 전한 복음은 사람의 뜻을 따라 된 것이 아니니라 이는 내가 사람에게서 받은 것도 아니요 배운 것도 아니요 오직 예수 그리스도의 계시로 말미암은 것이라"(갈 1:11-12).

복음은 사람이 만든 것이 아닙니다. 이 세상에서 나온 것도 아닙니다. 하나님으로부터 온 것입니다. 사람이 만든 사상이나 철학 그리고 종교는 우리에게 영원한 생명을 줄 수 없습니다. 유한한 인생들이 모여 사는 세상에서 어떻게 영원한 생명을 구할 수 있겠습니까? 우리는 오직 영원하신 그리고 무한한 능력을 갖고 계신 하나님이 주신 처방(복음)을 따라 살아야 합니다.

광야에서 하나님을 대적하다가 불 뱀에 물려 죽게 된 이스라엘 백성이 모세가 장대에 매달았던 놋으로 만든 뱀을 쳐다보는 순간 그 즉시로 살아났던 것처럼, 하나님이 우리에게 값없이 선물로 주신 복음(예수 그리스도의 십자가의 죽으심과 부활의 사건)을 믿음으로 받기만 하면 우리는 죽음에서 영생의 자리로 옮겨지게 됩니다(요 5:24).

2017년 통계청에서 발표한 사망 원인에 따르면, 우리나라의 10대, 20대, 30대의 사망 원인 1위는 '자살'이었고, 40대, 50대, 60대의 사망 원인 1위는 '암'이었습니다. 왜 스스로 목숨을 끊는 것일까요? 혼자 힘으로는 도저히 삶의 무게를 견딜 수가 없기 때문입니다. 누군가가 함께 짐을 져 준다면, 이야기는 달라질 것입니다. 온갖 종류의 스트레스를 받으며 하루하루를 힘겹게 살던 40대, 50대, 60대 분들 가운데서도 암에 걸려 또 다른 고통을 겪다가 결국 그 무게를 버티지 못하고 넘어지는 이들이 상당수입니다. 누군가가 버틸 힘을 지속적으로 제공해 줄 수 있다면, 문제는 달라질 것입니다.

예수를 따르는 자들의 공동체는 웅장한 건물을 가지고 있지 않았습니다. 그들의 모임은 결코 화려하지 않았습니다. 그들은 사회적으로 신분이 높은 사람들도 아니었습니다. 그러나 이 땅에서 체험할 수 없는 하늘의 생명을 그들은 체험하고 살았습니다. 그들은 복음 안에서 치유와 회복을 경험한 사람들이었습니다. 때로 울고 웃으며 함께 생명의 길을 걸었습니다. 하늘의 소망이 그들에게는 넘쳤습니다. 그래서 그들은 조건 없이 예수를 따랐던 것입니다.

오직 예수 그리스도의 복음만이 우리에게 영원한 생명을 줄 수 있습니다. 우리가 이 땅에 사는 동안 가장 먼저 해야 할 일은, 복음을 믿고 영생의 선물을 받는 것입니다. 이 땅이 우리에게 줄 수 있는 것은 결국 '죽음' 밖에 없기 때문입니다. 그래서 우리는 계속해서 복음으로 돌아가 구원에 대한 확신과 생명의 감격을 새롭게 해야 합니다.

▬ 복음의 변화

"[헬라어, '가르'(gar), 왜냐하면] 내가 이전에 유대교에 있을 때에 행한 일을 너희가 들었거니와 하나님의 교회를 심히 박해하여 멸하고 내가 내 동족 중 여러 연갑자보다 유대교를 지나치게 믿어 내 조상의 전통에 대하여 더욱 열심이 있었으나"(갈 1:13-14).

원래 '복음의 대적자'였던 사도 바울이 '복음의 증거자'가 되었습니다. 바울이 복음을 만든 것이 아니라, 복음이 바울을 새롭게 만든 것입니다. 복음이 바울의 삶 속에서 극적인 변화를 일으킨 것입니다. 복음이 사람을 변화시킵니다. 그 누구도 복음을 변질시켜서는 안 됩니다.

18절에 '그 후 삼 년 만에'라는 말이 나옵니다. 그리고 갈라디아서 2장 1절에는 '십사 년 후에'라는 말이 나옵니다. 무엇을 기준으로 한 연수입니까? '예수를 만난 시점으로부터'라는 뜻입니다. 진정한 인생은 예수를 믿는 순간부터 시작됩니다. 우리가 이 땅을 사는 동안 끊임없이 해야 할 일은 우리 자신이 예수 그리스도를 제대로 믿고 있는지, 또 어떻게 변화되어 가고 있는지를 점검하는 것입니다.

사실 사람들은 변화를 싫어합니다. 이스라엘 백성도 종살이하던 애굽을 떠나 광야에 나온 것 자체를 그렇게 기뻐하지 않았습니다. 광야의 열악한 환경 때문에 그들에게는 이전 억압의 땅 애굽이 더 좋았는지도 모릅니다. 누구에게든 변화가 힘든 것은 자신에게 편하고 익숙한 기존의 삶의 틀에서 결단하고 나와야 하기 때문입니다. 사람들은 낯선 방식이 아무리 옳고 또 좋더라도 당장 효과적이고 유익한 나쁜 방식보다는 선호하지 않습니다. 그래서 변화가 힘든 것입니다.

서울의 중·고등학생들은 자유롭게 머리를 기를 수 있고, 또 파마와 염색도 할 수 있게 되었습니다. 그렇지만 그러한 외형적인 변화가 그들을 근본적으로 바꾸어 놓을 수는 없습니다. 그들의 가는 길을 머리 길이나 머리 색깔이 인도할 수는 없기 때문입니다.

사람을 근본적으로 바꿀 수 있는 것은 위로부터 난 복음밖에 없습니다. 진정한 믿음은 단순히 종교적인 열심과 열정만 가진다고 얻을 수 있는 것이 아닙니다. 생활 방식이 바뀌는 것을 의미합니다. 바꾸어진 세계관과 가치관을 가지고 사는 것을 뜻합니다. 그래서 그리스도 예수 안에 있으면 누구든지 '새로운 피조물'이 되는 것입니다.

복음으로 말미암아 삶의 극적인 변화를 체험한 사람은 더 이상 이 땅에 매여 살지 않습니다. 자신을 불필요하게 꾸미거나 숨기지도 않습니다. 자기를 변화시킨 복음의 능력을 알기 때문입니다. 이런 사람은 좀 더 거룩하게 살려는 바람을 마음속에 품게 됩니다. 아무리 믿음의 길을 가는 것이 힘들어도 옛 생활로 돌아갈 수는 없습니다.

"너희가 음란과 정욕과 술 취함과 방탕과 향락과 무법한 우상 숭배를 하여 이방인의 뜻을 따라 행한 것은 지나간 때로 족하도다"(벧전 4:3).

이제 관심을 두고 해야 할 일이 무엇이겠습니까? 자기 자신을 잘 다듬어 이 땅에 사는 동안 복음을 전하는 자가 되는 것입니다.

▬ 복음의 그릇

"그러나 내 어머니의 태로부터 나를 택정하시고 그의 은혜로 나를 부르신이가 그의 아들을 이방에 전하기 위하여 그를 내 속에 나타내시기를 기뻐하셨을 때에 내가 곧 혈육과 의논하지 아니하고[동족인 유대인 같은 사람들과도 의논하지 않고] 또 나보다 먼저 사도 된 자들을 만나려고 예루살렘으로 가지 아니하고 아라비아로 갔다가 다시 다메섹으로 돌아갔노라"(갈 1:15-17).

사도 바울에게는 사람들의 인정을 받는 것보다 먼저 하나님의 부르심에 합당하게 자신을 다듬는 것이 더 필요했습니다. 사람을 지나치게 의식하거나 의지하는 습관이 들어 버리면, 그때부터 하나님을 찾고 의지하는 것이 어렵게 됩니다. 바울은 자신이 하나님의 부르심을 입은 자라는 확신을 늘 가지고 있었습니다. 그래서 그는 하나님에게 제대로 쓰임 받기 위해 자신을 다듬는 일을 평생 계속했습니다.

물론 사도 바울이 왜 아라비아로 갔는지 본문은 그 이유를 가르쳐 주지 않습니다. 아마 지금까지 걸어온 자신의 인생의 길을 회상하며 가지고 있는 구약의 지식을 복음적으로 재해석하는 일을 했는지도 모릅니다. 스스로에게 질문을 던져 보십시오. "도대체 나는 어떤 그릇일까? 나는 부르심에 합당하게 살고 있는 걸까?"

예수님은 하나님이 주신 구약의 언약(약속)들이 자신의 삶과 사역 가운데서 이루어지도록 모든 것을 쏟아 부으셨습니다. 자신의 야망이나 사욕에 결코 사로잡히지 않으셨습니다. 그리고 늘 '하나님의 때와 뜻'에 맞추어 이 땅에서의 삶을 이어 가셨습니다.

예수님이 십자가에서 마지막으로 남기신 말이 무엇입니까? "다 이루었다"(요 19:30, 헬라어로 '테텔레스타이'[tetelestai])입니다. 수동태 동사이므로 예수님이 자신의 뜻을 이루신 것이 아니라는 뜻입니다. 하늘 아버지의 뜻이 하나도 남김없이 예수님이 자신을 통해 이루어졌다는 뜻입니다. 우리에게는 더 이상 방황하거나 혹은 미루거나 할 시간이 없습니다. 우리를 소진시키는 사소한 일에 계속 매여 있어서는 안 됩니다. 주님이 주신 삶의 푯대를 향해 달려가야 합니다. 미국의 희극 배우 프레드 알렌(Fred Allen)은 "우리는 한 번밖에 살지 못합니다. 하지만 제대로 산다면 한 번으로도 족합니다"라고 말했습니다.

● **함께 생각하고 솔직하게 나눠 봅시다.**

1. '복음'과 '종교'의 차이를 어떻게 이해하고 있습니까?

2. 당신이 복음의 부르심에 맞게 사는 것을 훼방하는 것이 있다면 무엇입니까(일로 인한 분주함, 교회에 대한 실망감, 예수님과의 친밀감 부족, 구원의 확신을 갖지 못함, 세상이 주는 많은 즐거움, 내적인 깊은 상처와 고민 등)?

3. 지금 당신의 삶 가운데 (종교 의식이나 행위를 제외하고) 하나님이 가장 기뻐하고 인정하실 만한 모습은 무엇이라고 생각합니까(정기적인 선행이나 기부, 가족이나 주위 사람의 잘못을 용서하고 품어 줌, 어려운 생활 여건을 인내함, 고난 중에 있는 지체를 위해 기도하기 등)?

4. 변화된 삶이 복음을 증명합니다

갈 1:18-24

> "커다란 변화가
> 크신 우리 하나님께 큰 영광을 돌리게 만든다."
> 존 버니언(John Bunyan)

매년 수능 때가 다가오면 많은 학부모들이 사찰에서 기도를 합니다. 이처럼 기도는 기독교에만 있는 것이 아닙니다. 무슨 차이가 있는 것일까요? 우리는 도대체 무엇을 진정으로 의지하고 사는 인생일까요?

사도 바울은 자신이 갈라디아 교회 성도들에게 전했던 복음이 오직 '예수 그리스도의 계시'로 말미암은 것임을 다시 한 번 강조합니다. 즉, 복음은 그가 예루살렘을 방문했을 때 베드로를 비롯한 사도들에게서 배운 것도 아니며, 또 유대의 교회들로부터 지시를 받아 만든 것도 아니라는 것입니다. 그러면서 그는 자신의 인생을 전적으로 바꾸어 놓았던 것 역시 '복음'이었음을 본문을 통해 밝히고 있습니다.

마찬가지로, 우리가 예수 그리스도를 믿고 산다는 것은 우리의 삶 속에서 능력으로 삼는 것이 근본적으로 달라졌음을 의미합니다. 이전에는 재력이나 학력, 혹은 권력 같은 것들을 앞세워 살았는지 모릅니다. 물론 그런 것들이 전혀 필요 없다는 뜻은 아닙니다. 다만 그것들의 한계를 알았다는 말입니다. 그래서 그것들을 사용하되, 더 이상 그것들을 전적으로 의지하지는 않게 되었다는 말입니다. 복음의 능력이 얼마나 큰가를 알 때 생기는 변화입니다.

복음의 능력을 깊이 경험한 사도 바울의 고백을 들어 보십시오.

"내가 복음을 부끄러워하지 아니하노니 이 복음은 모든 믿는 자에게 구원을 주시는 하나님의 능력이 됨이라 먼저는 유대인에게요 그리고 헬라인에게로다"(롬 1:16).

그렇습니다. 복음은 우리에게 구원을 주시는 하나님의 능력일 뿐만 아니라, 우리의 삶을 가장 분명하게 변화시키시는 하나님의 능력이기도 합니다.

이제부터 우리도 우리 자신이나 다른 사람이 만든 몇 가지 규례를 지킴으로 자신의 의를 드러내고자 하는 이전의 헛된 수고를 멈추고, 철저하게 복음의 능력을 힘입어야 합니다. 복음의 능력을 입고 살 때, 우리는 무엇보다도 내적 변화를 경험하게 될 것이고, 또 이전에 경험하지 못했던 자유함도 누리게 될 것입니다. 복음에 대해 듣고 아는 것으로 끝나는 것이 아닌, 복음의 능력을 입고 살기 위해 필요한 일들은 무엇인지를 살펴보겠습니다.

━ 복음의 교제

"그 후 삼 년 만에 내가 게바[베드로]를 방문하려고 예루살렘에 올라가서 그와 함께 십오 일을 머무는 동안 주의 형제 야고보[당시 예루살렘 교회 지도자] 외에 다른 사도들을 보지 못하였노라"(갈 1:18-19).

바울이 예루살렘으로 가서 사도 베드로를 만나고 그와 함께 15일을 보낸 것은 그로부터 무엇인가를 배우기 위함이 아니었습니다. 바울에게 15일은 베드로와 함께 하나님이 주신 복음의 능력과 은혜를 나누기 위한 교제의 시간이었습니다. 야고보와도 마찬가지로 복음의 은혜를 나누었을 것입니다.

우리에게는 은혜를 구하는 것도 필요하지만, 이미 받은 은혜를 나누는 것도 필요합니다. 그래서 은혜를 함께 나눌 수 있는 공동체, 소그룹이 있어야 합니다. 혼자서 신앙생활하는 것은 영적 성장을 위해서도 바람직하지 않습니다.

'율법주의적 신앙'은 사람 사이에 벽을 자꾸 쌓게 합니다. 선을 긋게 만듭니다. 결과적으로 사람 사이에 편 가름이 생기게 됩니다. 예수님 당시에도 유대 사회는 갈라져 있었습니다. '바리새파', '사두개파', '엣센파' 그리고 '열심당원파' 등으로 말입니다. '바리새파' 가운데서도 사도 바울은 '힐렐학파'(바울의 스승 가말리엘을 중심으로 이루어진, 샴마이파와 쌍벽을 이루는 파)에 속한 자였습니다.

복음 안에서 교제가 상실되면 자연스레 다른 사람에 대한 경계심을 가지게 됩니다. 불신의 골도 생길 수 있습니다. 사도 바울은 그래서 자신이 경험한 복음의 은혜와 능력을 예루살렘의 사도들과 나누기를 원했던 것입니다. 만약 사도 바울이 배타적이거나 독선적이었다면, 그는 아예 예루살렘으로 가지 않았을 것입니다. 그리고 다른 사도들을 무시하고, 자신이 그들보다 우월하다는 것을 드러내고자 애썼을 것입니다. 다만 그가 원했던 것은 '복음의 우월성'이 드러나는 것이었습니다.

'은신처 이론'(Refuge Theory)이라는 생태학 용어가 있습니다. '피식자'(잡아먹히는 종)에게 번식하면서 지낼 만한 곳이 없다면 계속 '포식자'(잡아먹는 종)에게 잡아먹히게 되고, 결국 더 이상 잡아먹을 것이 없는 포식자도 굶어 죽거나 자기들끼리 싸우다 죽는다는 이론입니다. 한마디로 '은신처'가 필요하다는 말입니다.

사람 사는 데도 마찬가지입니다. 어느 한편이 일방적으로 다른 한편을 궁지로 몰아넣고 지나치게 공격하는 것은 결국 모두에게 해가 됩니다. 공멸의 위험이 따르게 됩니다. 특별히 '부부 관계'에서 그렇습니다. 매사에 남편이 아내보다 옳고 낫다는 것을 증명하기 위해 애를 쓴다면, 그렇게 하는 게 도대체 누구에게 무슨 유익이 있겠습니까? 교회는 함께 사는 법을 배우고 경험하는 곳입니다. 진정한 교제가 무엇인지를 확인할 수 있는 곳입니다. 그래서 '함께' 혹은 '서로'라는 말이 가장 많이 사용되는 곳이 교회여야 합니다.

'나눔'과 '도움' 역시 우리가 실제 삶 속에서 즐겨 쓰는 용어들이어야 합니다. 복음적인 교제를 통해 우리는 보다 솔직해지고, 진지해지고, 따뜻해지고, 또 겸손해질 수 있습니다. 무슨 프로그램이나 제도, 혹은 사역만으로 가정이나 교회에서 기독교적 문화가 만들어지는 것은 아닙니다. 기독교적 문화는 복음 안에서의 교제, 복음적인 소그룹을 통해 만들어질 수 있습니다. 나쁜 의도를 품고 슬며시 들어오지 않는 이상, 교회는 은혜가 필요한 사람이라면 누구든지 올 수 있는 곳이 되어야 합니다. 단순히 우리끼리 모인 공간이 아니라, 주님의 몸 된 교회이기 때문입니다.

━ 복음의 관심

"보라 내가 너희에게 쓰는 것은 하나님 앞에서 거짓말이 아니로다"(갈 1:20).

"[헬라어, '가르'(gar), 왜냐하면] 내가 이전에 유대교에 있을 때에 행한 일을 너희가 들었거니와 하나님의 교회를 심히 박해하여 멸하고 내가 내 동족 중 여러 연갑자[비슷한 연령의 사람들]보다 유대교를 지나치게 믿어 내 조상의 전통에 대하여 더욱 열심이 있었으나"(갈 1:13-14).

이전에 바울은 얼마나 헌신적으로 종교 생활을 했습니까? 그가 그렇게 살았던 이유가 무엇입니까? 그렇게 함으로 하나님이 인정하시는(혹은 사람들이 인정하는) 의에 이르기 위함이었습니다. 그러나 얼마나 '곤고함'을 느꼈습니까? 복음은 예수 그리스도가 이루어 놓으신 일에 대한 소식이지, 그 어떤 사람의 선하고 의로운 행적에 대한 이야기가 아닙니다. 복음의 진리 앞에서 우리는 정직해야 합니다.

율법주의적인 신앙은 형식과 외형에 관심을 둡니다. 율법주의적인 신앙은 자신의 명성과 종교적 만족만을 추구합니다. 그러나 복음은 우리가 어떤 존재인지를 제대로 보게 합니다. 사도 바울도 시간이 지나면서 자신의 죄악 됨이 얼마나 심각한지를 더 깊이 알게 되었고, 복음 외에는 소망이 없다는 것을 확신하게 되지 않았습니까? 심지어 '죄인 중의 괴수'(딤전 1:15)라는 표현까지 쓰게 되었습니다. 복음을 접하기 전까지 우리의 참모습을 가리고 있는 껍질은 결코 벗겨지지도, 깨어지지도 않습니다. 늘 외형과 형식에만 몰두하게 됩니다.

바울은 자신 같은 사람도 복음으로 사도가 되었다는 사실을 강조합니다. 복음은 철저히 사람에게 관심을 둡니다. 한 영혼의 변화에 관심을 둡니다. 지금 사도 바울의 관심은 잘못된 길로 빠져 버린 갈라디아 교회 성도들이 다시 복음의 진리로 돌아오는 것입니다. 그들로부터 인정을 받거나 높임을 받는 것은 그의 관심이 될 수 없다는 말입니다. 자신이 이전에 갈라디아 교회를 위해 얼마나 열심을 내었는지도 중요하지 않다는 말입니다.

처해 있는 상황에 따라 사람의 관심은 다를 수밖에 없습니다. 2018년 전라남도 여수 지역이 제25호 태풍 '콩레이'(KONG-REY)의 직접 영향권에 들면서 가수 조용필 씨의 공연이 안전 문제로 취소되었습니다. 요즘은 '코로나 방역' 문제로 훨씬 더 많은 공연이 연기되거나 취소되고 있습니다. 공연 취소에 마음이 아픕니까? 밤잠을 설칠 정도로 아쉽습니까? 별로 그렇지 않습니다. 우리에게는 관심 밖의 일이기 때문입니다. 그런데 그리스도인이라면 당연히 관심을 가져야 할 것이 있습니다. 복음을 전하는 일입니다. 그리스도를 전파하는 일입니다.

━ 복음의 영광

> "그 후에 내가 수리아와 길리기아 지방에 이르렀으나 그리스도 안에 있는
> 유대의 교회들이 나를 얼굴로는 알지 못하고 다만 우리를 박해하던 자가
> 전에 멸하려던 그 믿음을 지금 전한다 함을 듣고 나로 말미암아 하나님께
> 영광을 돌리니라"(갈 1:21-24).

'나로 말미암아.' 바울은 자기로 인해 일어난 일에 대해 잘 알고 있었습니다. 유대 교회들(예루살렘 교회를 포함해서)도 바울이 전한 복음과 그의 복음 전파 사역을 문제 삼지 않았다는 말입니다. 오히려 그를 그렇게 변화시킨 복음의 능력을 다시 확신하며 하나님에게 영광을 돌리게 되었다는 말입니다.

우리의 삶은 많은 사람에게 노출되어 있습니다. 숨기는 데는 한계가 있습니다. 형편없이 무능하고 연약한 우리를 하나님이 그래도 인정하시어 당신의 이름과 영광을 거셨습니다. 이는 하나님의 모험입니다.

우리는 '은혜 받았다'라는 말을 쉽게 합니다. 그러나 '은혜'라는 단어의 의미를 잘 모르는 이웃들에게는 이 말이 어떻게 전해질까요? 그들은 은혜 받은 사람을 보며 이렇게 말할 것입니다. "저 사람, 뭔가 변한 것 같다."

우리에게 변한 것이 별로 없다면, 실제로 우리 삶에 받은 은혜가 별로 없다는 의미일 것입니다.

지금 잠시 정직하게 스스로를 돌아보십시오. 당신의 변화된 삶으로 인해 생명을 얻게 된 사람이 있습니까? 당신으로 말미암아 삶이 변화된 사람이 있습니까? 하나님을 알게 된 사람이 있습니까?

● **함께 생각하고 솔직하게 나눠 봅시다.**

1. 요즘 당신에게 특별히 필요한 복음의 능력은 무엇입니까(기다림, 내려놓음, 담대함, 섬김, 오래 참기, 지혜, 용납 등)?

2. 당신은 복음을 전파하는 데 얼마나 관심이 있습니까? 사랑의 행위로 예수님을 증거하는 것과 말로써 주님을 증명하는 데 당신은 얼마나 시간과 돈을 쓰고 있습니까(일주일, 한 달, 1년을 기준으로 생각해 보세요)?

3. 만약 하나님이 누군가를 위해 당신을 은혜의 통로로 사용하기로 작정하셨다면, 당신은 순종할 준비를 하고 있습니까(재능, 시간, 건강, 재정 등)?

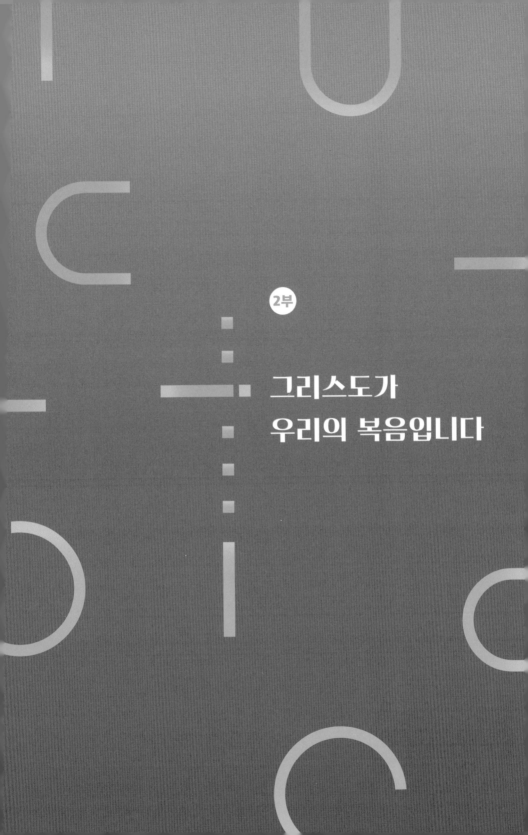

2부

그리스도가
우리의 복음입니다

5. 복음을 알아야 지킬 수 있습니다 갈 2:1-5

> "만약 우리의 사랑이 진리에 의해 힘이 실리지 않는다면,
> 그 사랑은 유약하게만 자랄 뿐이고,
> 사랑으로 말미암아 우리가 가진 진리가 부드러워지지 않는다면,
> 그 진리는 딱딱하게 굳은 채 자라게 될 것이다."
> 존 스토트

지금까지 전 세계적으로 가장 많은 수익을 올린 영화 두 편은 〈아바타〉
와 〈타이타닉〉입니다. 각각 27억 달러(3조 5백억 원)와 21억 달러(2조 3천7백
억 원)의 수익을 내었습니다. 그런데 두 영화의 공통점이 있습니다. 두 영
화 모두 제임스 카메론(James Cameron)이라는 캐나다 감독이 만든 작품이라
는 점입니다. 그리고 이렇게 엄청난 흥행과 성공을 가져다준 영화일지라
도 그것이 사람의 영혼을 구원하는 것과는 아무 상관이 없습니다.

인간의 구원은 오직 하나님이 계획하신 대로 예수 그리스도의 십자가
대속의 죽음을 통해 이루어집니다. 즉, '복음의 사건'을 통해서만 우리의
구원이 이루어진다는 말입니다. 따라서 우리뿐 아니라 모든 인간이 누릴
수 있는 가장 큰 복은 하나님이 주신 복음임을 늘 잊지 말아야 합니다.

오늘날처럼 복음을 하찮은 것으로 여기는 시대도 없었던 것 같습니다.
사람들의 귀와 눈 그리고 마음을 사로잡는 숱한 것들이 복음 행세를 거리
낌 없이 하기 때문입니다. 복음이 증거되는 곳마다 그리고 교회가 세워
지는 곳마다 복음의 본질을 변질시키는 '거짓 형제들'이 있습니다. 그들
은 시대와 상황에 따라 다른 모습, 다른 가르침을 가지고 교회로 스며듭

니다. 그리고 교회에 분열을 일으키고, 성도들로 하여금 복음의 진리에서 멀어지게 만듭니다. 복음의 진리에서 멀어지게 되면, 우리는 결국 '교회다움'과 '성도다움'을 잃게 됩니다.

우리는 알곡을 거두는 일뿐만 아니라 가라지가 함부로 밭을 헤치지 못하도록 늘 경계하는 일도 멈추지 말아야 합니다. 복음은 때를 얻든지 못 얻든지 전파되어야 합니다. 동시에 전파된 복음의 진리는 파수되어야 합니다. 어떻게 하면 복음의 진리를 제대로 지킬 수 있을지 살펴보겠습니다.

▬ 복음의 변질

"십사 년 후에 내가 바나바와 함께 디도를 데리고 다시 예루살렘에 올라갔나니 계시를 따라 올라가 내가 이방 가운데서 전파하는 복음을 그들에게 제시하되 유력한 자들에게 사사로이 한 것은 내가 달음질하는 것이나 달음질한 것이 헛되지 않게 하려 함이라"(갈 2:1-2).

"이는 가만히 들어온 거짓 형제들 때문이라 그들이 가만히 들어온 것은 그리스도 예수 안에서 우리가 가진 자유를 엿보고 우리를 종으로 삼고자 함이로되 그들에게 우리가 한시도 복종하지 아니하였으니 이는 복음의 진리가 항상 너희 가운데 있게 하려 함이라"(갈 2:4-5).

다시 강조하지만, 복음의 진리를 파수하기 위해서는 무엇보다도 우리 자신이 먼저 복음의 중요성에 대한 확신을 가져야 합니다. 그렇지 않으면 복음이 아닌 다른 사소한 것들을 지키기 위해 힘을 소진하게 됩니다.

가만히 들어온 '거짓 형제들'의 주장이 그렇게 공격적이지 않다는 데 문제의 심각성이 있습니다. 구원을 얻기 위해 십자가의 은혜를 받을 뿐만 아니라 할례를 받고 율법을 지키는 것이 오히려 모양새가 더 좋지 않습니까? 그들의 주장을 들어 보면 충분히 공감할 수 있는 부분들이 있다는 말입니다.

그들은 자신들이야말로 예루살렘 교회를 대표할 만한 사람들이라는 생각을 성도들에게 심었습니다. 그들의 가르침과 사람을 대하는 모습은 너무나도 점잖고, 또 그럴듯하게 보였습니다. 그러면서 그들은, 바울이 전한 복음은 온전한 복음이 아니라고 주장했습니다. 믿음 외에 할례를 받고 율법을 준수해야 구원을 얻을 수 있다는 것이 왜 잘못이냐는 것입니다. 열심히 신앙생활하자는 것이 무슨 문제가 되느냐는 것입니다.

그들의 주장은 한마디로, 바울이 주장하는 '믿음'은 그야말로 '값싼 믿음'이라는 것입니다. 그들의 주장은, 예수 그리스도의 십자가에서의 죽음은 우리의 구원을 위해서는 온전치 않다는 말과 같습니다. 그래서 바울은 그들을 '십자가의 원수'라고 부르기까지 했습니다.

요즘 '방탄소년단'(BTS)의 인기가 대단합니다. 그런데 '방탄'이란 말이 왜 그룹 이름에 들어가 있을까요? 방탄이라는 말은 '사회적 편견의 총알을 막아 낸다'는 뜻으로 사용했다고 합니다. 어떤 면에서 우리 또한 복음의 진리를 허물려는 악한 궤계로부터 복음의 진리를 지켜야 할 '방탄소년단'들입니다.

본문 2절의 "헛되지 않게 하려 함이라"라는 말을 헬라어 원문대로 직역하면, '헛되게 될까 두려워함이노라'가 됩니다. 우리가 참으로 두려워해야 할 것이 무엇인지 분명해지지 않습니까? 우리는 복음의 변질을 두려워해야 합니다. 복음은 하나님이 우리의 종교적인 의식이나 행위에 관계없이 은혜로 우리의 구원을 이루시는 분임을 분명하게 보여 줍니다.

우리가 오직 '하나님의 은혜로' 구원을 받았다는 말은 우리의 구원이 '우리 밖에서'(extra nos) 그리고 '우리를 위하여'(pro nobis) 이루어졌다는 것입니다. 어떤 일이 있어도 복음의 가치가 뒷전으로 밀려나는 일이 없도록 조심해야 합니다. 복음의 진리가 항상 교회와 성도의 삶에 있게 하는 것이 가장 큰 사역임을 결코 잊어서는 안 될 것입니다.

▬ 복음의 연합

> "도리어 그들은 내가 무할례자[이방인]에게 복음 전함을 맡은 것이 베드로가 할례자[유대인]에게 맡음과 같은 것을 보았고 베드로에게 역사하사 그를 할례자의 사도로 삼으신 이가 또한 내게 역사하사 나를 이방인의 사도로 삼으셨느니라 또 기둥같이 여기는 야고보와 게바와 요한도 내게 주신 은혜를 알므로 나와 바나바에게 친교의 악수를 하였으니 우리는 이방인에게로, 그들은 할례자에게로 가게 하려 함이라"(갈 2:7-9).

바울은 자신이 전한 복음이 예루살렘의 다른 사도들이 전한 복음과 동일한 것임을 확인할 필요가 있었습니다. 복음의 진리를 지키기 위해 우리에게도 '친교의 악수'가 필요합니다. '복음의 연합'이 필요합니다. 복음의 네트워크가 잘 형성되어야 합니다. 복음 밖에서는 '교회다움'이 유지될 수 없습니다. 동시에 유아독존 식으로 '교회다움'을 지키려 해서는 안 됩니다. 예수님이 우리에게 어떤 일을 행하셨는가를 함께 기억하고, 또 복음의 비전을 공유하는 것이 필요합니다. 제가 다른 복음적인 목회를 지향하는 목사들과 연합하는 이유도 여기에 있습니다.

'매몰 비용의 오류'(Sunk Cost Fallacy)라는 경제학 용어가 있습니다. '나쁜 방향으로 흘러갈 걸 뻔히 알면서도 잘못된 결정을 되돌리지 못하는 현상'을 일컫는 말입니다. 지금까지 투자한 시간과 노력 그리고 들인 비용이 아깝기 때문입니다. 영적으로도 마찬가지입니다. 변화가 힘든 이유가 여기에 있습니다. 그래서 함께 변화를 도모하는 것이 필요합니다.

갈라디아 교회는 지금 거짓된 가르침에 빠져 갈등을 겪고 있습니다. 바울이 예루살렘으로 올라간 것은 이방인 신자에 대해 교회가 어떤 태도를 취할 것인가에 대한 분명한 확답이 필요했기 때문입니다(교회의 전통적인 견해는 사도 바울이 사도행전 15장 1-29절에 나오는 '예루살렘 공회의'에 간 것으로 해석). 복음의 진리를 파수하기 위해서는 다른 그리스도인들과의 협력이 참으로 필요합니다. 아집과 독선에 빠지게 되면 분열과 다툼밖에 일어날 것이 없습니다.

> "너희는 유대인이나 헬라인이나 종이나 자유인이나 남자나 여자나 다 그리스도 예수 안에서 하나이니라"(갈 3:28).

복음 외에 다른 것으로는 진정한 하나가 될 수 없습니다. 지나간 과거는 바꿀 수 없지만, 복음 안에서 힘을 합치면 미래는 확실하게 바꿀 수 있습니다. 그러므로 무엇인가를 하기 전 복음 안에 거하는 것이 필요합니다.

━ 복음의 열매

> "그러나 나와 함께 있는 헬라인 디도까지도 억지로 할례를 받게 하지 아니하였으니"(갈 2:3).

이방인인 디도는 유대인처럼 할례를 받지 않았습니다. 그러나 그는 복음 안에서 그리스도인다움을 지니고 있었습니다. 우리에게도 디도가 필요합니다. 복음의 능력이 얼마나 큰가를 확인할 수 있는 일종의 증거 말입니다. 때로 지루한 신학적 논쟁보다는 복음으로 변화된 그리고 예수 그리스도 안에서 새로운 삶을 사는 한 명의 디도가 우리에게 더 필요한지 모릅니다. 당신에게도 디도가 있습니까?

규례를 더 많이 만들고 행위 리스트를 꼼꼼히 준비한다고 제대로 신앙생활을 하게 되는 것은 아닐 것입니다. 복음만으로도 우리는 충분히 변화될 수 있습니다. 사실 어떤 세세한 규례를 지키기보다는 이웃 사랑이 더 힘들지 않습니까? 이제는 복음 안에서 더 열심히 기쁨으로 예배하십시오. 정성을 다해 헌금하십시오. 그리고 힘을 다해 섬기십시오. 문제는 복음에 있지 않고, 여전히 복음의 은혜와 능력 밖에서 맴도는 우리 자신에게 있습니다.

진정한 그리스도인은 복음의 진리를 붙들고 지키며 살아가는 사람입니다. 당신은 과연 진정한 그리스도인입니까?

● **함께 생각하고 솔직하게 나눠 봅시다.**

1. 지금까지 신앙생활을 하면서 '교회다움'이나 '성도다움'을 잃어버린 경우를 주변에서 경험한 적이 있습니까? 있다면 어떤 경우입니까?

2. 당신의 삶에서 불합리하거나 불신앙적인 면을 알면서도 '매몰 비용의 오류' 때문에 잘못된 것을 제때에 고치지 못한 적은 없습니까? 그리고 직장이나 교회에서 그런 사례를 경험한 적은 없습니까?

3. 지금 당신은 그리스도 안에서의 '행함'과 그분 안에서의 '정체성' 중 어떤 것에 더 큰 관심과 비중을 두며 살아가고 있습니까?

6. 복음은 서로 다른 화음을 통해 풍성해집니다 _{갈 2:6-10}

"보통 사람이 보기에 복음은 전혀 매력적이지 못하다.
오직 자신이 지은 죄로 인해 유죄 판결을 받은 자만이
복음이 매력적인지를 알 수 있다."
오스왈드 챔버스(Oswald Chambers)

'삼촌 패키지'(package)라는 것이 있습니다. '학교 폭력 전문 심부름센터'가 내놓은 상품입니다. 큰 덩치(때로는 문신까지 한)의 30-40대 남성이 학교 폭력 피해 학생의 삼촌 역을 맡아 가해자의 집과 학교를 찾아다니며 더 이상 피해 학생을 건드리지 못하도록 위협하거나, 재발할 경우 엄청난 보복을 당할 것임을 경고하는 등의 방식으로 문제를 처리하는 패키지입니다. 보통 2주 정도면 효과를 본다고 하는데, 이러한 패키지의 가격은 7백만 원 정도 된다고 합니다. 만약 모두가 이런 식으로 문제를 해결하려 한다면 이 사회가 어떻게 되겠습니까? 특별히 갈라디아 교회처럼 교회에 갈등이 생겼을 때 우리는 어떤 식으로 갈등을 해소해야 할까요?

본문은 사도 바울이 예루살렘 교회의 지도자들을 만나서(소위 '예루살렘 공회의'라 불리는 모임에서) 경험한 것이 무엇이었는지를 가르쳐 줍니다. 바울은 자신이 전했던 복음이 그들이 전했던 복음과 조금도 다르지 않다는 사실을 확인했습니다. 그는 하나님이 부르셔서 이방인을 위한 사도가 되었고, 그들은 유대인들을 위한 사도가 되었다는 사실도 그들이 인정했음을 고백합니다. 더 이상 그들 가운데 갈등이나 대립은 없었다는 말입니다. 그들은 하나님이 베푸신 은혜를 함께 나누며 '친교의 악수'(9절)를 했습니다.

예루살렘을 대표하는 자들이라 자처하며 갈라디아 교회에 가만히 들어온 '율법주의자들/할례주의자들/유대주의자들'의 가르침은 지극히 잘못된 것임을 '친교의 악수'로 선포하는 셈이었습니다. 우리에게도 우리가 가진 믿음과 그에 따른 사역과 삶이 복음을 바탕으로 된 것인지를 점검하고 확인하는 '친교의 악수'가 필요합니다. 이 장을 통해 좀 더 구체적으로 어떻게 '친교의 악수'를 할 것인지 몇 가지 주제로 나누어 살펴보겠습니다.

복음의 진리

"유력하다는 이들 중에 (본래 어떤 이들이든지 내게 상관이 없으며 하나님은 사람을 외모로 취하지 아니하시나니) 저 유력한 이들은 내게 의무를 더하여 준 것이 없고 [내가 전한 것에 덧붙인 것이 없고]"(갈 2:6).

바울이 전한 복음의 진정성이 확인되었다는 말입니다. 복음만으로 충분하다는 말입니다. 사도 바울은 예루살렘 교회 지도자들을 경쟁상대로 삼지 않았습니다. 의도적으로 그들을 애써 낮추려고도 하지 않았습니다. 물론 적대시하지도 않았습니다. 다만 그가 전한 복음에 대해, 아무리 그들이 유명하고 힘이 있다 할지라도 함부로 그 무엇을 덧붙이거나 뺄 수는 없었다는 말입니다. '복음의 진리' 앞에서는 모두가 동등할 뿐이라는 것입니다. 오히려 '복음의 진리'에서 벗어나 사람들의 눈을 의식했던 베드로를 향해 그가 보였던 태도를 11-14절은 잘 말해 주고 있습니다.

"게바가 안디옥에 이르렀을 때에 책망 받을 일이 있기로 내가 그를 대면하여 책망하였노라 야고보에게서 온[예루살렘으로부터 온] 어떤 이들이 이르기 전에 게바가 이방인과 함께 먹다가 그들이 오매 그가 할례자들을 두려워하여 떠나 물러가매 남은 유대인들도 그와 같이 외식하므로 바나바도 그들의 외식에 유혹되었느니라 그러므로 나는 그들이 복음의 진리를 따라 바르게 행하지 아니함을 보고 모든 자 앞에서 게바에게 이르되 네가 유대인으로서 이방인을 따르고 유대인답게 살지 아니하면서 어찌하여 억지로 이방인을 유대인답게 살게 하려느냐 하였노라."

'복음의 진리'만큼은 어떤 일이 있어도 지켜져야 함을 바울은 강조하고 있습니다. 베드로까지 면전에서 책망할 정도였습니다. '복음의 진리'가 지켜져야 그리스도인들 사이에 외식이나 갈등이 없게 됩니다.

누구든 대기의 21퍼센트를 차지하는 산소를 하루 평균 500리터 정도는 마셔야 살 수 있다고 합니다. 더 많이도, 혹은 더 적게도 소비하지 않습니다. 공평합니다. 만약 산소 공급이 4분만 중단되어도 사람은 생명을 잃게 됩니다. 아무리 유명해도, 부유해도, 똑똑해도, 사람이라면 모두 산소를 마셔야 살 수 있습니다. 마찬가지로 '복음의 진리'로 말미암아 새로운 생명을 얻지 못한 사람은 그가 누구든 영원한 죽음에 이르게 됩니다. 어떤 사람도 예외는 없습니다. 중요한 것은 '복음의 진리'를 알고 사는 것입니다.

우리 모두는 복음의 은혜가 필요합니다. 사람을 함부로 차별해서는 안 됩니다. 우리는 학식이나 직업, 배경 등을 따져 가며 사람을 대하는 일이 없어야 합니다. 우리의 관심은 늘 사람 그 자체여야 합니다. 이것이 복음이 주는 시각입니다. 사람 자체를 귀하게 여겨야 합니다.

율법주의적 신앙은 사람을 지나치게 높이거나, 반대로 형편없이 무시합니다. 복음은 우리 한 사람, 한 사람을 다 귀한 존재로 여깁니다. 복음 안에서 우리는 서로를 귀한 존재로 여기며 섬길 수 있게 됩니다. 그리고 복음은 우리가 제일 대하기 불편한 사람이 동료 그리스도인이 되는 것도 기뻐하게 만듭니다.

청소년들을 보십시오. 우리 청소년들이 공부만을 위해서 십 대 시절을 다 보내야만 하는 현실이 너무 싫습니다. 한우 등급 매기듯 성적을 따라 아이들을 구분하는 것 역시 불쾌합니다. 마르틴 루터는 "그러므로 믿음에 관한 한 우리는 무적이어야 하고, 또 할 수만 있다면 금강석보다 더 단단해져야 한다. 그러나 사랑을 말할 때 우리는 바람에라도 부러지고 그 어떠한 것에도 꺾여 버리는, 갈대보다도, 잎새보다도 더 유연하고 더 부드럽지 않으면 안 된다"고 말했습니다.

▬ 은혜의 소명

"도리어 그들은 내가 무할례자에게 복음 전함을 맡은 것이 베드로가 할례자에게 맡음과 같은 것을 보았고 베드로에게 역사하사 그를 할례자의 사도로 삼으신 이가 또한 내게 역사하사 나를 이방인의 사도로 삼으셨느니라 또 기둥같이 여기는 야고보와 게바와 요한도 내게 주신 은혜를 알므로 나와 바나바에게 친교의 악수를 하였으니 우리는 이방인에게로, 그들은 할례자에게로 가게 하려 함이라"(갈 2:7-9).

우리는 사역의 다양성을 인정해야 합니다. 다른 사람이 하는 일을 무시하거나 거부하는 일은 하지 말아야 합니다. 물론 자신이 하는 일은 열심을 품고 최선을 다해야 합니다. 서로를 동역자로 여겨야 합니다. 모두가 같아야 할 이유는 없습니다. 진정한 연합은 획일성이 아닌, 다양성 가운데의 일치를 의미합니다.

2018년 10월 17일 오전, 1시간 40분 동안 구글의 동영상 서비스인 유튜브(YouTube)가 전 세계적으로 접속 장애를 일으켰습니다. 그런데 어떤 사람들은 전화를 경찰서로 걸었습니다. 미국 필라델피아 경찰서는 "911(우리나라의 119)로 전화하지 마십시오. 우리는 고칠 수 없습니다"라고 답변해야만 했습니다.

각자마다 역할이 다릅니다. 나와 다른 일을 하는 사람을 인정하는 것은 내가 맡은 일을 잘하는 것 못지않게 중요합니다. 우리는 소명을 따라 살 때 덜 변질될 수 있습니다. 우리는 단순히 먹고살기 위해 이 땅에 존재하는 것이 아닙니다. 사실 그렇게 사는 것은 별로 기쁜 일이 아닙니다. 당신은 언제 참 만족을 누립니까? 소명 의식을 가지고 산다는 것이 얼마나 중요한지 모릅니다. 예수님도 "나의 양식은 나를 보내신 이의 뜻을 행하며 그의 일을 온전히 이루는 이것이니라"(요 4:34)라고 말씀하지 않으셨습니까?

오늘날 많은 성도들이 '편한 경건'(comfortable piety)으로 만족하려고 합니다. 제대로 신앙생활하는 것을 불편해합니다. 그런데 한번 생각해 보십시오. 신앙생활을 대충 한다고 해서 사람이 더 편해집니까?

사도 바울과 야고보, 게바(베드로) 그리고 요한은 신약성경 27권 가운데 21권을 기록한 사람들입니다. 그러나 그 모두가 하나님의 은혜입니다. 그들은 모두 자신을 '예수 그리스도의 종'으로 그리고 있습니다. 동일한 복음의 은혜 가운데 우리는 하나님이 맡겨 주신 사역을 감당하고 있습니다. 그 은혜가 때로는 고초와 곤경 그리고 고난에도 맞서게 만듭니다.

"사도들은 그 이름을 위하여 능욕 받는 일에 합당한 자로 여기심을 기뻐하면서 공회 앞을 떠나니라"(행 5:41).

사도들은 능욕 받는 것도 기뻐했습니다. 은혜를 따라 소명의 길을 걸을 때 나타나는 현상입니다. 자신의 힘으로 무엇인가를 하게 될 때는 도망치거나 자신의 안전을 위해 숨을 수밖에 없습니다. 서로의 짐을 지는 것 역시 복음의 은혜가 주는 우리의 소명입니다.

삼성생명 은퇴 연구소에서 은퇴자들에게 물었습니다. "누구와 함께 있을 때 가장 즐거우십니까?" 남성들은 '배우자'와 함께 있을 때 가장 즐겁다고 답했습니다(33퍼센트). 반면 여성들은 '자녀'(31퍼센트), '친구'(23퍼센트), '손자, 손녀'(17퍼센트) 순이었습니다. 그다음이 '배우자'(16퍼센트)였습니다. 은퇴하기 전, 바로 지금의 남편들은 아내에게 잘해야 합니다. 아내가 얼마나 소중한 존재인지를 알아야 합니다. 그렇지 않으면 은퇴 후 비참해질 수 있습니다. 다른 사람을 무시하면 언젠가 무시당할 날이 올 수 있습니다.

━ 긍휼의 사역

"다만 우리에게 가난한 자들을 기억하도록 부탁하였으니 이것은 나도 본래부터 힘써 행하여 왔노라"(갈 2:10).

예루살렘 교회가 있는 팔레스타인 지방은 주기적으로 기근에 시달렸습니다. 그래서 이방(마게도냐) 교회들은 예루살렘 교회 성도들을 돕는 일에 늘 힘을 썼습니다. 결국 우리의 믿음도 '물질의 사용'으로 나타나게 되어 있습니다.

교회도 마찬가지입니다. 우리가 가진 것은 결코 우리 자신의 것이 아닙니다. 우리는 청지기에 불과합니다. 복음은 함께 살도록 우리를 도전합니다. 돈은 쌓기 위해 존재하는 것이 아닙니다. 쓰기 위해 존재하는 것입니다. 하나님이 가장 기뻐하시는 일에 잘 사용할 필요가 있습니다. 복음의 은혜로 충만하면 이기적인 마음이나 사욕이 점점 없어집니다. 예수님은 우리를 사랑해서 스스로 가난해지셨습니다. 우리로 하여금 더 많은 것을 누리도록 하기 위함이었습니다.

> "우리 주 예수 그리스도의 은혜를 너희가 알거니와 부요하신 이로서 너희
> 를 위하여 가난하게 되심은 그의 가난함으로 말미암아 너희를 부요하게
> 하려 하심이라"(고후 8:9).

칼빈(John Calvin)은 "우리가 누리는 모든 복은, 이웃을 위해 써야 한다는 조건으로 주님이 맡기신 것이다"라고 말했습니다. 복음에 나타난 우리를 향하신 하나님의 사랑이 바로 이 세상을 변화시키는 능력이 됩니다. 단순히 '힘을 사랑하는 것'(the love of power)과 '사랑이 가진 힘'(the power of love)을 우리는 구분할 수 있어야 합니다. 우리는 사랑의 힘을 가지고 잃은 자, 소외당한 자, 약한 자, 병든 자 그리고 작은 자를 부르고 세워야 합니다. 누구든지, 언제든지, 어디서든지 우리는 복음을 전하는 동시에 사랑을 전해야 합니다.

오늘 우리에게 절실히 필요한 것은 누구든 사랑할 수 있는 능력입니다. 이것은 오직 복음으로부터 시작되는 능력입니다. 이 놀라운 사랑을, 이 놀라운 능력을, 이 놀라운 복음을 주님이 우리에게 이미 주셨음을 기억하

고 감사하며 살아가는 하루하루가 되어야 할 것입니다.

● 함께 생각하고 솔직하게 나눠 봅시다.

1. 요즘 직장이나 교회에서 당신이 먼저 손 내밀어야 할 '친교의 악수'가 필요한 대상이 있습니까? 있다면, 아직 그렇게 하지 못한 이유는 무엇입니까?

2. 우리 사회에서 사람을 소중히 여기지 않는 모습을 본 적이 있습니까? 그때 어떤 생각이 들었습니까?

3. 사도 바울이 강조하는 은혜와 긍휼이 당신의 생활에 얼마나 적용되고 있습니까? 당신은 하나님의 은혜를 늘 인정하며 감사하고 있습니까? 또한 하나님이 당신을 은혜의 통로로 사용하시는 것을 기뻐하며 순종하고 있습니까?

7. 외식하지 말고 복음의 정찬을 누리십시오   갈 2:11-14

> "당신 자신을 한 번씩 쳐다볼 때마다
> 그리스도는 열 번을 바라보십시오."
> 로버트 맥체인(Robert Murray McCheyne)

'페르소나 논 그라타'(persona non grata)라는 라틴어가 있습니다. 문자적으로는 '좋아하지 않는 인물'이라는 뜻을 가진 말이지만, 요즘은 외교 용어로 발전해서 '외교상 기피하는 인물'이라는 의미를 지니게 된 말입니다. 유대인들에게 이방인은 '페르소나 논 그라타'(기피 인물)입니다. 그 사람의 신분이나 인종이 어떠하든, 만약 그 사람이 유대인이 아니라면, 그는 함께할 수 없는 이방인일 뿐입니다. 심지어 유대인 남자들은 아침에 일어나면 항상 "주여, 이방인으로 태어나지 않게 하신 것에 대해 감사하나이다"라는 기도를 하고 하루를 시작했습니다.

본문은 안디옥을 방문한 베드로가 이방인 신자들과 함께 식탁의 교제를 나누다가 예루살렘에서 온 유대인 신자들(할례를 하나님 백성의 징표라고 지나치게 주장하는 이들도 포함되어 있는)을 두려워하여 먹던 자리에서 슬그머니 일어나 그 자리를 떠나는 것을 보고 그를 면전에서, 특별히 여러 사람들이 보는 가운데 사도 바울이 책망했다는 내용을 담고 있습니다. 베드로는 이방인과도 한자리에서 식사할 수 있다는 사실을 알고 있었습니다. 그러나 유대인들의 눈을 의식한 나머지, 그들이 두려워 자리를 피한 것입니다. 복음의 진리를 알면서도 그에 따라 행하지 않은 일종의 '외식'(가면을 쓴 모습)입니다. 복음의 진리를 알고 고백하는 것과 실제로 그 진리에 따라 행하는 것은 별개의 문제입니다.

복음은 믿지 않는 이웃들을 전도할 때만 필요한 것이 아닙니다. 복음은 성도답게 살아가는 데도 필요한 것입니다. 복음이 우리의 사고, 행위, 삶 그리고 사역 전반에 영향을 미치도록 해야 합니다. 그리고 우리 모두는 '복음적인 사람'이 되어야 합니다.

삶으로 표현되지 않은 영적 지식들은 어떤 상황 가운데서는 때로 '외식'의 도구가 될 수 있음을 잊지 말아야 합니다. 그래서 스티브 자이슬러(Steve Zeisler)는 "외식적인 기독교는 아마도 진정한 기독교의 가장 큰 적이 될지도 모른다"고 '외식'의 심각성을 피력했습니다. 그렇다면 복음의 진리를 따라 살기 위해 우리에게 필요한 것은 구체적으로 무엇일까요?

▬ 외식의 유혹

"게바가 안디옥에 이르렀을 때에 책망 받을 일이 있기로 내가 그를 대면하여 책망하였노라 야고보에게서 온 어떤 이들이 이르기 전에 게바가 이방인과 함께 먹다가 그들이 오매 그가 할례자들을 두려워하여 떠나 물러가매"(갈 2:11-12).

12절의 '함께 먹다가'라는 말 가운데 '먹다'라는 동사는 미완료형으로 되어 있습니다. 헬라어 문법에서 계속적인 행동을 뜻할 때 사용하는 동사형입니다. 베드로는 이방인과 함께 먹는 것에 전혀 어려움을 느끼지 않았습니다. 계속 식탁의 교제를 했습니다. 그런데 문제가 생겼습니다. 예루살렘으로부터 할례자들이 온 것입니다. 안타깝게도, 베드로는 그들을 의식했습니다. 그리고 그에게는 자신의 행동이 가져올 결과에 대해 생각할 여유가 없었습니다.

베드로는 할례자들의 비난을 두려워했고, 또 그들과의 갈등도 원치 않았습니다. 고넬료(이방인 백부장)의 집에 다녀온 후 할례자들로부터 받았던 비난이 생각났는지도 모릅니다(행 11:2). 베드로는 비난받는 것이 싫었습니다. 그냥 인정받는 사도로 남고 싶었을 뿐입니다. 실제로 그의 설교를 듣고 회심했던 사람이 얼마나 많았습니까? 그런 자신의 명성에 조금이라도 흠이 생기는 것을 원치 않았던 것입니다. 그는 계속해서 '베드로'(반석)가 되기를 원했습니다. 그 결과 그는 외식하는 자가 되고 말았습니다.

존 스토트는 안디옥에서의 베드로의 행동을 이렇게 설명했습니다. "여종을 두려워하여 주님을 부인했던 바로 그 베드로가 이제는 할례주의자들을 두려워하고 있다. 그는 여전히 복음의 진리를 믿었지만, 그것을 행동으로 옮기는 데는 실패하고 말았다."

50여 년 동안 인도에서 '고아의 어머니'라 불리며 사역했던 아일랜드 출신의 선교사 에이미 카마이클(Amy Carmichael)의 이야기입니다. 그녀가 세상을 떠난 뒤 유품을 정리하던 가족들은 그가 남긴 수많은 사진들 가운데 그의 독사진이 한 장도 없음을 발견하고 놀랐습니다. 하나님이 행하신 일들을 기념하는 사진들 그리고 하나님이 사랑하셨던 사람들의 사진들만이 있었기 때문입니다.

우리는 얼마나 우리 자신을 드러내려 하는지 모릅니다. 우리 모두에게도 언제나 외식의 유혹이 있습니다. 우리는 무엇을 두려워하는지 스스로에게 물어야 합니다. 사람을 두려워하면 결국 넘어지게 됩니다.

"사람을 두려워하면 올무에 걸리게 되거니와 여호와를 의지하는 자는 안전하리라"(잠 29:25).

스스로 '베드로'(반석)가 되려고 하지 마십시오. 거절하십시오. 예수님이 우리의 반석이십니다. 그 위에 우리의 삶도, 사역도, 가정도 그리고 교회도 서야 합니다. 복음 안에 있는 자유를 지키기 위해서는 하나님과 그분의 말씀 외에는 두려울 것이 없어야 합니다. 때로는 세상과도 맞설 수 (contra munda, against the world) 있어야 합니다. 우리는 바울이 디모데에게 권면하는 말을 늘 마음에 새겨야 할 것입니다.

"하나님이 우리에게 주신 것은 두려워하는 마음이 아니요 오직 능력과 사랑과 절제하는 마음이니"(딤후 1:7).

▬ 누룩의 교훈

"야고보에게서 온 어떤 이들이 이르기 전에 게바가 이방인과 함께 먹다가 그들이 오매 그가 할례자들을 두려워하여 떠나 물러가매 남은 유대인들[유대인 신자들]도 그와 같이 외식하므로 바나바도 그들의 외식에 유혹되었느니라"(갈 2:12-13).

칼빈은 베드로의 외식이 미친 영향을 다음과 같이 세 가지로 풀이했습니다. "첫째, 유대인과 이방인 사이에 중간 벽을 다시 세움으로 둘은 결코 하나가 될 수 없다는 인식이 심겼다. 둘째, 예수 그리스도의 은혜의 빛을 흐리게 함으로 사람이 만든 규례와 인습에 더 주목하는 결과를 초래했다. 셋째, 유대인들의 마음을 더 굳게 하여 그릇된 확신을 갖게 만들었다."

베드로가 떠난 자리에 여전히 남아 있는 안디옥의 이방인 신자들을 한 번 생각해 보십시오. 그들이 무슨 잘못을 저질렀습니까? 어쩌면 버림받았 다고 느꼈을지도 모릅니다. 무슨 일을 하는 것보다 중요한 것은 복음의 진 리 앞에 솔직하게 서는 것입니다. 그리고 우리의 말이나 행동이 미칠 영 향을 생각해 보는 것입니다. 좋은 영향을 미치는 것보다 나쁜 영향을 미치 는 것이 훨씬 쉽습니다. 좋은 영적 공동체를 세우는 데 얼마나 많은 시간이 걸리는지 모릅니다. 그러나 그렇게 세워진 좋은 영적 공동체라도 한순간 에 무너질 수 있음을 우리는 늘 인식하고 있어야 합니다. 특별히 지도자의 '외식'이 미치는 영향을 심각하게 받아들여야 합니다. 적은 누룩이 한순간 에 온덩어리에 퍼질 수 있다는 '누룩의 교훈'(고전 5:6)을 잊지 말아야 합니다.

이런 이야기를 읽은 적이 있습니다. 인구 5천 명 정도 되는 미국의 어 느 조그만 도시에 불이 났습니다. 포목상에서 화재가 발생한 것입니다. 인화성 물질이 많은 곳이었고, 또 밤이었기 때문에 피해가 클 것이라고 모두들 생각했습니다. 그런데 소방서의 신속한 대처로, 특별히 소방서장 이 직접 나서서 수고한 결과로 화재는 큰 피해 없이 진화되었습니다. 그 런데 그 후에도 몇 달 동안 계속해서 그 도시에 화재가 발생했습니다. 그 럴 때마다 소방서장을 비롯한 소방관들의 신속하고도 희생적인 노력으로 피해를 줄일 수 있었습니다. 주민들은 소방관들과 소방서장의 헌신적인 노고에 찬사를 보냈습니다. 그런데 연쇄 화재의 원인을 수사하던 중 방화 범이 누구인지가 밝혀졌습니다. 방화범은 그토록 헌신적이었던 소방서 장이었습니다. 활력을 잃은 조그만 도시의 할 일 없는 소방서 책임자로서 그는 문제를 만들어 열심을 내었고, 그 열심의 보상을 기대했던 것입니 다. 사람들로부터의 인정을 구했던 것입니다.

오늘날 교회의 많은 문제가 어디서 옵니까? 누가 만든 문제들입니까? 하나님이 기뻐하시는 일과 관계없는 일을 만들어 불필요하게 열심을 내지는 않습니까? 좋은 영적 환경을 만들고 그 안에서 영적 체질을 개선하는 일이 얼마나 시급한지 모릅니다. 교회는 하나님이 의도하신 공동체의 모습을 늘 마음에 품고 스스로 다듬어 나가야 합니다. 그것이 개혁입니다. 그것이 의를 추구하는 것입니다.

━ 회복의 은혜

> "그러므로 나는 그들이 복음의 진리를 따라 바르게 행하지 아니함을 보고 모든 자 앞에서 게바에게 이르되 네가 유대인으로서[유대인이지만 이제는 복음 안에서] 이방인을 따르고[이방인처럼 살고] 유대인답게[모든 유대인들이 지키는 관습이나 의식 그리고 전통을 따라] 살지 아니하면서 어찌하여 억지로 이방인을 유대인답게 살게 하려느냐 하였노라"(갈 2:14).

베드로와 바울을 비교해 보십시오. 누가 믿음의 선배입니까? 베드로입니다. 그럼에도 불구하고 바울은 베드로를 향해 직언을 서슴지 않았습니다. 주 예수 그리스도의 복음의 진리가 왜곡되는 것을 가볍게 넘길 수 없었기 때문입니다. 베드로가 미워서 책망한 것이 아닙니다. 복음의 진리와 자유를 지키기 위해 오히려 그는 아무나 쉽게 할 수 없는 일을 한 것입니다.

문제가 없는 것처럼 지나는 것은 화평을 추구하는 것이 아닙니다. 문제를 피하는 것은 문제를 해결하는 방법이 아닙니다. 문제를 인식하고 해결하려는 적극적인 의지가 우리에게 있어야 합니다. 그런데 놀라운 일은, 베드로가 바울의 책망을 받아들였다는 것입니다. 바울의 진심을 헤아렸기 때문입니다. 시간이 꽤 흐른 후 베드로는 바울을 "우리가 사랑하는 형제"(벤후 3:15)라고 부르고 있습니다. 미국의 저명한 기독교 저술가이자 영성학자인 존 파이퍼는 "복음과 더불어 다시 사랑에 빠져 보십시오"라고 우리를 향해 권면의 말을 전하고 있습니다.

예수님이 우리를 어떻게 대하셨습니까? 당시 유대인들이 도저히 가까이 할 수 없는 사람들에게 예수님은 오히려 다가가 함께하셨습니다. 거룩하신, 온전히 의로우신 그분이 우리와 함께하셨습니다. 여전히 불충하고 거룩하지 못한 우리를 그래도 포기하지 않고 이끌어 가시는 그분의 복음의 은혜로 우리는 회복될 수 있습니다. 이 회복의 기회를 놓치지 말아야 합니다. 문제가 생겼을 때 서로 사랑으로 견책하고, 또 겸허히 그러한 견책을 받아들일 수 있는 공동체에 소망이 있습니다. 결국 베드로도 바울도 '복음의 진리를 따라' 다시 회복되었기에 그 관계가 유지될 수 있었던 것입니다.

복음의 진리를 따라 사는 자에게는 이러한 능력이 주어집니다. 삶이 회복되고, 관계가 회복되고, 은혜가 회복되는 능력이 우리 모두에게 넘치기를 바랍니다.

● **함께 생각하고 솔직하게 나눠 봅시다.**

1. 당신에게 실제적인 혹은 심정적인 '페르소나 논 그라타'의 대상이 있습니까? 있다면, 그 이유는 무엇입니까?

2. 교회나 직장에서 스스로 알면서도 가식적인 모습을 주변 사람들에게 보여 주는 경우가 있습니까? 예를 들면, 어떤 것입니까?

3. 영적으로 후배라고 할 수 있는 바울의 꾸지람을 베드로는 겸손히 받아들였습니다. 같은 상황이라면 당신은 바울처럼 행동할 수 있겠습니까? 또한 베드로처럼 반응할 수 있겠습니까? 그 이유는 무엇입니까?

8. 회개의 눈물이 의의 길을 열어 줍니다 갈 2:15-18

> *"죄를 물리치는 길은 우리의 행위들을 바꾸기 위해서*
> *우리 자신이 열심히 무엇인가를 하는 데 있지 않고,*
> *우리의 갈망하는 것들을 예수님께서 바꾸어 주시도록*
> *그를 신뢰하고 의지하는 데 있다."*
> 데이빗 플랫(David Platt)

서울 강동구에 있는 한 대형 병원(서울아산병원)에는 하루 1만 2천 명의 외래 환자가 방문을 하고, 한 해 1백만 명 정도의 환자가 입원을 한다고 합니다. 엄청난 규모입니다. 특별히 간 이식 분야와 심장 관상 동맥 치료에 있어서는 전 세계적으로 전문성을 인정받는 병원입니다. 우리나라에 이런 병원이 있다는 것이 자랑스럽습니다.

만약 병원이 그 기능과 역할을 제대로 못하거나 병원의 내적인 문제로 늘 시간을 보낸다면 사회적으로 문제가 될 것입니다. 성도나 교회도 마찬가지입니다. 성도나 교회도 다 하나님의 부르심으로 말미암아 이 땅에 존재하기 때문에 하나님의 마음과 뜻을 늘 헤아려야 합니다. 요즘 성도와 교회들이 하나님이 원하시는 일들에 마음을 두고 매진하고 있는가에 대해서는 계속해서 고민해야 할 것입니다. 먼저 우리 자신이 그리고 교회가 건강해야 합니다. '복음의 진리'에서 멀어지면 영적으로 금방 시들고, 또 병들게 될 것입니다.

본문은, 우리가 하나님으로부터 인정함을 받게 되는 것은 율법의 행위에 의해서가 아니라, 예수 그리스도가 우리가 의롭다 인정함을 받도록 이

69

루어 놓으신 일을 믿음으로 말미암는다는 것을 가르치고 있습니다.

오직 예수 그리스도를 믿음으로만 의롭게 된다는 '이신칭의'(以信稱義) 혹은 '이신득의'(以信得義) 교리는 우리 개인의 신앙과 교회의 영적 초석이 됩니다. 특별히 '율법'은 '구원의 수단'이 될 수 없음을 바울은 본문을 통해서 강조하고 있습니다. '율법'은 다만 죄가 얼마나 치명적인가를 우리로 하여금 보게 하고, 더 나아가 우리 스스로의 노력과 열심 그리고 행위로는 결코 의로워질 수 없음을 깨닫게 할 뿐입니다. 그러나 '율법'은 예수 그리스도 안에서 의롭게 된 자의 거룩한 삶의 규범 역할을 한다는 사실도 잊지 말아야 합니다. 예수 그리스도를 믿는다는 것이 우리의 방종이나 불법적인 삶을 조장하는 것은 아니기 때문입니다.

믿음은 어떤 면에서 예수님을 닮아 가는 과정입니다. 즉, '칭의'는 늘 '성화'(거룩해져 가는 과정)와 함께 가는 것입니다. 문제는 의에 이르는 길을 제대로 찾는 일입니다. 어떻게 출발하는가가 중요합니다. 몇 가지 주제를 다루면서, 오직 믿음으로 우리가 의로워질 수 있다는 사실을 다시 한 번 마음에 새겨 보고자 합니다.

━ 나부터 회개하고

"우리는 본래 유대인이요 이방 죄인이 아니로되 사람이 의롭게 되는 것은 율법의 행위로 말미암음이 아니요 오직 예수 그리스도를 믿음으로 말미암는 줄 알므로 우리도 그리스도 예수를 믿나니 이는 우리가 율법의 행위로써가 아니고 그리스도를 믿음으로써 의롭다 함을 얻으려 함이라 율법의 행위로써는 의롭다 함을 얻을 육체가 없느니라"(갈 2:15-16).

'우리'는 바울 자신과 베드로 그리고 바나바를 포함한 유대인 신자들을 뜻합니다. 그들은 하나님의 언약을 아는, 율법을 받은 자들입니다. 반면 '이방 죄인'은 하나님의 언약 밖의 사람들로, 율법을 가지고 있지 않았기 때문에 죄를 범할 가능성이 더 높은 사람들을 의미합니다.

예수를 믿음으로 우리가 얻는 가장 근본적인 복은 의롭게 되는 것입니다. 더 이상 정죄 받을 일이 없다는 것입니다. 하나님이 받아 주셨다는 말이기도 하고, 우리의 죄가 사해졌다는 말이기도 합니다. 스스로 '나는 죄 없는 사람'이라고 아무리 외쳐도 소용없는 일입니다. 하나님이 우리를 의롭다고 인정해 주셔야 합니다.

이방인도, 유대인도 그리고 우리 모두도 하나님이 보시기에는 다 죄인일 뿐입니다. 불의하고 사악한 존재일 뿐입니다. 철저하게 부패하고 타락한 피조물에 불과합니다. 자신의 모습을 제대로 보아야 합니다. 자신의 모습에 대해 먼저 철저하게 실망하지 않으면 예수 그리스도의 복음은 결코 소망이 되지 못합니다. 자존심이 상해야 은혜를 이해하고 믿음으로 나아가게 됩니다. 자신의 무능과 무지 그리고 연약함과 죄악 됨을 인정하고 고백하게 되는 것이 은혜임을 알아야 합니다.

교회도 마찬가지입니다. 교회 역시 온전치 못한 사람들의 모임임을 잊지 말아야 합니다. 기독교 교육학자인 하워드 헨드릭스(Howard G. Hendricks)는 "교회는 노아의 방주와 매우 비슷하다. [길이가 135미터, 너비가 22.5미터 그리고 높이가 13.5미터인] 방주 안에 있는 사람들은 밖에서 폭풍우가 치지 않는다면, 그 안에서 풍기는 악취를 결코 견딜 수 없을 것이다"라고 말했습니다.

사실 교회에서 발생하는 대부분의 문제, 갈등 그리고 다툼은 서로 의롭다고 주장하는 사람 사이에서 일어납니다. 못난 사람끼리는 서로 보고 웃을 따름입니다. 어떤 면에서 사람들의 칭찬과 박수, 세상적인 형통과 성공은 무서운 유혹이 될 수 있습니다. 스스로 자신을 괜찮은 사람으로 여길 가능성이 높기 때문입니다. 예수님이 광야에서 시험을 받으실 때 마귀가 사용했던 것은 박해나 고난이 아니었습니다. 세상의 영광이었고, 사람들의 인정이었습니다. 지금 갈라디아 교회의 문제는 복음의 진리에서 떠나 버린 것입니다. 의에 이르는 길에서 벗어나 버린 것입니다.

노예 무역선의 선장이었다가 이후 목회자의 길을 걷게 된 영국의 존 뉴턴(John Newton)이 세상을 떠나기 전에 남긴 말입니다. "나의 기억은 거의 사라지고 없습니다. 그러나 두 가지는 기억하고 있습니다. 내가 큰 죄인이라는 것과 그리스도가 큰 구주라는 사실입니다."

━ 은혜에 감사하며

"만일 우리가 그리스도 안에서 의롭게 되려 하다가 죄인으로 드러나면 그
리스도께서 죄를 짓게 하는 자냐 결코 그럴 수 없느니라"(갈 2:17).

믿으면 아무렇게나 살아도 되느냐의 문제에 대한 답입니다. 예수 그리스도를 믿는다는 것을 방종이나 방탕을 보장받는 것으로 이해해서는 안 된다는 말입니다. 우리가 믿는 예수 그리스도는 죄를 조장하시는 분이 결코 아닙니다. 우리가 예수를 믿는다는 것은 그분을 닮는다는 의미를 내포하고 있습니다. 예수님은 율법을 거부하거나 버리신 분이 아닙니다. 율법이 요구하는 모든 의를 온전히 충족시키신 분입니다.

문제는 우리가 우리의 삶을 예수 그리스도와 그분의 복음의 진리에 연결시키지 못하는 데서 옵니다. 예수를 믿는다면 우리가 개인적으로 하는

모든 일, 가정 그리고 교회와 교회에서의 모든 사역이 '복음의 DNA'로 되어야 합니다. 그렇지 않을 경우 우리 자신과 교회는 율법주의적으로 되거나 혹은 미신적으로 변할 수밖에 없습니다. 중요한 것은 '내가 무엇을 하느냐'가 아닙니다. '나를 위해 예수 그리스도가 무엇을 하셨느냐'를 먼저 아는 것입니다.

만약 행위를 따져 우리의 의가 결정된다면, 바울은 그 누구보다도 열심히 예수 그리스도의 몸 된 교회와 성도들을 박해했기 때문에 결코 의롭다고 인정받을 수 없었을 것입니다. 그래서 그는 평생 자신이 은혜로 죄 사함을 받았음과, 또 이방인을 위한 사도로 부름 받았다는 사실을 잊지 않았습니다. 물론 자신이 '죄인 중의 괴수'임도 잊지 않았습니다(딤전 1:15). 우리는 어떻습니까? 우리의 모든 사역과 삶도 하나님이 값없이 베푸신 은혜에 대한 감사부터 시작되어야 합니다.

경찰청의 자료에 따르면 2017년 한 해 동안 발생한 301건의 살인 사건 중 남편이 아내를 살해한 경우가 55건 그리고 연인 사이에서 발생한 살인 사건이 26건이나 됩니다(전체 살인 사건의 약 27퍼센트). 가장 가까이 있는 그리고 가장 사랑해야 할 사람들이 희생을 당하는 셈입니다. 가까이 있다고, 또 오래 함께 지냈다고 늘 관계가 저절로 좋게 유지되는 것은 아닙니다. 가까울수록 더 사랑하고, 더 소중히 여기고, 더 자신을 자주 돌아보며 좋은 짝이 되기 위해 노력해야 합니다.

하나님과의 관계도 마찬가지입니다. 복음의 은혜와 사랑을 확신해야 두려울 것이 없어집니다. 그렇지 않으면 사람이 두려워집니다. 감사하기도 힘듭니다. 우리는 복음에 나타난 하나님의 자비와 용서 그리고 긍휼을 경험하고 확신해야 합니다. 그리고 감사해야 합니다. 더 나아가, 이전보다 더욱 마음과 힘을 다해, 아니 목숨을 다해 하나님을 사랑해야 합니다.

그래야 건강한 관계가 유지됩니다. 형벌에 대한 두려움으로 열심히 신앙생활을 해서는 안 됩니다. 망할까 봐 헌금을 하고, 아이들이 잘못될까 봐 봉사하는 식의 신앙생활을 이제는 멈추어야 된다는 말입니다. 무엇이든 감사함으로 되어져야 합니다. 그럴 때 우리는 새로움과 놀라움을 경험하게 될 것입니다.

팀 켈러는 그의 책 《팀 켈러의 왕의 십자가》(두란노 역간)에서 "왜 하나님은 우리를 필요로 하지 않으면서 굳이 우리를 창조하고서 나중에 비싼 대가를 치르면서까지 우리를 구속하셨을까? 우리를 사랑하셨기 때문이다"라고 말했습니다. 참 놀랍고도 신비로운 사랑이 아닐 수 없습니다. 하나님은 그만큼 우리와 함께하기를 원하신다는 말입니다. 그 사랑을 확신할 때, 우리는 더 책임 있는 삶을 살게 됩니다.

━ 끝까지 믿음으로

"만일 내가 헐었던 것을 다시 세우면 내가 나를 범법한 자로 만드는 것이라"(갈 2:18).

지금 바울은 하나님 앞에서의 가장 큰 범죄가 그분이 은혜로 주신 '의의 길'을 거부하는 것임을 말하고 있습니다. 복음의 진리를 가볍게 그리고 값싸게 여기지 말라는 것입니다. 우리에게도 '복음은 모든 것을 바꾸어 놓을 수 있다'는 확신이 필요합니다. 그리고 끝까지 믿음의 길을 가야 합니다. 복음의 진리를 따라가야 합니다.

아담과 하와가 선악을 알게 하는 나무의 열매를 따 먹지 말라고 하신 하나님의 말씀을 거부한 것은 교만의 죄였습니다. 복음의 진리에서 떠나 우리 자신의 힘으로 무엇인가를 하려는 시도 역시 심각한 교만입니다. 예수 그리스도 안에서 믿음으로 의롭게 된 사람은 계속해서 그 복음의 능력을 믿고 살아야 합니다.

사실 믿음은 우리의 삶을 주님에게 전적으로 맡기는 것입니다. 주님은 우리 생애의 첫 부분만을 원하시는 것이 아니라, 우리의 전 생애를 원하십니다. 그래서 우리는 "지금 이 일은 어려운 일인가? 쉬운 일인가? 우리가 할 수 있는 일인가?"보다 "예수님이 기뻐하시는 일인가? 그분이 참으로 원하시는 일인가?"를 물어보아야 합니다. 어차피 우리는 믿음으로 사는 사람이기 때문입니다. 오직 믿음으로 사는 자만이 자신의 강함이 아닌 그리스도의 풍성함을 드러내며 살아갈 것입니다.

● **함께 생각하고 솔직하게 나눠 봅시다.**

1. 당신은 예수님을 닮아 거룩해지는 '성화'에 얼마나 많은 관심을 갖고 있습니까? 성화를 위해 지금 당신에게 필요한 것은 무엇입니까(경건 훈련, 기초 성경 공부, 나쁜 습관 정리, 용서, 공동체 생활 등)?

2. "복음은 모든 것을 바꿀 수 있다"는 명제가 참이라면, 당신이 생각하기에 이 복음이 가장 필요한 영역은 무엇입니까(사회 정의, 직장 문화, 개인 영성, 가족 구원, 삶의 환경 등)?

9. 그리스도인은 그리스도로 살아가는 사람입니다 _갈 2:19-21_

> "계속해서 죄를 죽이십시오.
> 그렇지 않으면 죄가 당신을 지속적으로 죽일 것입니다.
> 그리스도의 죽음 없이는 죄의 죽음도 없습니다."
>
> 존 오웬(John Owen)

"꿀밤 맞을래, 군밤 먹을래?" 꿀밤 맞기 싫으면 군밤을 사 먹으라는 광고 문구를 본 적이 있습니다. 저는 이렇게 말하고 싶습니다. "예수 믿고 구원받을래, 믿지 않고 멸망당할래?" 멸망당하지 않으려면 반드시 예수를 믿어야 합니다.

감사하게도 우리는 값없이 은혜로 예수를 믿게 되었습니다. 그리고 구원의 복을 누리게 되었습니다. 그런데 예수 믿지 않으면, 그 누구든 멸망에 이를 수밖에 없습니다. 우리가 복음을 전하는 이유는 누구든지 복음을 듣고 예수를 믿어야 구원을 받기 때문입니다.

본문은 '예수 그리스도를 믿음으로 의롭게 된다'(이신칭의, 이신득의)라는 진리에 대해 보다 구체적으로 설명하는 내용을 담고 있습니다. 믿음으로 사는 자는 더 이상 율법의 행위로는 의로워질 수 없음을 깨달은 자이기에, 율법을 온전히 지켜 하나님 앞에 서려는 시도를 하지 않게 됩니다. 그렇다고 믿음은 율법의 가르침을 무시하고 마음대로 살아도 됨을 뜻하지 않습니다. 믿음으로 사는 자는 하나님에 대해 사는 자가 되기 때문입니다. 하나님의 뜻을 따라 순종하는 자로 자신을 드리게 된다는 말입니다.

그리고 그렇게 순종의 삶을 살 수 있게 된 것은 예수 믿는 자 안에 부활하신 예수 그리스도가 사시기 때문입니다.

한마디로, 믿음은 예수 그리스도가 나를 통해 사시는 것입니다. 따라서 믿음으로 살게 되면 자신을 드러내고 자랑하는 일에는 더 이상 관심을 기울이지 않습니다. 헌신하더라도 그것이 결코 공로가 될 수 없음을 알기 때문입니다. 예수 그리스도가 나를 위해 하신 일이 무엇인지 알기에, 무엇을 하든지 예수 그리스도가 드러나고 존귀하게 되는 것을 구할 따름입니다. 믿음은 우리의 공로와 예수 그리스도의 은혜를 섞은 혼합물이 아닙니다.

이제 분명히 해야 합니다. 그리스도인의 삶이란 그리스도가 그 안에 사시는 삶입니다. 따라서 그리스도를 닮지 않는 그리스도인의 삶은 존재하지 않습니다. 그리스도를 닮지 않는 유일한 이유는, 그 안에 그리스도가 사시지 않기 때문입니다. 종교 생활만 열심히 할 뿐입니다. 우리 안에 사시는 그리스도를 제대로 믿고 살기 위해 필요한 일들이 무엇인지 살펴보겠습니다.

변화 감지

"내가 그리스도와 함께 십자가에 못 박혔나니 그런즉 이제는 내가 사는 것이 아니요 오직 내 안에 그리스도께서 사시는 것이라 이제 내가 육체 가운데 사는 것은 나를 사랑하사 나를 위하여 자기 자신을 버리신 하나님의 아들을 믿는 믿음 안에서 사는 것이라"(갈 2:20).

바울은 자신이 '그리스도와 함께 십자가에 못 박힌 사람'이라고 고백합니다. 여기 '못 박혔다'는 완료형으로 되어 있습니다. 이미 예수님의 십자가에서 죗값이 완전히 지불되었다는 말입니다. 더 이상 계산할 것이 없다는 뜻입니다. 예수님을 믿는다는 것은 우리가 예수님의 십자가에 함께 못 박혔다는 사실을 아는 것입니다. 하나님은 우리를 심판하실 수 없습니다. 왜냐하면 우리에게서 심판할 죄를 더 이상 찾을 수가 없기 때문입니다.

이것이 은혜입니다. 우리에게 무슨 공로가 있습니까? 실제로 십자가를 지신 분은 예수님이 아니십니까? 우리는 믿음으로 못 박혔을 따름입니다. 믿음의 신비입니다. 더 나아가 우리 자신이 자랑하고 붙들었던 것 그리고 우리의 의까지 우리는 다 십자가에 못 박았습니다.

"그리스도 예수의 사람들은 육체와 함께 그 정욕과 탐심을 십자가에 못 박았느니라"(갈 5:24).

이제 정욕과 탐심이 아니라, 예수님이 은혜와 진리로 우리를 다스리는 분이 되셨습니다. 그래서 우리는 예수님을 주님이라 부르게 된 것입니다. 그렇다면 예수 믿고 사는 이 땅에서의 삶 속에서 어떤 일이 있어도 잊지 말아야 할 사실이 한 가지 있습니다. 그것은 그분이 우리를 사랑하셨다는 것입니다. 그리고 지금도 사랑하고, 앞으로도 사랑하실 거라는 것입니다. 그것은 그 무엇으로도 끊을 수 없는 사랑입니다.

사도 바울은 예수 그리스도가 하나님의 아들임을 알았습니다. 그리고 바로 그 하나님의 아들이 자신(예수님을 멸시하고 성도와 교회를 해롭게 했던)을 하나님의 아들로 만들기 위해 몸을 내어 주어 결국 십자가에서 죽으셨다는 사실도 알았습니다. 그러한 그리스도의 사랑을 경험했기에, 사도 바울은 그리스도를 믿고 그분을 평생 의지하며 사역할 수 있었습니다.

예수님을 믿는다고 반드시 물질적으로 더 부유한 삶을 살게 되지는 않습니다. 늘 건강한 것만도 아닙니다. 하는 일마다 성공하는 것도 아닙니다. 그러나 분명한 변화를 감지할 수 있습니다. 사랑을 알게 됩니다. 그리고 그 사랑을 경험하게 됩니다. 하나님으로부터 시작되어 예수님을 통해 우리에게까지 흐르는 그 사랑 말입니다. 우리는 그 사랑으로 이웃을 또한 사랑하게 됩니다. 우리가 그 사랑 가운데 귀한 존재임을 알 때, 다른 사람을 귀하게 여기게 됩니다.

'피케팅'이란 말이 있습니다. '피 튀기는 티케팅'이란 말로, 인기 가수나 아이돌 그룹 콘서트 표를 전쟁을 치르듯 치열하게 구하는 것을 뜻합니다. 일전에 BTS가 참석했던 '2018 대한민국 대중문화 예술상' 시상식 입장권이 150만 원이나 되었다고 합니다. 정부 주관 행사였기에 입장권은 원래 무료였는데, 그들을 보기 위한 팬들의 경쟁이 뜨거워지면서 암표 가격이 그렇게 치솟았던 것입니다.

우리는 지금 예수 그리스도의 이름으로 하늘 하나님의 보좌로 바로 나아갈 수 있게 되었습니다. 또 다른 티켓을 준비해야 합니까? 짐승 제물을 드리거나 종교 의식을 엄숙하게 치를 필요가 있습니까? 아닙니다. 우리는 예수 그리스도의 피의 공로로 하나님과 교통하게 되었습니다. 우리는 우리의 영적 신분이 바뀌었음을 확신해야 합니다. 우리에게서 일어난 변화를 감지해야 합니다.

▬ 목표 설정

"내가 율법으로 말미암아 율법에 대하여 죽었나니 이는 하나님에 대하여 살려 함이라"(갈 2:19).

바울을 포함한 우리 모두는 율법의 요구를 충족시킬 만한 능력이 없습니다. 어떻게 그 사실을 알게 되었습니까? 율법이 가르쳐 주었습니다. 율법대로 살려고 애를 썼지만, 그렇게 살아지지가 않는 것입니다. 그런데 우리가 예수를 믿으면, 그런 우리 가운데 예수 그리스도가 오셔서 사시기 때문에 하나님의 뜻을 이루며 살게 됩니다. 하나님에 대해 사는 것입니다. 이제 우리가 할 일은, 계속해서 예수님이 우리를 통해 사시게 하는 것입니다. 우리 자신을 통해 예수님을 드러내는 것이 우리의 할 일입니다. 따라서 우리 자신의 이름이나 업적을 드러낼 하등의 이유가 없어지게 되었습니다. 할 수만 있다면, 예수님의 아름다움과 존귀함을 드러낼 뿐입니다.

진정 우리가 예수님을 제대로 믿는다면, 우리 자신을 높이는 것이 오히려 불편하고 부자연스럽게 됩니다. 스스로 의롭고 경건한 것처럼 꾸미는 것이 얼마나 부끄러운 일인지를 알게 됩니다. 다만 하나님의 마음과 뜻을 헤아리고 순종하기 위해 우리 자신을 예수님에게 맡기면서 살 따름입니다.

사도 바울을 보십시오. 이전에는 그 역시 다른 사람의 판단과 인정에 매여 살았던 사람입니다. 열심히 바리새인으로 그리고 율법에 능통한 자로 살았습니다. 그런데도 그에게서 '곤고함'(비참함, 초라함)이 떠나지 않았습니다(롬 7:24). 그의 안이 텅 비어 있었기 때문입니다. 예수님이 그 안에 사시지 않았기 때문입니다. 이제 우리는 내 안에 사시는 예수님과 함께, 예수님이 하나님의 뜻을 다 이루신 것처럼, 우리에게 주어진 생의 목적을 이룰 때까지 믿음으로 살아야 합니다.

미국의 신학자이자 목회자인 고든 맥도날드(Gordon MacDonald)는 그의 책 《내면세계의 질서와 영적 성장》(IVP 역간)에서 두 부류의 사람이 있음을 주장합니다. 한 부류는 '쫓겨 다니는 사람'입니다. 이들은 자신이 가진 것, 생각이나 관계 그리고 소유물들을 지키는 데 대부분의 시간을 보내는 사람들입니다. 다른 한 부류는 '부름 받은 사람'입니다. 이들은 모든 것을 빌려 온 것이라는 생각을 가지고 살아가는 사람들입니다. 이들은 전자에 비해 훨씬 자유롭습니다. 그리고 확신을 가지고 책임 있는 선택을 할 수 있습니다. 모든 것이 자신의 것이 아님을 알기 때문입니다. 진정한 소유주가 누구인지를 알기 때문입니다.

우리는 늘 우리 자신이 하나님의 특별한 일을 위해 부름 받은 존재임을 잊지 말아야 합니다. 하나님 보시기에 보잘것없고 하찮은 사람은 없습니다. 스스로를 학대하거나 무시하지 않는 이상 우리는 특별한 존재입니다. 왜 그렇습니까? '내 안에 사시는 이' 때문입니다. 그래서 바울도 자신은 질그릇 같은 존재이지만, 자기 안에 있는 보배(예수 그리스도 혹은 복음)로 인해 자신이 귀한 존재임을 고백했습니다(고후 4:7).

예수님은 결코 헛되이 죽지 않으셨습니다.

"내가 하나님의 은혜를 폐하지 아니하노니 만일 의롭게 되는 것이 율법으로 말미암으면 그리스도께서 헛되이 죽으셨느니라"(갈 2:21).

그것을 증명할 수 있는 가장 좋은 수단은 우리의 바뀐 삶입니다. 특별히 새롭게 가지게 된 거룩한 삶의 목적입니다.

— 전력 질주

하나님이 주신 삶의 목적이 분명해졌다면, 이제 푯대를 향해 달려가야 합니다.

> "푯대를 향하여 그리스도 예수 안에서 하나님이 위에서 부르신 부름의 상
> 을 위하여 달려가노라"(빌 3:14).

무조건 빨리 뛰어야 된다는 말이 아닙니다. 집중할 필요가 있다는 말입니다. 모든 것을 쏟아 부으라는 말입니다. 그러기 위해서는 우리의 삶을 어느 정도는 단순화시킬 필요가 있습니다. 무엇이 가장 가치 있고 중요한 것인지를 분별해야 합니다. 그리고 때로는 익숙한 것과 결별하는 결단도 해야 합니다. 손해 볼 줄도 알고, 남 몰래 눈물도 흘려 보고, 또 아파 봐야 합니다. 지금 우리 안에 사시는 분이 그렇게 사셨습니다. 앞으로도 그분은 그렇게 우리 안에서 사실 것입니다.

어떤 목사님의 두 자녀가 한 명문 사립 대학교에 입학 지원을 했습니다. 그 대학교는 그 목사님이 이사장으로 재직하는 학교였습니다. 그 목사님은 자신의 아들딸이 그 대학에 지원했다는 사실을 학교 관계자에게는 완전히 비밀로 했습니다. 그리고 결과가 나왔는데, 두 자녀가 모두 서류 전형에서 떨어지고 말았습니다. 처음에 목사님은 마음이 상했다고 합니다. 자신이 너무 융통성 없이 정직했던 것이 아닌가 하는 생각이 들었던 것입니다. 그러나 곧 그분은 그렇게 행한 것이 의로운 것임을 확신하며 하나님에게 감사드렸다고 합니다. 사실 자신의 지위와 영향력을 사적으로 행사하지 않는 것이 결코 쉬운 일은 아닙니다.

우리에게 주어진 시간, 물질, 힘, 재능 등 하나님이 주신 모든 것을 우리는 하나님이 우리 각자에게 주신 거룩한 목적을 이루기 위해 사용해야 합니다. 우리 안에 그분이 사시기 때문입니다. 복음 안에서 새로운 삶의 목표와 능력을 부여하시는 예수님으로 인해 우리는 오늘도 버텨 내고 기뻐하고 승리할 수 있음을 기억해야 할 것입니다.

● **함께 생각하고 솔직하게 나눠 봅시다.**

1. 팀 켈러는 "그리스도께서 이루신 일은 당신에게 전부이거나 아무것도 아니거나 둘 중 하나다. 공로와 은혜를 혼합할 수 없다"라는 말을 했습니다. 당신은 이 말에 얼마나 공감하고 있습니까? 혹시 당신은 자신의 공로와 자격을 은근슬쩍 하나님에게 내세우지는 않습니까?

2. 바울은 예수님을 만나기 전 바리새인으로 열심히 살았지만 내면이 곤고하고 비참했습니다. 당신은 어떻습니까? 당신 또한 예수님을 만나기 이전의 바울처럼 종교인으로 살면서 자신의 열정에 속아 내면의 곤고함을 인식하지 못하고 있지는 않습니까?

3. 고든 맥도날드가 말한 자기 소유물을 지키는 데 모든 시간을 쓰는 '쫓겨 다니는 사람'과 모든 것이 자기 것이 아님을 아는 '부름 받은 사람' 가운데 당신은 어느 유형에 가깝습니까?

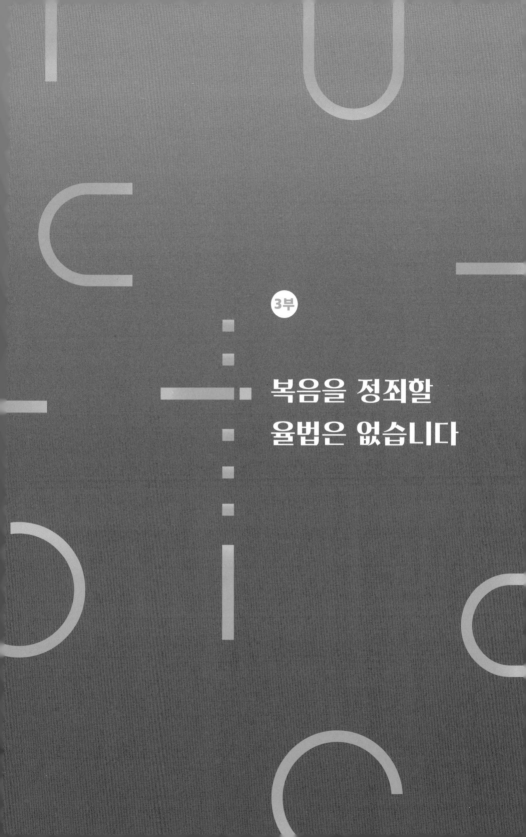

3부

복음을 정죄할
율법은 없습니다

10. 바른 삶은 십자가 위에 세워집니다

갈 3:1-5

> "무엇인가가 '덧붙여진' 그리스도는
> '대체된' 그리스도일 뿐이다."
> 윌리엄 헨드릭슨(William Hendriksen)

'정상성 편견'(Normality Bias)이라는 말이 있습니다. 사고나 재난으로 피해가 예상되는데 '별일 아닐 거야'라고 쉽게 생각하다가 참사가 반복되는 현상을 일컫는 사회심리학 용어입니다. 과거에도 그런 일이 있었는데 문제없이 지나갔다는 안이한 생각, 시간이 지나면 다 해결될 것이라는 막연한 생각 그리고 괜히 소란스럽게 문제를 처리하려다 문제를 더 복잡하게 만들 수 있다는 부정적 생각 등이 복합적으로 얽혀 '정상성 편견'을 만들어 냅니다.

사회뿐 아니라 교회도 이러한 '정상성 편견'에 사로잡힐 수 있습니다. 사도 바울은 갈라디아 교회가 겪고 있는 문제를 가볍게 여기지 않았습니다. 심각한 영적 위기로 간주했습니다.

본문은 율법주의적인 영성을 가진 거짓 교사들(율법의 행위로 의롭게 될 수 있다고 믿는 자들)의 가르침에 미혹되어 복음의 진리를 떠나는 성도들에 대한 사도 바울의 안타까운 마음을 드러내고 있습니다. 두 번에 걸친 '어리석다'라는 말과 다섯 번의 직설적인 질문을 사용해서 바울은 그들이 '복음으로 돌아올 것'을 호소합니다.

특별히 그들이 처음 예수를 믿었을 때 어떤 경험을 했는지를 되새기게 합니다. 성령을 받아 거듭난 삶을 살게 되고, 또 이교도적인 삶을 버리고 거룩한 길을 가게 된 것 모두가 그들이 율법을 잘 지켜서가 아니라 복음을 듣고 예수를 믿었기 때문이라는 사실을 바울은 강조합니다.

복음의 깊은 체험 없이 신앙생활을 하는 것처럼 위험한 일은 없을 것입니다. 우리에게도 만약 그러한 체험이 없다면, 우리가 가지고 있는 어느 정도의 영적 지식과 경험들이 오히려 신앙 성장의 걸림돌이 되어 우리 자신과 형제를 넘어지게 할 수 있음을 잊지 말아야 합니다. 자신을 의지하다가는 자칫 미혹케 하는 영의 덫에 걸릴 수도 있습니다.

시간이 지난다고 자동적으로 우리의 신앙이 자라는 것은 아닙니다. 복음의 진리를 따라 계속해서 믿음으로 사는 것 외에 다른 길은 없습니다. 미혹되지 않고 끝까지 믿음의 길을 가기 위해 우리에게 필요한 일이 무엇인지 살펴보겠습니다.

━ 대속의 죽음

"어리석도다 갈라디아 사람들아 예수 그리스도께서 십자가에 못 박히신 것이 너희 눈앞에 밝히 보이거늘 누가 너희를 꾀더냐"(갈 3:1).

왜 한눈을 팔고 있느냐는 말입니다. 우리 자신과 가정 그리고 교회를 넘어뜨리려는 미혹과 유혹이 계속 있기에 영적으로 긴장의 끈을 늦추어서는 안 된다는 말입니다. 자기 자신의 영적 상태를 점검하는 것은 영적 성장을 위해서도 꼭 필요한 일입니다.

본문은 '어리석도다'라는 말을 두 번이나 사용하고 있는데(1, 3절), 이러한 표현은 갈라디아 교회 성도들을 무시하거나 그들에게 모욕을 주기 위해 한 말이 아닙니다. 자신을 철저하게 점검해 보라는 말입니다. 십자가는 우리에게 필요한 것이 단순히 조용한 수양이나 금욕적인 수행이 아니라고 말해 줍니다. 십자가는 그러한 것으로는 결코 우리 자신이 의롭게 될 수도, 또 근본적으로 변할 수도 없음을 가르쳐 줍니다.

> "내가 하나님의 은혜를 폐하지 아니하노니 만일 의롭게 되는 것이 율법으로 말미암으면 그리스도께서 헛되이 죽으셨느니라"(갈 2:21).

십자가를 지신 분이 우리를 바꿔 주셔야 합니다. 그분 안에서 우리는 새로운 피조물이 됩니다. 예수님을 믿기 힘든 가장 큰 이유는 우리의 바쁨 때문이 아닙니다. 먹고사는 일이 벅차 만사가 귀찮기 때문도 아닙니다. 혹은 기독교의 가르침이 너무나 비현실적이기 때문도 아닙니다. 사람답게 살기에 무능하고 무지한 자신의 형편을 인정하지 않기 때문입니다. 아무리 힘들어도 여전히 자신의 인생을 다른 이에게 맡기고 싶지 않기 때문입니다. 결국 자신의 삶의 주권을 예수님에게 내어놓지 않으려는 것이 불신의 근본적인 문제입니다.

매년 저에게 성탄 카드와 새해 연하장을 보내 주시는 분들이 있습니다. 특별히 한 분은 지금도 잊을 수가 없습니다. 제직원이지만 한 번도 제직회에 참석하지 않은, 지금 서울 구치소에 수감 중인 사형수 집사님입니다. 옥중에서 예수님을 믿게 된 분입니다. 왜 교도소에 수감된 분들이 다른 사람들보다 예수님을 보다 더 쉽게 믿을 수 있는 걸까요? 교도소에서는 스스로 인생 주인 노릇 하려 한들 별 의미가 없기 때문입니다. 오직 예수님 안에서 새로운 자유와 안식을 누릴 수 있기에 예수님에게 무릎 꿇을 가능성이 높아지는 것입니다.

우리는 십자가의 은혜를 결코 잊지 말아야 합니다. 믿음의 주요, 또 온전하게 하시는 그리스도를 늘 바라보아야 합니다(히 12:2). 지금 우리에게 필요한 것은 많은 일이 아니라, 예수 그리스도에게 집중하는 일입니다. 십자가는 우리의 죄악 된 모습을 비춰 줄 뿐만 아니라, 하나님이 우리를 얼마나 사랑하시는지도 보여 줍니다. 율법 앞에서는 어느 정도 버텼던 사람들도 십자가 앞에서는 더 이상 자신의 모습을 숨길 수가 없습니다. 우리의 모습이 발각되었다면, 나를 위해 십자가를 지신 예수님에게 무릎을 꿇든지, 아니면 십자가를 거부하고 자신의 길을 계속 가든지 결정해야만 합니다. 중간 지대는 결코 존재하지 않습니다. 좁은 길을 선택하든지, 많은 사람들이 찾는 넓은 길을 택하든지 결정하는 것은 우리의 몫입니다.

장로교 신앙의 핵심 문서로 꼽히는 웨스트민스터 신앙고백서(1643-1647)에는 "하나님의 거룩하심과 우리의 최상의 행위 사이에는 여전히 메울 수 없는 '불균형/불균등'(disproportion)이 존재한다"고 기록하고 있습니다. 그 틈을 메울 수 있는 것은 예수 그리스도의 십자가의 은혜밖에 없습니다. 이제 우리에게 중요한 것은 우리 자신이 다른 사람들 눈에 얼마나 경건하게 보이느냐가 아닙니다. 예수 그리스도가 달리신 십자가를 계속 보는 것입니다.

━ 성령의 내주

"내가 너희에게서 다만 이것을 알려 하노니 너희가 성령을 받은 것이 율법의 행위로냐 혹은 듣고 믿음으로냐 너희가 이같이 어리석으냐 성령으로 시작하였다가 이제는 육체로[인간 스스로의 노력으로] 마치겠느냐"(갈 3:2-3).

바울은 우리가 성령을 받은 것도 율법을 지켰기 때문이 아님을 강조합니다. 성령을 받게 된 것은 복음을 듣고 믿었기 때문이라는 것입니다. 물론 믿고 거듭나는 것 자체도 성령의 일입니다. 믿음이 먼저인가, 혹은 성령의 일이 먼저인가 그 순서를 따질 필요는 없을 것입니다. 주목해야 하는 것은 우리가 우리의 행위로 성령을 받은 것이 아니라는 사실입니다.

믿은 후에도 우리는 여전히 성령을 따라 살아야 합니다. 성령의 도움 없이는 믿음의 길을 계속해서 갈 수가 없습니다. 성령의 깨우치심 없이는 십자가를 계속해서 바라보는 것도 힘들게 됩니다. 무엇보다 우리 모두가 가지고 있는 '종교성'(무엇인가 종교적인 것을 행해야 더 의롭게 되거나 더 많은 복을 받거나 혹은 신의 인정을 받을 수 있다는 생각)을 거부하기 힘들어집니다. 우리는 계속해서 성령의 감동과 각성의 은혜로 살아야 합니다. 무엇인가를 해야 우리의 영적 상태가 달라질 것이라는 막연한 생각을 버려야 합니다. 어떻게 하면 성령의 인도를 받을 것인가에 대해 더 고민해야 합니다.

사실 성령을 체험하게 되면 자신을 의지한다는 것이 얼마나 미련한 일인지를 깨닫게 됩니다. 예수님의 제자들을 보십시오. 복음서에 나타난 그들의 모습과 사도행전에 나타난 그들의 모습이 얼마나 다릅니까? 사람 자체가 크게 갑자기 변했습니까? 아닙니다. 성령을 의지하고 사는가의 여부에 따라 그들의 모습이 그렇게 달라질 수 있었던 것입니다.

우리 각자가 가지고 있는 영적, 정신적 그리고 도덕적 힘과 경험만으로 쉽게 버틸 수 있는 세상이 아닙니다. 온갖 종류의 유혹과 시험이 우리에게 다가옵니다. 시련과 곤경이 끊이지 않습니다. 무엇으로 버틸 수 있겠습니까? 사람들이 가장 큰 힘으로 생각하는 돈이나 권력으로도 버틸 수 없는 경우가 허다합니다.

이런 세상 가운데서 새롭게 살기 위해서는 새 힘이 필요합니다. 그 새 힘을 누가 주십니까? 누가 우리를 통해 새 일을 이루십니까? 성령 하나님이 아니십니까? 그러나 성령을 의지하고 사는 것보다 정해진 몇 가지 규례를 지키는 것이 더 수월할 수 있음도 잊지 말아야 합니다.

이스라엘 백성이 광야에서 불기둥과 구름 기둥의 움직임에 따라 행진을 했던 것처럼, 우리에게도 바람처럼 움직이시는 성령의 인도를 받는 것이 더 힘든 일인지도 모릅니다. 가정이나 교회도 철저하게 성령이 운행하시는 공동체가 되어야 합니다.

스코틀랜드의 개신교 목회자이자 성경 교사였던 오스왈드 챔버스(Oswald Chambers)는 "우리가 완전한 무능과 의존 속에 있을 때 성령의 힘이 나타난다"고 말했습니다. 성령의 도우시는 은혜가 없다면, 우리가 해야 할 일은 한 가지밖에 없습니다. 수단과 방법을 가리지 않고 우리 스스로 살길을 찾는 것입니다. 그러나 그 누구도 그 길을 찾은 적이 없습니다. 성령으로 사는 것이 복입니다. 가장 안전한 길입니다.

▬ 생활의 변화

"너희가 이같이 많은 괴로움을 헛되이 받았느냐 과연 헛되냐 너희에게 성령을 주시고 너희 가운데서 능력을 행하시는 이의 일이 율법의 행위에서냐 혹은 듣고 믿음에서냐"(갈 3:4-5).

사도 바울은 갈라디아 교회 성도들에게 그들이 처음 복음을 듣고 예수님을 믿었을 때 그리고 그에 따라 이교도적인 삶을 버림으로 인해 겪어야만 했던 여러 가지 내적, 외적인 괴로움을 다시 생각해 보라고 권면합니다. 어떻게 그런 삶의 변화를 경험할 수 있었는지 살펴보라는 것입니다. 그리고 생활 가운데서 일하시는 하나님의 능력을 어떻게 체험했는지 되돌아보라는 것입니다.

우리는 우리의 율법의 행위로 변화되지 않았습니다. 믿음으로 사는 자에게는 하나님의 일이 능력 있게 나타납니다. '믿음의 열매'가 맺히게 되는 것입니다. 열매가 없다면, 믿음으로 살고 있지 않기 때문이 아닌가라고 스스로 질문해 볼 필요가 있습니다.

복음은 '좋은 조언'(good advice)이 아닌 '좋은 소식'(good news)이며, 내가 행할 일이 아닌 하나님이 이미 행하신 일이라는 것을 잊지 않고 살 때, 우리는 참된 성도로 한평생 승리할 수 있습니다.

● **함께 생각하고 솔직하게 나눠 봅시다.**

1. 신앙생활을 하면서 복음적 열정이 아닌 종교적 열심을 낸 적이 있습니까? 아니면 주변에서 그런 경우를 본 적이 있습니까?

2. 교회를 다니면서 이단이나 거짓 가르침에 미혹된 적이 있습니까? 있다면, 어떻게 그것을 벗어날 수 있었습니까?

3. 오스왈드 챔버스는 "우리가 완전한 무능과 의존 속에 있을 때 성령의 힘이 나타난다"라고 말했습니다. 이 말이 당신의 삶 속에서 체험된 적이 있다면 언제, 어떤 일을 통해서였습니까?

11. 믿음을 대체할 것은 오직 믿음입니다   갈 3:6-9

> "권세와 사랑이 합쳐지는 갈보리 언덕에서
> 하나님은 사랑을 위해 권세를 포기하셨다."
> 필립 얀시(Philip Yancey)

"자동차를 운전하는 것과 무섭게 생긴 개 옆을 지나가는 것 중 어느 것이 더 위험할까요?" 미국 하버드대학교 위험 분석 센터(Harvard University Center for Risk Analysis)의 자료에 따르면, 자동차 사고를 당할 확률은 6,700분의 1이고, 개에 물려 죽을 확률은 1천9백만분의 1입니다. 그런데 많은 경우 우리는 무섭게 생긴 개 옆으로 지나가는 것을 더 두려워합니다.

어느 순간부터 우리는 막연하게 생각하고, 또 대충 살아 버리는 데 익숙해져 버렸습니다. 그래서 가장 경외해야 할 하나님, 그 살아 계신 하나님조차 우리의 삶과는 전혀 관계없는 분이 되어 버리기도 합니다. 대신 앞에 놓인 문제 앞에서는 지나치게 염려하고 불안해하면서 말입니다. 예수님을 믿는다면, 생활 가운데서도 그를 믿고 살아야 합니다.

본문이 포함되어 있는 갈라디아서 3장 1-9절에는 '믿음'이라는 명사와 '믿다'라는 동사가 일곱 번이나 사용됩니다. 우리가 율법을 행함으로써 의롭게 되는 것이 아니라, 예수를 믿음으로 하나님에게 의롭게 여김을 받는다는 진리를 보다 분명히 하기 위함입니다. 그리고 이러한 믿음의 중요성을 강조하기 위해 사도 바울은 유대인들의 육신의 조상인 아브라함을 자신의 논증의 예로 듭니다. 아브라함 역시 하나님을 믿었기에 하나님은 그를 의롭게 여기셨다(창 15:6)는 것이 바울이 본문에서 강조하는 핵심 내용입니다. 아브라함의 육신의 자손인 유대인들도 그리고 갈라디아 교회 구성원의 대부분을 차지하는 이방인들도 오직 믿음으로만 의롭다 함을 얻을 수 있다는 말입니다. 거짓 교사들은 아브라함이 할례를 받은 것처럼 이방인 신자들도 예수 그리스도를 믿고 동시에 할례를 받아야만 의롭게 될 수 있다고 가르쳤는데, 이것은 결과적으로 갈라디아 교회를 어지럽히는 지극히 비성경적인 가르침임을 바울이 주장하고 있는 셈입니다.

오늘날도 마찬가지입니다. 신앙생활을 함에 있어 우리를 가장 힘들게 하는 것은, 엄밀한 의미에서, 예수 믿기 때문에 마땅히 감당해야만 하는 많은 일이나 혹은 어려운 일들이 아닙니다. 예수 믿지 않아도 그런 일들은 할 수 있습니다. 문제는 '오직 믿음에서 믿음으로', 즉 계속해서 믿음으로 살아야 하는 것입니다. 의인은 오직 믿음으로 살아야 한다(합 2:4)는 사실을 잊지 말아야 합니다. 아브라함이 누렸던 복을 누리기 위해서는 우리 자신이 먼저 믿음 가운데서 행해야 합니다.

역으로, 우리가 겪는 대부분의 문제는 사실 우리가 믿음으로 행하지 않기 때문에 생겨나는 것임도 늘 기억해야 합니다. 그렇다면 지속적으로 '믿음의 삶'을 살기 위해 보다 구체적으로 우리에게 필요한 것이 무엇인지 몇 가지 주제를 가지고 살펴보겠습니다.

━ 자격 미달

"아브라함이 하나님을 믿으매 그것을 그에게 의로 정하셨다 함과 같으니라"(갈 3:6).

창세기 15장 6절을 인용하고 있는 말씀입니다. 아브라함이 믿고 의롭다 함을 얻었을 당시 그의 사람 됨됨이는 어떠했습니까? 온전히 의롭고 선한 사람이었습니까? 인정받을 만한 종교적인 업적을 쌓았을 때입니까? 아닙니다. 여전히 그는 온전치 못한 사람이었고, 그의 삶도 완벽하지는 않았습니다. 하나님 보시기에 아브라함 역시 자격 미달의 인생이었습니다. 하나님에게 인정받을 정도의 의로움을 만들어 낼 능력이 그에게는 없었습니다.

우리도 마찬가지입니다. 아브라함의 자손 된 것에 대해 대단한 자부심을 가지고 있던 그의 자손들, 즉 유대인들은 어떻습니까? 하나님에게는 그들이 할례를 행하는 것, 율법을 행하는 것 그리고 그들의 전통을 지키는 것 등이 전혀 인정받을 만한 의가 되지 못했습니다. 그들 또한 여전히 자격 미달의 사람들일 뿐입니다.

예수 믿기 전후로 우리가 행한, 혹은 우리가 이룬 그 무엇이 우리로 하여금 하나님으로부터 인정함을 받는 데는 아무런 도움이 되지 못한다는 사실을 결코 잊지 말아야 합니다. 하나님이 스스로는 도저히 의로워질 수 없는 우리가 철저하게 죄인이었을 때, 우리를 불쌍히 여기셔서 믿음이라는 선물을 주신 것입니다. 그러므로 믿음으로 사는 것을 독선적이고 배타적인 것이라는 식으로 생각해서는 안 됩니다. 자격 미달에 해당하는 자들에게 구제의 길이 열렸다고 이해해야 합니다.

믿음 외에 다른 것을 주장하는 것은 자기기만일 뿐입니다. 정말 이상한 일은 예수 믿고 사는 것이 아니라, 예수 믿지 않고 사는 것입니다. 여전히 자기를 의지하고 자격 미달의 삶을 사는 것입니다. 어떻게 사는 것이 비정상적인 삶인지 분명히 해야 합니다.

사람의 꾀라는 것이 그렇게 대단한 것이 아닙니다. 한때 아파트 이름들을 외래어로 지어 이름 부르기가 쉽지 않았습니다. 그런데 요즘엔 다시 쉬운 한

글 이름으로 아파트 이름을 짓는다는 말이 있습니다. 그 이유를 알기 위해서는 아파트 이름과 관련된 숨은 이야기를 알아야 합니다. 며느리들이 시어머니들이 잘 찾아오지 못하도록 건설 회사를 압박해서 아파트 이름을 어렵게 지었다는 소문입니다. 일종의 음모론이지요. 효과가 나타났습니다. 한동안 시어머니들의 방문이 뜸해졌습니다. 그런데 문제가 생겼습니다. 시어머니들이 다시 오기 시작한 것입니다. 이번에는 시누이들까지 데리고 말입니다. 너무 자신에게 기대어 살려고 하지 마십시오. 그냥 하나님을 의지하십시오.

사실 아브라함이 할 수 있는 일은 신실하신 하나님의 약속을 믿는 것밖에 없었습니다. 하늘의 뭇별처럼 그의 자손이 셀 수 없을 정도로 많을 것이라는 하나님의 약속이었습니다.

> "또 하나님이 이방을 믿음으로 말미암아 의로 정하실 것을 성경이 미리 알
> 고 먼저 아브라함에게 복음[복된 약속]을 전하되 모든 이방인이 너로 말미암
> 아[네가 믿음으로 의롭게 된 것이 본이 되어] 복을 받으리라 하였느니라"(갈 3:8).

창세기 12장 3절을 인용한 말씀입니다. 자식이 한 명도 없는 아브라함에게 주신 약속입니다. 가능성이 보이는 상황이 아니었습니다. 아브라함도 우리도 자신에게 집착하면 할수록 염려와 근심만 더 생길 뿐입니다. 오직 신실하신 하나님의 약속만이 이 세상을 이길 용기와 힘 그리고 소망의 진정한 원천이 됩니다.

━ 법정 선언

"아브라함이 하나님을 믿으매 그것을 그에게 의로 정하셨다 함과 같으니

라"(갈 3:6).

여기 '정하셨다'라는 말은 '여기셨다'라는 뜻입니다. 이미 살펴본 창세기
15장 6절에는 '정하셨다'라는 말 대신에 '여기셨다'라는 말이 사용되었습
니다. 아브라함이 믿는 순간부터 갑자기 말과 행동, 생활의 모든 면에서
의로워진 것이 아님을 가르쳐 주는 말이 '여기셨다'입니다. 이 말은 '법정
적 선언'입니다.

비록 아브라함이 믿은 후에도 의로운 삶을 살지 못할 것이지만, 그러한
경우에도 그 의는 결코 취소되지 않을 것이라는 뜻입니다. 법적으로 온전한
효력을 갖게 된 의입니다. 문제가 생기면 하나님이 책임을 지셔야 합니다.

아브라함은 믿은 것밖에 없습니다. 아브라함은 '하나님의 인자하심, 신
실하심 그리고 그분의 약속'을 믿었습니다. 바울이 아브라함을 예로 든
것은 우리가 의롭게 되는 것이 율법의 행함이 아니라 예수를 믿음으로 말
미암는다는 사실을 강조하기 위함임을 잊지 말아야 합니다. 아브라함은
받은 약속 가운데서 누군가를 보았습니다.

"너희 조상 아브라함은 나의 때 볼 것을 즐거워하다가 보고 기뻐하였느니
라"(요 8:56).

아브라함은 하나님이 주신 약속(자손의 약속)이 예수님으로 말미암아 성
취되는 것(갈 3:16)을 보고 그렇게 기뻐했다는 것입니다. 문맥을 따라 풀이
하면, 이제 우리가 의롭다고 여겨질 수 있는 것은 예수님의 의가 우리에
게 옮겨졌기 때문입니다. 16세기 독일의 종교 개혁자 마르틴 루터가 그
렇게 부른 이후, 우리도 그러한 의를 '전가된 의'(imputed righteousness)라고

부르게 되었습니다.

이러한 의는 대부분의 사람들에게는 굉장히 낯설어 보입니다. 우리의 열심이나 열정이나 노력을 전적으로 무시하는 것처럼 보이기 때문입니다. 아브라함이 어떻게 그토록 힘들게 얻은 독자 이삭을 하나님의 명령을 따라 제물로 바칠 수 있었겠습니까? 하나님의 은혜로 주어진 '전가된 의'에 대한 감사와 감격이 그에게 있었기 때문입니다.

사도 바울도 마찬가지입니다. 그가 얼마나 열심 있는 바리새인이었습니까? 예수 믿는 자들을 박해하기 위해 대제사장의 위임장을 들고 다메섹으로 가던 자가 아니었습니까? 그러나 예수님을 믿고 난 뒤 그에게는 새로운 의(전가된 의)가 생겼습니다. 그의 고백을 들어 보십시오.

> "또한 모든 것을 해로 여김은 내 주 그리스도 예수를 아는 지식이 가장 고상하기 때문이라 내가 그를 위하여 모든 것을 잃어버리고 배설물로 여김은 그리스도를 얻고 그 안에서 발견되려 함이니 내가 가진 의는 율법에서 난 것이 아니요 오직 그리스도를 믿음으로 말미암은 것이니 곧 믿음으로 하나님께로부터 난 의[전가된 의]라"(빌 3:8-9).

우리에게 옮겨진 예수 그리스도의 의는 하나님이 정해 놓으신 의의 커트라인을 간신히 통과할 정도의 의가 아닙니다. 겨우 턱걸이할 정도의 의가 아니라, 우리의 신분을 바꾸어 놓은 의요, 하나님의 부활의 능력을 늘 경험할 수 있을 만큼 우리에게 넘치도록 옮겨진 의입니다. 우리는 예수 그리스도를 계속 구해야 합니다. 우리에게 가장 무서운 적은 바로 믿음을 잃어버린 우리 자신임을 잊어서는 안 됩니다.

━ 복음 전파

"그런즉 믿음으로 말미암은 자들은 아브라함의 자손인 줄 알지어다"(갈 3:7).

우리는 이제 아브라함의 진정한 자손입니다. 유대인들이 아닙니다. 우리 모두가 예수 그리스도 안에서 하나님의 가족이 되었습니다.

"그러므로 믿음으로 말미암은 자는 믿음이 있는 아브라함과 함께 복을 받느니라"(갈 3:9).

도대체 아브라함과 우리가 함께 누리는 복이 무엇입니까? 특별히 로마서 4장은 이에 대해 잘 가르쳐 줍니다.

"그(아브라함)에게 의로 여겨졌다 기록된 것은 아브라함만 위한 것이 아니요 의로 여기심을 받을 우리도 위함이니 곧 예수 우리 주를 죽은 자 가운데서 살리신 이를 믿는 자니라 예수는 우리가 범죄한 것 때문에 내줌이 되고 또한 우리를 의롭다 하시기 위하여 살아나셨느니라 그러므로 우리가 믿음으로 의롭다 하심을 받았으니 우리 주 예수 그리스도로 말미암아 하나님과 화평을 누리자"(롬 4:23-5:1).

이제 우리는 하나님의 모든 풍성함을 누릴 수 있는 그분의 영원한 자녀가 되었습니다. 언제나 은혜의 보좌 앞에 나아가 우리의 모든 것을 내어놓고 도움을 구하며 새 힘을 얻는 복을 누리게 되었습니다. 그렇다면 이세상에서 가장 큰 복은 '예수 믿는 것'입니다. 그래서 우리는 '복음'을 전하는 것보다 더 귀하고 아름다운 일이 없음을 압니다. 장차 우리는 지금과는 비교할 수 없는 온전한 복을 누리게 될 것입니다.

스페인은 크리스토퍼 콜럼버스(Christopher Columbus)가 1492년 아메리카 대륙(실제로는 서인도 제도)을 발견한 업적을 기리어 기념주화를 제작했습니다. 동전에는 라틴어로 이런 문구가 새겨져 있습니다. 'Plus Ultra'(More Beyond). '거기가 끝이 아니다. 훨씬 더 큰 풍성함이 우리를 기다리고 있다'는 의미를 갖고 있습니다. 우리의 구원 여정은 아직 끝나지 않았습니다. 장차 누릴 영원한 영광이 여전히 우리에게 남아 있습니다. 기대되지 않습니까? 'Plus Ultra'를 기억하십시오.

● 함께 생각하고 솔직하게 나눠 봅시다.

1. 믿음의 조상 아브라함은 '자격 미달'의 모습과 '믿음의 본'의 모습을 모두 보여 줍니다. 당신은 어떻습니까? 당신 역시 그 두 가지 모습을 모두 갖고 있지 않습니까? 그 각각의 모습은 무엇입니까?

2. '전가된 의'의 교리를 당신은 진심으로 믿고 있습니까? 이 교리를 받아들이기가 쉽지 않은 이유는 무엇입니까?

3. 당신의 믿음은 평소 일상생활에 잘 적용되고 있습니까? 직장과 학교, 가정과 교회에서 당신의 선택과 판단의 최종 결정 기준은 무엇입니까(성경적 가르침, 과거 경험, 주변 사람들 조언, 금전적 이익, 대중 매체, 인터넷 정보, 전문가 의견 등)?

12. 우리는 십자가 대속의 채무자입니다 갈 3:10-14

"복음은 죄가 행한 모든 것을
전복시킨다."
도널드 카슨(Donald Arthur Carson)

북한에는 크고 작은 경제특구가 스물일곱 군데나 지정되어 있다고 합니다. 경제특구는 침체된 경제 문제를 해결하기 위해 북한 당국이 나름대로 구상한 타개책입니다. 그러나 북한은 현재 유엔의 경제 및 금융 제재 하에 있기 때문에 제대로 된 투자를 받을 수가 없습니다. 북한의 경제 사정은 획기적인 변화가 없는 이상 계속 악화될 가능성이 높습니다. 북한 주민들의 비참한 현실은 이미 저주스러운 상태에 이르렀는데, 같은 민족으로 안타깝기 그지없습니다.

우리는 이 세상이 하나님의 저주 아래 있다는 사실을 인정해야 합니다. 그래야만 세상에 왜 이렇게 악과 고통, 불의와 갈등이 가득한지를 이해하게 됩니다. 그리고 우리를 대신해서 저주를 받으신 분이 계시기에 우리에게 소망이 있다는 것을 깨닫고 감사하게 됩니다.

본문은 율법의 행위로는 그 누구도 결코 의롭게 될 수 없기 때문에, 하나님이 말씀하신바(신 27:26), 율법대로 온전히 살지 못하는 자는 저주 아래 있게 됨을 가르쳐 줍니다. 그런데 놀라운 일이 일어났습니다. 하나님이 그 저주에서 벗어나는 길을 우리에게 보여 주신 것입니다. 그 아들 예수 그리스도를 이 땅에 보내어 십자가를 지게 함으로 우리가 받아야 할 저주를 대신 받게 하신 것입니다.

달리 표현하면, 예수님의 의와 우리의 저주를 바꾸도록 하신 것입니다. 이제 남은 일은 하나님이 예수 그리스도 안에서 이루어 놓으신 바로 그 일(예수 그리스도의 십자가의 죽으심과 사흘 만에 부활하심), 즉 '복음'을 듣고 믿는 것입니다. '믿음으로 말미암는 의'마저 거부하는 자에게는 더 이상 소망이 없습니다. 마르틴 루터는 "율법의 행위에 의해 의롭다 하심을 받고자 하는 것은 믿음의 의를 부인하는 짓이다 … 율법의 의는 사실상 우상 숭배와 하나님에 대한 모독에 불과하다"라고 말했습니다.

믿음 없이 사는 자는, 참으로 안타깝게도, 여전히 저주 아래 있는 자일 뿐입니다. 사람이 보기에 아무리 좋아 보이는 삶을 산다 할지라도 결국에는 영원한 죽음(멸망)의 자리로 끌려갈 수밖에 없습니다. 그렇기에 자신을 대신해서 저주를 받으신 예수 그리스도에게 삶을 온전히 맡기고 믿음으로 사는 자보다 더 복된 인생은 없습니다. 계속해서 믿음으로 복된 삶을 살기 위해 필요한 일들은 무엇인지 살펴보겠습니다.

율법의 저주

"무릇 율법 행위에 속한 자들은 저주 아래에 있나니 기록된바 누구든지 율법 책에 기록된 대로 모든 일을 항상 행하지 아니하는 자는 저주 아래에 있는 자라 하였음이라 또 하나님 앞에서 아무도 율법으로 말미암아 의롭게 되지 못할 것이 분명하니 이는 의인은 믿음으로 살리라 하였음이라 율법은 믿음에서 난 것이 아니니 율법을 행하는 자는 그 가운데서 살리라 하였느니라"(갈 3:10-12).

이것은 구약의 말씀을 세 군데에서 인용한 것입니다.

"이 율법의 말씀을 실행하지 아니하는 자는 저주를 받을 것이라 할 것이요 모든 백성은 아멘 할지니라"(신 27:26).

"보라 그의 마음은 교만하며 그 속에서 정직하지 못하나 의인은 그의 믿음으로 말미암아 살리라"(합 2:4).

"너희는 내 규례와 법도를 지키라 사람이 이를 행하면 그로 말미암아 살리라 나는 여호와이니라"(레 18:5).

'율법'(헬라어로 nomos)과 동일한 뜻을 지닌 단어들이 바울 서신에만 모두 139번 사용됩니다. 이 율법의 계명들 중 단 하나라도 어기면 율법 전체를 어기는 셈이 됩니다. 그런데 율법 전체를 지킬 수 있는 자는 사실상 한 사람도 없습니다. 그래서 모두가 저주 아래 있는 것입니다. 저주 아래 있기에 이 땅에서 사는 동안 불행과 비참함이 늘 뒤따릅니다.

여기서 '저주'는 그냥 악담 정도가 아닙니다. 하나님과의 분리, 하나님의 복과 생명으로부터의 단절로 말미암아 오는 영원한 죽음(멸망)을 뜻합니다. 율법은 결코 관용을 베풀지 않습니다. 우리가 율법을 온전히 행할 수 있도록 힘을 더해 주지도 않습니다. 물론 우리가 온전해질 때까지 기다려 주지도 않습니다. 사실 우리가 그렇게 될 가능성은 전혀 없습니다. 결국 저주에서 벗어나지 못하고 우리는 계속 저주 아래 있게 됩니다. 우리가 계속 저주 아래 있는 가장 근본적인 이유는 저주에서 벗어나는 길이 있음에도 불구하고 끝까지 '자기 의'에 대한 미련을 버리지 못하기 때문입니다. 결코 스스로 의롭게 될 수 없는 자기 자신을 죽어라 붙들고 있기 때문입니다.

지금 온 세계를 뒤덮고 있는 코로나 바이러스는 실로 엄청난 재앙이 아닐 수 없습니다. 굳이 수치를 인용하지 않더라도 우리는 이 재난이 우리를 얼마나 고통스럽게 만들고 있는지 잘 알고 있습니다. 백신이 개발됐지만 완전하지 않습니다. 먹는 알약 형태의 치료제가 개발되겠지만 시간이 더 필요합니다. 온 인류가 이렇게 광범위하게 고난을 당하는 것은 참으로 저주스러운 일이 아닐 수 없습니다.

그런데 이러한 전염병 팬데믹이나 전쟁과 기근 혹은 자연 재해보다도 훨씬 더 무서운 저주가 있습니다. 인간은 단 한 사람의 예외도 없이 모두가 죄인이기에 죄를 짓지 않을 수 없으며, 그 죄악의 대가로 지옥 형벌이라는 멸망을 피할 수 없는데, 이것이야말로 인류에게 주어진 가장 커다란 저주가 아닐 수 없습니다. 이 저주는 시간이 지난다고 해서 저절로 해결되지 않습니다. 죽는 날까지, 아니 죽음 이후에도 인간은 저주 아래 있게 됩니다.

이 가공할 저주에 맞서서 인간이 할 수 있는 것은 아무것도 없습니다. 스스로 의롭게 되기 위해 아무리 애를 쓴다 할지라도 여전히 저주 아래 있습니다. 저주 아래 있다는 사실을 어떻게 알 수 있습니까? 성경의 증언뿐 아니라 우리의 경험이 그 사실을 알려 줍니다. 저주 아래 있는 자는 진정한 자신감과 담대함이 없습니다. 자신을 보호하기 위해 사소한 것에 집착하거나 지나치게 자신을 꾸미려고 합니다. 자기 자신이 의로운 자인지 확신이 들지 않기 때문입니다.

━ 예수의 속량

"그리스도께서 우리를 위하여 저주를 받은바 되사 율법의 저주에서 우리를 속량하셨으니 기록된바 나무에 달린 자마다 저주 아래에 있는 자라 하였음이라"(갈 3:13).

이 말씀은 신명기 21장 22-23절을 인용한 것입니다.

"사람이 만일 죽을죄를 범하므로 네가 그를 죽여 나무 위에 달거든 그 시체를 나무 위에 밤새도록 두지 말고 그날에 장사하여 네 하나님 여호와께서 네게 기업으로 주시는 땅을 더럽히지 말라 나무에 달린 자는 하나님께 저주를 받았음이니라."

그리스도가 우리를 '위해'(헬라어 의미로는 '대신해서') 저주를 받으셨습니다. 예수님이 이 땅에 오신 가장 큰 목적은 우리에게 윤리, 도덕적인 삶의 본을 보여 주시기 위함이 아닙니다. 우리를 대신해서 저주를 받으시기 위함입니다.

그리스도(메시아)가 하신 일이 이스라엘을 로마의 압제에서 벗어나게 하는 것이라고 생각했던 유대인들, 특별히 예수 믿기 전의 바울에게는 십자가에 매달리신 예수와 또 그를 '그리스도'라 여기는 그의 추종자들이 너무나도 미련해 보였고, 또 괘씸했습니다. 그래서 바울은 예수 믿는 사람들을 박해하는 데 앞장섰습니다. 그런데 이제는 그리스도가 하신 일이 자신을 저주에서 벗어나게 하는 일임을 알게 되었습니다. 로마의 압제에서 벗어나더라도 여전히 저주 아래 있을 자신을 돌아보게 된 것입니다.

예수님의 십자가의 죽음은 바울에게 더 이상 어떤 정신 나간 사람의 죽음이 아니었습니다. 그것은 바울의 일생을 뒤집어 놓는 특별한 죽음이었습니다. 그렇다면 예수님이 당신 자신의 죄와 허물 때문에 저주를 받아 십자가에 못 박혀 죽은 것이 아님을 바울은 어떻게 알 수 있었을까요? 바로 '부활'하신 예수님을 다메섹으로 가는 길에서 만났기 때문입니다. 예수님의 부활은 그분의 죽음이 그분 자신의 불의 때문이 아니라 우리를 의롭게 하시기 위한 죽음이었음을 인증하는 것입니다.

"예수는 우리가 범죄한 것 때문에 내줌이 되고 또한 우리를 의롭다 하시기 위하여 살아나셨느니라"(롬 4:25).

하나님의 저주 아래 있는 사람들에게 정말 필요한 것이 무엇일까요? 예수 그리스도의 속량입니다. 여기 '속량'이란 말은 예수님이 '우리의 죗값을 대신 지불하셨다'는 말입니다. 예수님은 우리를 '대신해서' 십자가에서 '저주'를 받으신 것입니다.

"하나님이 죄를 알지도 못하신 이를 우리를 대신하여 죄로 삼으신 것은 우리로 하여금 그 안에서 하나님의 의가 되게 하려 하심이라"(고후 5:21).

하나님은 예수님을 죄인으로 여기셨고, 그분 대신 우리는 의인으로 여김 받게 되었습니다. 예수님은 우리 대신 십자가의 저주를 받으셨고, 우리는 저주 대신 성령의 약속을 받게 되었습니다.

━ 믿음의 열매

"이는 그리스도 예수 안에서 아브라함의 복이 이방인에게 미치게 하고 또 우
리로 하여금 믿음으로 말미암아 성령의 약속을 받게 하려 함이라"(갈 3:14).

우리가 믿음으로 말미암아 누리는 복들 가운데 가장 큰 복은 무엇일까요?
위의 말씀에서 '아브라함의 복'과 '성령의 약속'은 동일한 것으로 보아도
괜찮습니다. 이것은 단순히 땅을 많이 차지하거나 많은 자손을 두는 것이
아닙니다. 그것은 '성령이 우리 안에 거하시는 복'입니다. 그러면 제일 먼
저 어떤 일이 일어납니까?

"너희가 아들이므로 하나님이 그 아들의 영[성령]을 우리 마음 가운데 보내
사 아빠 아버지라 부르게 하셨느니라"(갈 4:6).

우리가 하나님의 자녀가 되는 권세를 누리게 되었다는 것입니다. 우리
는 더 이상 두려울 것이 없게 되었습니다. 하나님이 주시는 담대함을 얻
게 된 것입니다. 로마서 8장에도 이와 같은 내용이 나옵니다.

"너희는 다시 무서워하는 종의 영을 받지 아니하고 양자의 영을 받았으므
로 우리가 아빠 아버지라고 부르짖느니라"(롬 8:15).

육신의 아버지 때문에 마음고생이 심했던 분이라도 괜찮습니다. 예수
믿으면 하나님이 우리의 아버지가 되십니다. 그 무엇도 예수 그리스도 안
에 있는 하나님의 사랑에서 우리를 끊을 수 없습니다. 우리로 하여금 하

나님을 아버지라 부르게 하시려고, 예수님은 하나님의 아들 되심을 포기하셨습니다.

예수님은 십자가에 매달린 채, "엘리 엘리 라마 사박다니"(나의 하나님, 나의 하나님, 어찌하여 나를 버리셨나이까[마 27:46, 막 15:34])라고 부르짖으셨습니다. 예수님은 하나님을 언제나 아버지라 부르셨습니다. 그러나 오직 갈보리 십자가에서만 하나님을 아버지라 부르지 않으십니다. 우리가 버림받지 않도록 그분이 버림을 받으셨습니다. 원래 하나님의 아들이셨던 그분이 버림을 받으셨고, 죄의 종노릇하며 저주 아래 있던 우리는 하나님의 자녀로 입양되었습니다.

어떻습니까? 이 정도면 우리를 위해 십자가에 달리신 그분을 믿고 우리의 주인으로 선택할 만하지 않습니까? 우리를 대신해서 죽었다가 살아나신 그 예수님이 지금 우리를 두 팔 벌려 기다리고 계십니다.

● **함께 생각하고 솔직하게 나눠 봅시다.**

1. 예수님이 당신의 죄 때문에 당신을 대신해서 죽으셨다는 것을 진심으로 믿습니까? 혹시 믿지 못한다면, 그 이유는 무엇입니까?

2. 당신은 그리스도인이 되기 전, 기독교나 그리스도인에 대해 어떤 인식을 갖고 있었습니까?

3. 당신은 하나님을 아버지라고 고백하고 있습니까? 그 아버지에게 마음 평안히 감사, 찬양, 회개 그리고 간구의 기도를 드리고 있습니까?

13. 매 순간 부어 주시는 은혜가 믿음을 단단하게 합니다

갈 3:15-18

> "하나님께서 여러분을 사랑하신다는 사실보다 더 놀라운 일은 없습니다.
> 그리고 예수 그리스도와 그분의 십자가 죽으심을 제외한 채
> 하나님이 자신을 사랑하신다는 것을 완전히 알 수 있는 사람은 하나도 없습니다."
>
> 마틴 로이드 존스(Martin Lloyd Jones)

어느 사회든 경제 불황이 장기화되면 로또 판매가 급증하고 미신이 성행하게 됩니다. 사람들은 왜 로또를 사는 것일까요? 로또 당첨을 통해 인생역전을 기대해 보는 것 아니겠습니까? 저는 이렇게 불확실한 로또 당첨이 아닌, 100퍼센트 확실한 인생 역전 방법을 소개하고 싶습니다. 그것은 구주 예수님을 만나는 것입니다. 그리고 영원토록 변함없으신 하나님의 약속을 믿고 사는 것입니다. 그래서 그 안에 있는 은혜와 복을 누리는 것입니다.

본문은 하나님이 아브라함과 맺으신 언약이 그 자체로 온전한 법적 효력을 지니고 있기 때문에, 430년 후 모세를 통해 주신 율법이 그 언약을 폐하거나 무효화시키거나 혹은 변경시킬 수 없음을 가르쳐 줍니다. 바울은 '언약과 율법'을 대조하면서, 우리가 의롭게 되는 것은 율법을 행함으로 말미암는 것이 아니라, 오직 예수를 믿음으로 말미암는다는 사실을 강조하고 있습니다. '언약'은 하나님이 은혜로 아브라함에게 그리고 더 나아가 우리에게 주신 것이기 때문에, 이제 우리의 할 일은 그 언약을 믿는 것뿐입니다.

신실하신 하나님이 우리와 맺은 언약을 친히 이루실 것이기 때문에 우리는 그 언약을 이루려고 애쓰지 않아도 됩니다. 우리는 다만 그 언약을 계속해서 믿기만 하면 됩니다. 그래서 하나님이 주신 언약을 우리는 '은혜 언약'(the covenant of grace)이라고 부릅니다. 그런데 문제는 우리가 신실하지 못한 데 있습니다. 우리의 변덕은 이루 말할 수 없습니다. 그래서 이런 말을 들을 수도 있습니다.

> "너희가 이같이 어리석으냐 성령으로[성령의 도와주심 가운데 믿음으로] 시작하였다가 이제는 육체로 마치겠느냐"(갈 3:3).

구원의 근거는 우리의 행위가 아닌, 하나님이 은혜로 주신 언약에 있습니다. 그리고 우리는 오직 예수 그리스도를 통해 성취된 하나님의 언약을 믿음으로 구원을 얻게 됩니다. 구원받은 뒤의 삶도 역시 예수 그리스도를 믿음으로 계속되어야 함을 결코 잊지 말아야 합니다. '은혜 언약'이 담고 있는 보다 구체적이고 상세한 의미를 살펴보겠습니다.

— 미리 정하신 언약

> "형제들아 내가 사람의 예대로 말하노니[보통 사람들의 일상생활 가운데서 우리가 흔히 볼 수 있듯이] 사람의 언약이라도 정한 후에는 아무도 폐하거나 더하거나 하지 못하느니라 이 약속들은 아브라함과 그 자손에게 말씀하신 것인데 여럿을 가리켜 그 자손들이라 하지 아니하시고 오직 한 사람을 가리켜 네 자손이라 하셨으니 곧 그리스도라 내가 이것을 말하노니 하나님께서 미리 정하신 언약을 사백삼십 년 후에 생긴 율법이 폐기하지 못하고 그 약속을

헛되게 하지 못하리라"(갈 3:15-17).

이 말씀의 핵심은 사람 사이에 정한 약속도 함부로 건드리지 못하는데, 하나님이 미리 정하신 언약을 누가 손댈 수 있느냐는 말입니다. 더욱이 사람은 연약해서 자신이 한 약속을 지키지 못할 때가 허다합니다. 그러나 신실하신 하나님은 맺은 언약을 결코 스스로 버리지 않으십니다. 따라서 우리는 하나님이 우리에게 허락하신 언약의 내용뿐 아니라, 언약을 주신 하나님에게도 관심을 기울여야 합니다. 하나님의 언약이 이루어지는 것은 결국 하나님의 인자하심과 신실하심 때문입니다. 우리가 잊지 말고 해야 할 일은 하나님의 인자하심과 신실하심을 계속 믿는 것입니다. 우리 자신은 믿을 수 없는 존재임을 인정해야 합니다. 그리고 하나님은 믿을 만한 분이심을 마음에 깊이 새겨야 합니다.

창세기 15장을 보면 하나님이 아브라함에게 자손에 대한 약속을 주십니다. 그 약속을 아브라함이 믿습니다. 그리고 그 믿음으로 아브라함은 하나님으로부터 의롭다 여김을 받습니다. 앞서 살펴보았던 내용입니다. 그러면서 하나님은 당신이 세우신 언약이 분명히 이루어질 것을 아브라함이 확신할 수 있도록 한 가지 의식을 치르게 하십니다.

"여호와께서 그에게 이르시되 나를 위하여 삼 년 된 암소와 삼 년 된 암염소와 삼 년 된 숫양과 산비둘기와 집비둘기 새끼를 가져올지니라 아브람이 그 모든 것을 가져다가 그 중간을 쪼개고 그 쪼갠 것을 마주 대하여 놓고 그 새는 쪼개지 아니하였으며"(창 15:9-10).

우리는 보통 약속을 할 때 서로의 새끼손가락을 걸기도 하고, 경우에 따라서는 계약서를 쓰고 쌍방 서명을 하기도 합니다. 그런데 아브라함 당시 중근동 지역에서는 일반적으로 이런 식의 언약 의식이 행해졌습니다. 언약을 어기는 자는 쪼개진 짐승처럼 죽임을 당할 것이라는, 즉 약속의 엄중함을 강조하는 의식이었습니다. 그래서 '언약을 맺다'라는 말의 히브리어 원뜻도 '언약을 쪼개다'(히브리어로 카라트 베리트)입니다. 이처럼 약속의 엄중함을 마음에 새기기 위해 약속을 맺은 당사자들은 쪼갠 짐승 사이로 지나게 됩니다. 생명을 걸고 약속을 지키겠다는 뜻입니다. 그런데 놀라운 일이 일어납니다.

"해가 져서 어두울 때에 연기 나는 화로가 보이며 타는 횃불이[하나님이] 쪼갠 고기 사이로 지나더라"(창 15:17).

아브라함은 쪼갠 짐승 사이로 지나지 않습니다. 오직 하나님만 지나십니다. 전적인 '은혜 언약'입니다. 그리고 실제로 하나님의 아들이 십자가에서 몸이 쪼개집니다. 하나님의 언약을 이루기 위해 아브라함이나 우리가 한 일은 아무것도 없습니다. 오직 은혜입니다. 성취의 책임이 하나님에게 있습니다. 우리의 사정이나 형편은 아무런 문제가 되지 않습니다. 우리는 믿기만 하면 됩니다. 믿지 않으면 어떤 일이 일어납니까? 의로워지기 위해, 혹은 구원받기 위해 처음부터 끝까지 모든 것을 우리가 다 해야 합니다. 그러다 보면 결국에는 우리의 몸이(삶이) 쪼개지게 됩니다. 우리가 한 것(죄에 종노릇한 것)에 대한 삯은 사실 사망이기 때문입니다.

믿지 않으면 우리에게 보장된 것은 아무것도 없습니다. 그래서 늘 두려움과 불안함에 휩싸이게 됩니다. 가장 안전하고 확실하고 쉬운 구원의 길은 하나님의 언약(복음)을 믿는 것입니다. 그리고 그 믿음은 하나님이 미리 정하셔서 하신 일에 대한 반응이기 때문에 감사와 감격으로, 찬양과 기쁨으로 그리고 거룩과 헌신으로 나타나게 되는 것입니다.

▬ 한 사람, 그리스도

"이 약속들은 아브라함과 그 자손에게 말씀하신 것인데 여럿을 가리켜 그 자손들이라 하지 아니하시고 오직 한 사람을 가리켜 네 자손이라 하셨으니 곧 그리스도라"(갈 3:16).

위의 말씀에서 '자손'은 단수입니다('자손'은 히브리어로 '제라', 헬라어로 '스페르마'이며, 가장 단순한 의미는 '씨'입니다). '집합 명사'라고도 합니다. 그 '씨' 안에 숱한 사람들이 포함되어 있습니다. 그러니까 아브라함의 진정한 자손은 혈통을 따라 된 자손들이 아니라, 예수 그리스도를 믿음으로 말미암아 생겨난 자손들입니다. 결국 아브라함이 하나님으로부터 받은 자손의 약속은 예수 그리스도를 통해 이루어지게 됩니다.

우리가 아브라함의 자손(믿음으로 의롭게 된)이 된 것은 예수님이 이루신 일(복음의 사건) 때문입니다. 사실 하나님이 모세를 통해 율법을 주신 근본적인 이유도, 우리 자신이 율법을 온전히 지킬 수 없는 죄악 된 존재라는 사실을 깨닫게 해, 결국 우리로 하여금 예수 그리스도에게로 나아가게 만들기 위함입니다.

"이같이 율법이 우리를 그리스도께로 인도하는 초등 교사가 되어 우리로 하여금 믿음으로 말미암아 의롭다 함을 얻게 하려 함이라"(갈 3:24).

말씀대로 살려고 애쓰지만 계속해서 넘어지는 자신을 보며 애통하는 사람들이 복이 있음은 그만큼 예수님에게로 나아가기 때문입니다. 사실 예수 그리스도는 아브라함의 진정한 자손(씨)일 뿐 아니라, 모든 성경의 약속 성취의 핵심이 됩니다. 누가복음 24장 27절에서 엠마오로 가던 두 제자에게 부활하신 예수님이 주신 말씀이 이것입니다.

"이에 모세와 모든 선지자의 글로 시작하여 모든 성경에 쓴바 자기에 관한 것을 자세히 설명하시니라."

따라서 예수 그리스도 밖에서(예수 그리스도를 믿지 않고) 하나님 혹은 성경의 약속을 믿는다는 것은 거짓입니다. '예수님의 복음'을 믿지 못하는 사람이 창세기에 나타난 '하나님의 창조'를 바로 믿을 수 있겠습니까? 먼저 예수님을 믿어야 합니다.

소위 말하는 '로마의 평화'(Pax Romana)는 로마 시민군들의 헌신적인 희생으로 유지될 수 있었습니다. 그러나 입은 갑옷이 무거워지면서 '로마의 평화'는 무너지기 시작했습니다. 돈으로 산 용병들이 늘어나면서 로마는 점점 타락과 부패의 늪에 빠지게 되고 맙니다.

예수 그리스도로 옷 입는 것이 부담이 되면 될수록 우리 삶에서 거룩한 역동성은 상실되게 마련입니다. 자신을 의지하거나 자신에게 집착하지 않고 계속해서 예수 그리스도 안에 거하며 하나님의 약속을 믿는 것이 필요합니다. 나 자신도 예외가 아님을 늘 기억해야 합니다. 자신에게 집착하면 할수록 우리의 신앙생활은 더 힘들게 됩니다. 단지 '믿습니다'라고 입으로 떠드는 것만으로는 하나님의 복을 누릴 수 없습니다. 우리에게는 '믿음의 삶'이 필요합니다.

━ 마땅히 누릴 유업

"만일 그 유업이 율법에서 난 것이면 약속에서 난 것이 아니리라 그러나 하나님이 약속으로 말미암아 아브라함에게 주신 것이라"(갈 3:18).

아브라함이 낯선 땅에서 나그네로 살면서 가장 힘썼던 일이 무엇입니까? 더 큰 땅덩어리를 얻는 것이었습니까? 더 많은 가축을 모으는 것이었습니까? 아닙니다. 하나님의 언약을 계속 믿는 것이었습니다. 하나님이 주실 복을 바라는 것이었습니다.

우리 또한 하나님의 방식대로 행복해지는 비결을 배워 나가야 합니다. 그것은 '믿음의 방식'입니다. 사람에게는 그럴 능력이 없지만, 하나님에게는 모든 것을 합력해서 선을 이루실 수 있는 능력이 있음을 믿는 것입니다. 한 예로, 하나님은 형제들로부터 버림받은 요셉을 통해 그를 버렸던 형제들의 구원을 이루셨습니다. 이러한 방식은 십자가에 못 박히신 예수님을 통해서도 볼 수 있습니다. 그분의 버림받음이 우리의 받아 주심이 되지 않았습니까? 땅에 떨어져 죽는 한 알의 밀알 같은 예수님의 죽음이 많은 사람들로 하여금 생명에 이르게 했습니다.

하나님의 진정한 복은 오직 믿음으로만 누릴 수 있습니다. 요행이 아닙니다. 우리의 노력도 아닙니다. 근본적으로 믿음입니다. 믿음으로 살 때 우리에게 소망이 있습니다. 믿음 없이 살게 되면 모든 좋은 것들이 쉽게 우상이 되어 버립니다. 그리고 참으로 좋은 것을 영원히 잃게 됩니다.

예수님에게 나아왔지만 자신이 가진 많은 재산 때문에 예수님을 떠났던 한 부자 청년을 생각해 보십시오. 더 이상 싸우듯이 살지 마십시오. '오징어 게임' 하듯이 살지 마십시오. 야곱처럼 다른 사람의 발꿈치를 잡고 살지 마십시오. 믿음으로 사십시오. 이 세상 그 어느 곳도 진정한 '스카이 캐슬'이 될 수 없습니다.

창세기 15장의 선포를 들어 보십시오.

"이후에 여호와의 말씀이 환상 중에 아브람에게 임하여 이르시되 아브람아 두려워하지 말라 나는 네 방패요 너의 지극히 큰 상급이니라"(창 15:1).

그 옛날 이스라엘 땅에서 아브라함에게 나타나셨던 하나님이 우리의 하나님이십니다. 아브라함과 함께하며 은혜와 복을 풍성히 베푸셨던 그 하나님이 우리와 함께하십니다. 우리는 함께하시는 하나님을 믿음으로 사는 사람보다 더 행복한 사람은 이 세상에 없다는 확신을 가지고 살아가야 합니다.

● 함께 생각하고 솔직하게 나눠 봅시다.

1. 당신이 가지고 있는 하나님에 대한 믿음은 주로 무엇을 근거로 유지되고 있습니까(그때그때의 기분이나 감정, 도덕적 언행이나 생각, 남들이 인정해 주는 위상과 업적, 겉으로 드러나는 자랑거리나 소유물, 성경에 기록된 하나님의 약속과 말씀 등)?

2. 예수님을 믿음으로써만 얻을 수 있는, 세상이 결코 줄 수도 없고 알 수도 없는 복이 있습니다. 당신은 그 복을 알고 있습니까? 그 복을 받았습니까? 그리고 누리고 있습니까? 만약 아직 알지 못하거나 제대로 누리고 있지 못하다면, 그 이유는 무엇입니까?

14. 예수는 우리가 누려야 할 참 율법입니다 갈 3:19-25

> "은혜란 우리가 죄를 범했을 때 단순히 베푸시는 관대함만이 아닙니다.
> 은혜는 죄를 짓지 않도록 하나님께서 베푸시는 권능의 선물입니다.
> 은혜는 용서만을 뜻하지 않습니다. 은혜는 능력입니다."
>
> 존 파이퍼

영국의 옥스퍼드(Oxford) 사전은 2018년을 맞이하면서 '올해의 단어'로 'Youthquake'를 선정한 바 있습니다. 당시 프랑스의 에마뉘엘 마크롱(Emmanuel Macron) 대통령이나 오스트리아의 제바스티안 쿠르츠(Sebastian Kurz) 총리 같은 젊은 정치 지도자들의 등장으로 마치 지진처럼, 전 세계가 흔들리는 엄청난 변화가 있을 것이라고 기대했기 때문입니다. 그러나 그런 일은 일어나지 않았습니다. 그 젊은 지도자들은 어떤 대단한 영향도 끼치지 못했습니다. 오히려 자기들이 흔들려 위태롭게 되었을 뿐입니다. 결국 우리는 다시 한 번 확인한 셈입니다. 사람에게서 나올 수 있는 것은 뻔하다는 것을 말입니다. 저는 염세주의자나 비관주의자가 아닙니다. 다만 그저, 세상의 진정한 소망은 오직 예수 그리스도밖에 없음을 확신하는 사람일 뿐입니다.

　사도 바울은 "그런즉 율법은 무엇이냐"(19절)와 "그러면 율법이 하나님의 약속들과 반대되는 것이냐"(21절)라는 두 개의 질문을 던지면서 '율법과 믿음의 관계'를 밝히고 있습니다. 율법은 결코 구원의 수단이나 도구로 우리에게 주어진 것이 아닙니다. 율법은 우리 스스로의 의로는 구원에 이르지 못함을 깨닫게 하고, 더 나아가 우리로 하여금 '구원자'가 누구인가를 알게 하는 역할을 합니다. 궁극적으로, 율법은 우리를 그 구원자에게 데려가기 위해 존재한다는 사실을 바울은 강조하고 있습니다. 한마디로 율법은 '복음'과 '믿음'을 위한 것입니다.

율법은 보충적이고 간접적인 역할을 합니다. 그리고 믿음이 오기 전까지 일시적인 역할을 하게 됩니다. 그렇다고 믿음이 온 후에는 율법이 아무런 소용도, 가치도 없다는 뜻은 아닙니다. 율법은 여전히 하나님의 뜻과 성품을 드러내고, 또 죄를 억제하는 기능을 합니다. 그리고 믿는 자들의 삶에 윤리, 도덕적인 지침이 됩니다. 이제 본문이 가르치는 '율법에서 믿음으로 넘어가는 과정'을 자세히 살펴보겠습니다.

— 죄악의 감옥

"그런즉 율법은 무엇이냐 범법하므로[인간이 죄를 범하므로] 더하여진 것이라 천사들을 통하여 한 중보자[모세]의 손으로 [시내 산에서] 베푸신 것인데 약속하신 자손[즉, 예수님]이 오시기까지 있을 것이라 그 중보자는 한편만 위한 자가 아니나 하나님은 한 분이시니라 그러면 율법이 하나님의 약속들과 반대되는 것이냐 결코 그럴 수 없느니라 만일 능히 살게 하는[생명을 부여하는] 율법을 주셨더라면 의가 반드시 율법으로 말미암았으리라 그러나 성경이 모든 것을 죄 아래에 가두었으니 이는 예수 그리스도를 믿음으로 말미암는 약속을 믿는 자들에게 주려 함이라 믿음이 오기 전에 우리는 율법 아래에 매인 바 되고 계시될 믿음의 때까지 갇혔느니라"(갈 3:19-23).

예수 그리스도가 오시기 전까지, 그래서 그를 믿음으로 의롭게 되기 전까지 모든 사람은 도저히 의롭게 될 수 없었습니다. 율법은 우리가 그것을 온전히 지킬 수 없음을, 그래서 우리에게는 답이 없음을 가르쳐 줄 뿐이었습니다. 한마디로 사람은 문제투성이의 인생일 뿐이라는 것입니다. 실제로 우리는 다른 사람에게 별로 관심이 없습니다. 자신과 관계가 있거나 자기에게 유익을 주는 사람에게만 관심을 가지곤 합니다. 철저하게 자기중심적입니다.

미국에서 사형을 당한 가장 어린 사형수는 1786년, 당시 12세였던 한 소녀입니다. 6세 아이를 목 졸라 죽인 죄로 교수형을 당했습니다. 12세 소녀는 왜 6세 아이를 죽였을까요? "왜 내 딸기를 훔쳤느냐?"고 따지는 것에 대해 격분한 나머지 그렇게 아이를 죽였다고 합니다. 소녀에게도 아이를 죽일 정도의 분이 있었습니다. 문제는 딸기가 아닙니다. 스스로를 제어하지 못하는 분노입니다. 죄의 무서운 힘을 봅니다. 어리다고 사정을 봐주지 않습니다. 한순간에 죄의 가공할 만한 힘 앞에 무너지는 것이 인생입니다. 처음에야 죄를 지으면 다 죄책감을 가지게 됩니다. 양심의 거리낌도 있습니다. 그래도 죄는 우리를 부추기고 유혹하는 일을 결코 멈추지 않습니다. 우리는 그저 무기력하게 끌려갈 뿐입니다.

그런데 아이러니하게도, 우리는 율법으로 말미암아 우리 자신이 죄의 감옥에 갇혀 있는 죄인임을 알게 됩니다. 죄 아래서 우리가 얼마나 비참한 상태에 놓인 인생인지를 깨닫는 것입니다. 더 놀라운 것은, 율법이 이제 우리에게 그 감옥에서 벗어나는 길을 가르쳐 주는 것입니다. 바로 그 죄의 감옥 안에서라도 예수 그리스도를 믿으라는 것입니다. 우리 가운데 그 누구도 온전히 의롭게 된 후에 예수를 믿은 자는 없습니다.

18세기 미국의 신학자이자 목회자였던 조나단 에드워즈(Jonathan Edwards)는 "당신의 죄가 아무리 흉악하더라도 당신이 그것 때문에 하나님께 오는 것을 두려워할 필요가 없다. 당신의 큰 죄악들은 당신이 용서받는 데 결코 아무런 방해가 될 수 없다"라고 말했습니다. 사실 자신이 죄인임을 아는 자만이 그리스도에게로 나아갈 수 있습니다.

"예수께서 들으시고 이르시되 건강한 자에게는 의사가 쓸 데 없고 병든 자에게라야 쓸 데 있느니라 너희는 가서 내가 긍휼을 원하고 제사를 원하지 아니하노라 하신 뜻이 무엇인지 배우라 나는 의인을 부르러 온 것이 아니요 죄인을 부르러 왔노라 하시니라"(마 9:12-13).

신앙이 성숙할수록 죄에 대해서 민감해집니다. 죄에 대해 민감하다는 말은 죄책감에 늘 사로잡힌 채 산다는 뜻이 아닙니다. 오히려 '거룩한 열망'을 품고 겸손히 하나님에게 나아간다는 의미입니다. 더 이상 죄에게 종노릇하지 않겠노라 투쟁하는 마음 자세를 가지는 것입니다. 우리는 완전을 추구하며 살지만, 완벽주의자는 아닙니다. 우리는 그저 자신의 한계를 철저하게 인정하며 복음의 은혜를 구할 따름입니다.

▬ 중보의 은혜

"이같이 율법이 우리를 그리스도께로 인도하는 초등 교사가 되어 우리로 하여금 믿음으로 말미암아 의롭다 함을 얻게 하려 함이라"(갈 3:24).

율법은 우리를 그리스도에게로 인도합니다. 그리스도가 도대체 어떤 분이시기에 그에게로 인도하는 것입니까? 그리스도는 어떤 일을 하십니까? 율법을 받았던 모세는 이스라엘 백성을 하나님의 지시를 따라 가나안 건

너편까지 인도했을 따름입니다. 온전히 그들을 하나님에게로 인도하지는 못했습니다. 그는 온전한 중보자가 못 되었습니다. 모세에게는 백성의 죄를 없앨 수 있는 능력이 없었습니다. 모세 역시 연약하고 온전치 못한 인간이기 때문입니다. 하나님 앞에서 불의한 죄인일 뿐입니다.

그러나 예수 그리스도는 우리를 하나님의 보좌까지 인도하는 '온전한 중보자'이십니다. 이러한 중보자를 하나님은 인간 가운데서는 찾을 수가 없었습니다. 모두가 스스로의 의로는 하나님에게 나아갈 수 없는 죄인이기 때문입니다.

"사람이 없음을 보시며 중재자가 없음을 이상히 여기셨으므로 자기 팔로 스스로 구원을 베푸시며 자기의 공의를 스스로 의지하사"(사 59:16).

하나님은 우리에게 구원을 베풀기로 작정하고 독생자 예수 그리스도를 '중보자'로 삼으신 것입니다. 그리고 그분을 통해 우리를 당신과 화목하게 하셨습니다. 예수님 외에는 우리를 하나님에게로 나아가게 할 수 있는 사람이 없습니다. 그런데 그 중보자는 십자가를 지고 죽었습니다.

"예수를 향하여 섰던 백부장이 그렇게 숨지심을 보고 이르되 이 사람은 진실로 하나님의 아들이었도다 하더라"(막 15:39).

예수님이 십자가에 못 박힌 채 가장 많이 들으셨던 말이 무엇입니까? "네가 진정 그리스도라면 너를 구원하여 십자가에서 내려오라"가 아닙니까? 백부장은 예수님이 십자가에서 스스로 내려오셨기 때문에 그런 고백을 한 것이 아닙니다. 끝까지 십자가에 매달려 계셨기 때문입니다. 예수님의 죽음은 대속의 죽음이요, 화목 제물이 되신 죽음이었습니다. 중보자가 되시기 위한 죽음이었습니다.

예수님은 다른 종교의 창시자들처럼 서로 화목하게 지내라는 가르침을 주는 것으로 만족하지 않으셨습니다. 공의로운 하나님과 죄악 된 인간 사이에서 스스로 화목 제물이 되셨습니다. 그분은 구원의 길이 저기 있다고 알려 주지 않으셨습니다. 생명 얻는 법이 멀리 있다고 말씀하지도 않으셨습니다. 진리가 이런 것이라고 가르치지도 않으셨습니다. 당신이 친히 길이요, 진리요, 또 생명이라고 말씀하셨습니다. 그분으로 말미암지 않고는 하나님에게로 올 자가 없음을 분명히 하셨습니다.

예수님은 지금 우리를 기다리고 계십니다. 수고하고 무거운 짐 진 자들을 향해 "나에게로 오라"고 말씀하십니다. 자신에게 집착하면 할수록 우리는 은혜의 자리에서 멀어지게 됩니다. 내 모습, 내 능력, 내 경력, 내 사정과 형편 그리고 나의 주위 환경 등이 우리의 삶을 궁극적으로 바꾸어 놓을 수는 없습니다. 바로 그 중보자이신 예수 그리스도만이 우리의 인생을 바꾸어 놓을 수 있는 분이십니다.

결국 우리의 삶에 차이를 가져오는 것은 우리가 예수를 믿는가의 여부입니다. 예수를 믿는 것은 우리의 평생이 걸린 문제입니다. 우리 모두는 다 아픕니다. 힘들고 피곤하기도 합니다. 눈물도 있고 낙심거리도 한둘이 아닙니다. 이제 예수 그리스도 외에 우리에게는 다른 소망이 없습니다.

어떤 심리학 교수는 '담배를 피우면 폐암에 걸린다'보다는 '금연하면 폐암에서 벗어날 수 있다'는 식으로 '해결책 중심'의 사고나 말이 더 효과적임을 주장합니다. 살기 힘든 세상이지만, 우리에게는 이 세상 그 무엇으로도 가져올 수 없는 복된 삶이 있음을 확신합니다. 정말 심각한 것은 우리 자신이 예수 안에 있는 은혜를 충만하게 누리지 못하는 데 있습니다.

은혜에 대한 생각조차 하지 않는 것이 문제입니다. 은혜 없이 사는 데 익숙해져 버린 것은 아닌지 스스로 돌아볼 필요가 있습니다. 18세기 독일의 철학자였던 임마누엘 칸트(Immanuel Kant)가 말한 것처럼 "신의 존재를 믿는다고 고백하지만, 실제 삶 속에서는 신이 없는 것처럼 살아가는 실제적 무신론"에 빠져 있지는 않은지 스스로에게 물어보아야 합니다.

━ 믿음의 순종

"믿음이 온 후로는 우리가 초등 교사 아래에 있지 아니하도다"(갈 3:25).

여기 초등 교사는 6-16세 정도까지의 아이들을 훈육하고 가르치며, 필요하다면 제한된 처벌도 할 수 있는 사람입니다. 그런데 아이들이 장성하면 더 이상 초등 교사가 필요 없습니다.

믿음으로 사는 자는 더 이상 율법의 지배와 간섭을 받지 않습니다. 더 이상 율법의 감시를 받지 않습니다. 눈치를 볼 필요도 없습니다. 종처럼 두려워할 이유도 없습니다. 그러나 더 의롭고 거룩한 삶을 살기 위해 율법의 가르침에 기꺼이 순종하게 됩니다. 율법을 무서워해서 순종하는 것이 결코 아닙니다. 지키지 않으면 벌 받을 것이 두려워 지키는 것도 아닙니다. 믿는 자는 죄의 감옥에서 벗어났기에 기쁨과 자유 가운데 그리스도인다운 삶을 살고자 율법에 순종하게 됩니다. 이렇게 자발적으로 율법에 순종하는 것은 오직 은혜로 살 때에 가능합니다.

진정한 그리스도인은 매사에 은혜로 삽니다. 그리고 은혜의 통로로 삽니다. 그래서 얼마나 더 가질까보다는 어떻게 더 베풀 것인가에 더 관심을 갖게 됩니다. 자신을 드러내는 데 더 이상 관심을 두지 않습니다. 예수 그리스도를 높이고 전하는 데 관심을 둘 뿐입니다.

믿음으로 사는 자는 예수님 밖에 있는 것들이 배설물로 보이는 것이 전혀 이상하지 않은, 참으로 세상 사람들이 볼 때 '이상한 삶'을 사는 자입니다. 당신은 지금 은혜를 누리고 전하며 살고 있습니까, 아니면 여전히 율법적인 모습에 얽매여 살고 있습니까?

● **함께 생각하고 솔직하게 나눠 봅시다.**

1. 당신은 혹시 죄책감으로 인해 하나님 앞에 나아오지 못한 적이 있습니까? 그때 당신의 마음에 들었던 두려움이나 수치심이나 후회는 무엇입니까? 그런 상태에서 다시 하나님을 찾게 된 계기는 무엇입니까?

2. 당신의 불완전함에 대해서는 인정하지만 그래도 당신이 아는 그 사람만큼은 거의 완전할 거라 믿었다가 실망한 경험이 있습니까? 그때의 기분은 어땠으며 새롭게 깨달은 것은 무엇입니까?

15. 그리스도의 거룩한 옷을 입으십시오

갈 3:26-29

> "은혜는 육체의 정욕을 따라 살아도 됨을 허락하는 것이 아닙니다.
> 은혜는 성령 안에서 살아가는 데 필요한 능력을 공급합니다."
>
> 존 칼빈

자전적 포토 에세이 《괜찮아 돌아갈 수 없어도》(새잎)를 출간한 이찬호 씨에 관한 이야기입니다. 2017년 8월, 당시 육군 병장으로 복무 중이던 이 씨는 강원도 철원에서 일어난 K-9 자주포 폭발 사고로 전신 55퍼센트 화상을 입었습니다. 그 후 1년 4개월 동안 그는 다섯 차례의 피부 이식 수술을 받았습니다(이 사고로 세 명이 전사하고, 네 명이 크게 부상을 입었습니다).

대학에서 연극·영화를 전공하던 키 183센티미터, 몸무게 83킬로그램의 건장한 청년이 하루아침에 너무나 다른 외형이 되었으니 얼마나 상심이 컸을까요? 피부의 상당 부분이 불에 녹아내려 그의 체중이 66킬로그램까지 빠졌다고 합니다.

가장 힘들었던 것은 다른 사람의 시선이 아니라, 달라진 자신의 모습을 스스로 받아들이는 것이었다고 그는 고백합니다. 힘든 시간을 보내면서 결국 그는 자신을 받아들이게 됩니다. 모두가 자기와 같은 모습이 아니기에, 그런 면에서 자신은 특별하다는 생각을 하기로 합니다. 그리고 자기 몸의 흉터가 결코 흉하지 않음을 보여 주기로 작정하고 마침내 포토 에세이를 출간하는 데까지 이르게 됩니다.

사실 몸은 성하지만 마음이 심한 화상을 입은 듯 아프고 괴로워 자신을 용납하지 못하는 사람이 얼마나 많은지 모릅니다. 당신은 당신 자신을 어떻게 생각합니까? 내가 나 된 것은 무엇 때문입니까? 우리는 과연 진정한 그리스도인입니까? 하루하루 그리스도인답게 살아가고 있습니까? 이 모든 것은 우리 스스로에게 던져야 할 질문들입니다.

본문은 우리가 하나님의 자녀로 입양되어 아브라함에게 주신 약속의 복을 누릴 상속자(유업을 이을 자)가 되었음을 말씀합니다. 무엇보다 우리가 얻은 그 신분은 율법을 지킴으로써가 아니라 오직 예수 그리스도를 믿음으로써 주어진 것임을 가르쳐 줍니다.

'예수 그리스도를 믿는다는 것'을 본문은 '그리스도로 옷을 입는 것'으로 비유하고 있습니다(27절). 여기서 '옷'은 바울 당시 로마의 청소년이 성인식인 '리베랄리아'(Liberalia)에서 입는 옷을 떠올리게 합니다. Liberalia와 Liberty는 둘 다 Liber(자유)라는 동일 어원을 갖고 있습니다. 16-18세의 아들에게 아버지가 포옹을 한 다음 '토가 비릴리스'(toga virilis)를 입혀 주면, 그 옷을 입은 아들은 성년으로서의 특권과 책임을 동시에 갖게 됩니다. 마찬가지로 그리스도의 옷은 그리스도인이라는 정체성과 신분, 그리스도와의 친밀함 그리고 그리스도를 닮아야 하는 영적, 도덕적 책임감 등의 의미를 내포하는 말입니다.

결과적으로 그리스도로 옷 입은 자, 즉 '그리스도인'에게는 독특한 삶의 방식이 요구됩니다. 그리스도인은 아무렇게나 살도록 부름 받은 사람들이 아니기 때문입니다. 이제 그리스도인으로 사는 것이 구체적으로 어떤 것인지를 몇 가지 주제로 나누어 살펴보겠습니다.

아들의 신분(Liberty)

"너희가 다 믿음으로 말미암아 그리스도 예수 안에서 하나님의 아들이 되었으니"(갈 3:26).

우리는 예수를 믿음으로 우리에게 어떤 신분의 변화가 일어났는지를 항상 생각해야 합니다. 그렇지 않으면 다른 것들(재산, 학벌, 외모, 집안 배경 등)이 우리의 정체성을 흔들어 놓을 수 있습니다. 우리는 이제 복음으로써 하나님의 아들딸이 되었습니다. 더 이상 율법이라는 초등 교사 아래에 있는 어린아이가 아닙니다. 이제 우리의 삶은 철저하게 아버지 하나님과의 관계 속에서 이루어짐을 잊지 말아야 합니다.

"너희가 그리스도의 것이면 곧 아브라함의 자손이요 약속대로 유업을 이을 자니라"(갈 3:29).

29절의 '그리스도의 것'은 '그리스도에게 속한 자'를 뜻합니다. 이전에는 내가 중요했습니다. 그러나 이제는 내 안에 사시는 그리스도가 중요하게 되었습니다. 믿음은 예수 그리스도에게 삶의 초점을 맞추는 것입니다. 우리는 어디를 가든지, 또 무엇을 하든지 그리스도와 함께할 수밖에 없는 자들이 되었습니다. 그리스도에게 속한 자이기 때문에 세상에 속한 자처럼 사는 것이 이제는 오히려 더 어렵게 되어 버렸습니다. 신분은 그리스도인인데 세상 가치관을 따라가는 것도 내심 괴롭고, 그러면서 마치 그리스도인다운 것처럼 가식적으로 사는 것도 마음 편하지 않습니다. 그리스도인으로서 투명하게 사는 것이 차라리 더 편하다는 것을 많은 사람이 이미 잘 알고 있습니다.

다른 사람이 나를 어떻게 평가할까에 대해 필요 이상으로 민감해서는 안 됩니다. 우리의 아버지가 되기 위해 하나님도 큰 결단을 하셨음을 기억해야 합니다. 소위 '탕자의 비유'에 나타난 아버지의 모습을 통해 우리는 그것을 알게 됩니다. 돌아온 탕자를 대하는 아버지를 보십시오.

> "아버지는 종들에게 이르되 제일 좋은 옷을 내어다가 입히고 손에 가락지를 끼우고 발에 신을 신기라"(눅 15:22).

탕자는 이런 환대를 받을 만한 자격을 갖추지 못했습니다. 그는 외면받고 무시당해도 할 말이 없습니다. 그런데 그는 최고의 환영을 받았습니다. 결코 탕자 자신의 조건이나 상태 때문이 아니었습니다. 그것은 자비와 긍휼로 가득한 아버지의 마음 때문이었습니다.

하나님은 이 세상 그 어떤 옷과도 비할 수 없는 아름답고 귀한 그리스도라는 옷을 우리에게 입혀 주셨습니다. 이제 우리의 거룩한 옷이 되신 그리스도로 말미암아 우리는 하나님의 자녀로 그 신분이 바뀌었습니다. 유대 종교 지도자들이 예수님을 체포하자 심한 두려움 가운데 겉옷을 벗고 벌거벗은 채 도망쳤던 마가 요한은 그리스도의 옷을 입은 후 마가복음을 기록했을 뿐만 아니라 이집트까지 가서 교회를 세웠습니다. 스데반 집사를 돌로 치는 일에 자신의 겉옷을 벗어 동참했던 박해자 사울은 그리스도의 옷을 입고 한평생 전도자로 살다가 순교자로 생을 마감했습니다. 도망자와 박해자에게 새로운 옷을 입히고 그들을 일꾼 삼으셨던 예수님이 지금 우리의 옷이 되어 주시고, 새로운 인생길로 우리를 이끌어 주십니다.

이전에 당신을 얽어매던 것들을 향해 선포하십시오. "나는 하나님의 아들이다. 하나님의 딸이다." 아들딸로서의 자유함(Liberty)과 담대함을 결코 잃지 마십시오. 우리는 더 이상 두려워하는 종의 신세가 아닙니다. 하나님과 친밀한 교제를 나누십시오. 문제는 우리가 사는 세상이 험악한 데 있지 않습니다. 진짜 문제는 우리가 하나님 아버지를 잊고 사는 데 있습니다.

━━ 거룩의 책임(Purity)

"누구든지 그리스도와 합하기 위하여 세례를 받은 자는 그리스도로 옷 입었느니라"(갈 3:27).

여기서 '세례'는 '예수 그리스도 안에서 옛 사람은 죽고 새사람이 되었다'는 것을 뜻합니다. 우리 스스로의 열심과 노력만으로 우리는 결코 거룩해질 수 없습니다. 거룩함도 예수 그리스도와 함께할 때 가능합니다. 그분이 우리 삶의 중심에서 우리를 다스리고 이끌어 주셔야 비로소 우리는 거룩한 길을 갈 수 있습니다. 오스왈드 챔버스는 "거룩은 주님이 주신 '무엇'이 아니라 바로 '주님'이 그 사람 안에 거하시는 것이다"라고 말했습니다.

그리스도로 옷 입은 자는 그리스도를 닮고, 그리스도가 기뻐하시는 거룩한 열매를 맺어야 합니다. 그리스도인다움이 있어야 한다는 말입니다. 우리는 살면서 무엇이 가장 중요한지를 분명히 깨달아야 합니다. 근본적으로 사람은 '떡'으로만 살 수 있는 존재가 아닙니다. 그것이 인간이 동물과 다른 점입니다. 떡을 배불리 먹는 것이 우리가 사는 목적이 되어서는 안 됩니다. 물론 떡이 필요 없다는 뜻이 아닙니다. 우리의 사는 목적은 성령의 거룩한 열매를 풍성히 맺는 것입니다. 예수님의 정결한 신부가 되는 것입니다.

"밤이 깊고 낮이 가까웠으니 그러므로 우리가 어둠의 일을 벗고 빛의 갑옷을 입자 낮에와 같이 단정히 행하고 방탕하거나 술 취하지 말며 음란하거나 호색하지 말며 다투거나 시기하지 말고 오직 주 예수 그리스도로 옷 입고 정욕을 위하여 육신의 일을 도모하지 말라"(롬 13:12-14).

그리스도로 옷 입기 전에는 다른 사람과 비교하며 자신의 의나 공로나 열심을 드러내는 데 관심이 있지만, 이제는 하나님 앞에서 얼마나 거룩한 열매를 맺고 사는지에 더 관심을 기울이게 됩니다.

제가 중·고등학교에 다닐 때는 규율부장이나 학생주임 등이 학생들을 공포에 떨게 하는 사람들이었습니다. 그러다 보니 그들의 별명은 주로 '독사', '백사', '살모사' 같은 것들이었습니다. 머리 상태와 교복 옷맵시가 주된 단속의 대상이었습니다. 그런데 지금은 '화장 단속 전담 교사'가 여학생들에게는 두려움의 대상입니다. 중·고등학교 여학생의 70퍼센트와 초등학교 여학생의 40퍼센트가 화장을 하는데, 이들의 짙은 화장을 단속하기 때문입니다. 과도한 화장을 한 학생들은 화장실로 데려가 씻게 한다고 합니다. 여학생들이 화장을 왜 할까요? "조금이라도 더 예쁘게 보이려고요." 맞습니다.

예쁘게 보이고 싶은 것은 거의 본능입니다. 이해가 됩니다. 그러나 우리는 겉모습만이 아니라 속사람도 아름답게 만들어야 함을 알고 있습니다. 물론 그것은 화장으로 만들어지지 않습니다. 그리스도로 옷 입어야 우리의 속사람이 새로워지고 날로 더욱 매력 있게 변화됩니다. 그리고 그 속사람의 매력이 삶 가운데 나타납니다. 그것이 곧 예수 그리스도의 향기인 것입니다.

우리가 정말로 바라는 것은 무엇이어야 합니까? 그것은 그리스도가 존귀하게 드러나는 것이고, 그분을 위해 우리가 사용되는 것입니다. 그리스도가 드러나는 삶이야말로 우리가 존재하는 최고의 보람이며 기쁨이 됩니다.

━━ 교회의 연합(Unity)

> "너희는 유대인이나 헬라인이나 종이나 자유인이나 남자나 여자나 다 그
> 리스도 예수 안에서 하나이니라"(갈 3:28).

바울은, 지금 갈라디아 교회가 겪고 있는 분열과 갈등을 봉합하고 회복시킬 수 있는 것은 그리스도 안에서 하나가 되는 것임을 가르쳐 줍니다. 혈통이나 신분이나 그 무엇이 아니라, 오직 예수 그리스도를 믿음으로만 하나가 될 수 있습니다. 우리가 언제나 복음으로 돌아가야 할 이유가 여기에 있습니다. 그리스도로 옷 입은 자는 다른 사람들을 존중하며 세워 주기를 좋아합니다.

유대인 남자들의 아침 기도문인 '베라코트'(berakot)에 보면, 유대인 남자들은 매일 아침마다 짐승과 이방인과 여인으로 태어나지 않은 것에 대해 하나님에게 감사했습니다. 그런 사회적, 종교적 분위기가 만연한 가운데서 본문의 내용은 정말 충격적이며 혁명적인 것이 아닐 수 없습니다.

피차 너무도 많이 다른 사람들이 함께 모여 예배를 드린다는 것은 거의 기적에 가깝습니다. 이것이야말로 예수님이 행하시는 기적입니다. 우리의 힘만으로는 결코 하나가 될 수 없습니다. 자기 자신을 드러내지 않고

모두가 그리스도로 옷 입는 것 외에는 다른 방법이 없습니다. 우리의 누더기 같은 외식과 거짓의 옷을 벗기고 우리의 옷이 되신 예수 그리스도가 그래서 마땅히 교회의 머리가 되셔야 합니다.

교회 안의 연합(Unity)과 교회 간의 연합은 예수님이라는 접착제 없이는 결코 이뤄지지 않습니다. 우리가 예수님 안에 속한 그만큼 그리고 예수님이 우리 안에 내주하시는 그만큼 우리는 하나가 될 것입니다.

● **함께 생각하고 솔직하게 나눠 봅시다.**

1. 본문은 '아들의 신분(Liberty), 거룩의 책임(Purity), 교회의 연합(Unity)' 이 세 가지가 그리스도의 옷을 입은 자의 모습이라고 말합니다. 이 가운데 지금 당신 혹은 당신이 속한 공동체가 더욱 추구해야 할 것이 있다면 무엇입니까?

2. 우리가 그리스도인다운 모습으로 살아가기 위해 반드시 필요한 조건이 있습니다. 바로 말씀 묵상, 기도, 예배입니다. 이것은 우리가 영적인 건강을 유지하기 위해 갖춰야 하는 기초 조건입니다. 지금 당신은 이것을 위해 어떤 노력을 하고 있습니까?

그리스도가 드러나는 삶이야말로
우리가 존재하는 최고의 보람이며
기쁨이 됩니다.

4부

복음은
하나님의 자녀 됨을
선포하는 것입니다

16. 종의 멍에를 벗고 자녀 된 영광을 누리십시오   갈 4:1-7

> "알 수 없는 미래를 이미 알고 계신 하나님께 맡기는 것을
> 결코 두려워하지 마십시오."
> 코리 텐 붐(Corrie Ten Boom)

라파엘 사무엘(Raphael Samuel)이라는 인도 청년이 있습니다. 그는 소위 '인구역제주의자'입니다. 그가 약 2년 전에 친부모를 고소했습니다. 고소 사유는 부모가 자신의 동의 없이 자기를 낳았다는 것이었습니다. 사람은 누구나 태어나게 되면 그 후 평생토록 고통을 겪어야만 하므로 동의 없이 자식을 출산하는 것은 잘못이라는 생각을 그는 다섯 살 때부터 가지고 있었다고 합니다. 그런데 재미있는 것은 그의 부모가 모두 변호사라는 사실입니다. 그래서 그의 부모는 "아들이 우리가 어떻게 그로부터 출생 동의를 구할 수 있는지 합리적인 설명을 할 수 있다면 우리는 기꺼이 우리의 잘못을 인정하겠다"고 말했습니다.

본문은 율법과 초등 학문 아래서 종노릇하던, 그래서 결국에는 멸망(영원한 죽음)에 처할 수밖에 없던 우리가 어떻게 하나님의 아들이라는 명분을 얻게 되었는지, 또 하나님이 약속하신 모든 복들을 유업으로 받게 되었는지를 가르쳐 줍니다. 이 사실을 보다 분명하게 설명하기 위해 사도 바울은 당시 로마의 관습을 예로 들고 있습니다.

바울이 살던 당시에는 아들이 아버지의 합법적인 상속자라 하더라도

보통 14세까지는 후견인 아래 있게 되고, 또 25세까지는 일정 부분 청지기의 통제를 받기 때문에 상속자로서의 권리를 온전히 행사할 수 없었습니다. 그래서 아들은 상속자로서의 권리를 온전히 행사할 수 있는 나이가 될 때까지 기다려야 합니다. 나이가 이르기 전에 억지로 권리를 행사하려하면 문제가 생깁니다.

마찬가지로 상속자로서의 권리를 행사할 수 있는 나이가 된 아들이 여전히 종처럼 산다면 그것도 문제입니다. 지금 갈라디아 교회 성도들이 마치 이와 같은 문제에 빠져 있는 것입니다. 그래서 바울이 그들을 향해 "이제는 때가 찼고, 너희는 아들이다"라고 외치고 있는 것입니다. 자신이 누구인가를 아는 것은 건강한 신앙생활을 위해 꼭 필요한 일입니다. 사실 우리가 겪는 많은 문제들은 자신이 하나님의 자녀라는 확신이 약해질 때 생기는 것들입니다. 그렇다면 우리는 어떻게 그 거룩하신 하나님의 아들딸이 될 수 있습니까?

만약 율법을 다 지켜서 혹은 윤리, 도덕적으로 완전해져서 하나님의 자녀가 되는 것이라면 당연히 우리 중 그 누구도 그렇게 될 수 없습니다. 그렇기에 하나님은 우리에게 그 아들을 보내 주셨습니다. 하나님의 아들 예수 그리스도는 우리를 하나님의 자녀로 입양시키는 자격과 능력을 가지신 분입니다. 속량(값을 대신 치름)의 은혜를 베풀어 주신 예수를 믿음으로 우리는 하나님의 자녀의 명분을 얻게 되었습니다. 이제 우리에게 남은 일은 하나님의 아들딸답게 사는 것입니다. 어떻게 사는 것이 하나님의 자녀답게 사는 것인지 살펴보겠습니다.

▬ 곤고한 시절

"내가 또 말하노니 유업을 이을 자가 모든 것의 주인이나 어렸을 동안에는 종과 다름이 없어서 그 아버지가 정한 때까지 [법적 대리인인] 후견인과 [실제로 재산을 관리하는] 청지기 아래에 있나니 이와 같이 우리도 어렸을 때에 이 세상의 초등 학문[헬라어로 '스토이케이아'(stoicheia), 인간이 만든 철학이나 사상, 점성술을 비롯한 온갖 미신적인 힘을 뜻함] 아래에 있어서 종노릇하였더니"(갈 4:1-3).

무엇을 해도, 어디를 가도 진정한 자유를 누리지 못했던 시절이 있을 것입니다. 때로는 누군가의 비위를 맞추기 위해 쉴 새 없이 눈치를 보거나 가끔은 비굴해지기도 합니다. 필요하다면 거짓말도 합니다. 마음에 없는 말을 하는 것이 습관처럼 돼 버립니다. 힘 있는 사람 앞에서는 고개 숙이고, 만만한 사람은 함부로 대하는 것이 아무렇지도 않게 됩니다. 툭하면 비교하고, 경쟁에서 이기기 위해 수단과 방법을 가리지 않습니다. 부정행위도 별 문제 삼지 않습니다. 다른 사람에게 약하게 보이는 것을 두려워합니다. 가만히 있으면 왠지 불안합니다. 자기 자신을 소중히 여기지 못합니다. 자신의 진짜 모습을 솔직하게 드러낼 수 없습니다. 다른 사람이 무시할지 모른다는 생각에 할 수 있는 대로 자신을 과대 포장하려 애를 씁니다.

이 모든 것이 진정한 자유를 알지 못하는 자들의 모습입니다. 우리도 하나님의 자녀가 되기 전에는 그랬습니다. 예수님을 통해서 비로소 참 자유를 알게 된 것입니다. 사실, 예수 그리스도 밖에는 진정한 자유가 없습니다. "진리를 알지니 진리가 너희를 자유롭게 하리라"는 요한복음 8장 32절의 말씀은 예나 지금이나 변함없는 사실입니다.

얼마 전 통계청에서 나온 '2020 사망 원인 통계 결과'에 따르면, 우리나라는 OECD 38개국 가운데 자살률이 가장 높았습니다. 인구 10만 명당 23.5명으로 OECD 평균 10.9명의 두 배가 넘었습니다. 하루에 36명 정도가 스스로 목숨을 끊는 암담한 현실(2017년 이후 지금까지 10-30대의 사망 원인

1위가 자살이기도 합니다) 가운데 도대체 무엇이 우리 사회의 진정한 소망이 되겠습니까? 진정한 소망을 알려 주는 앱이 있습니까? 죽음의 소식으로 가득한 곳에 정말 전할 것이 무엇입니까? 어디에서 참 자유와 쉼을 얻을 수 있겠습니까?

하나님의 자녀가 되기를 거부한다면, 혹은 자신이 이미 하나님의 자녀임을 망각한 채 지낸다면, 그 사람은 인생 내내 참된 자유와 안식을 알지 못하고 살게 될 것입니다. 마치 무거운 짐을 진 자처럼 살 것입니다. 그리고 다른 사람까지도 힘들게 만들 것입니다. 자기가 주인 되고 왕이 되어 사는 사람은 늘 긴장의 연속입니다. 괜히 불안합니다. 마음이 편치가 않습니다. 다른 사람의 평가에 신경이 곤두서 있습니다. 쉽게 상처를 받고, 쉽게 상처를 줍니다. 사소한 문제에도 극도로 민감하게 반응합니다. 무언가에 집착하거나 중독이 되기도 합니다.

이 모든 것은 하나님의 자녀가 아니라 세상의 종으로 살기 때문에 발생합니다. 그렇지만 아무리 세상이 어둡고 캄캄해도 한 가지 분명한 사실이 있습니다. 그것은, 어둠은 결코 빛을 이길 수 없다는 것입니다. 빛이신 예수 그리스도가 우리에게 오셨습니다. 그래서 우리는 어둠의 권세에서 벗어날 수 있게 됐습니다. 어둠은 더 이상 우리에게 문제가 되지 않습니다. 이제는 우리 자신이 이 어두운 세상의 '빛'으로 살아가기 때문입니다. 세상이 얼마나 어두운지가 관건이 아니라, 우리가 빛 되신 예수님과 얼마나 연합해서 살고 있는지가 관건입니다.

━ 특별한 죽음

"때가 차매[하나님이 그 약속을 이루실 때가 이르매, 다시 말하면, 구약의 성도들이 그렇게도

139

기다리던 바로 '그날'이 와세] 하나님이 그 아들을 보내사 여자에게서 나게 하시고[그 아들이 실제로 육신으로 탄생하시고] 율법 아래에 나게 하신 것은[우리 같은 죄인들 가운데 오게 하신 것은] 율법 아래에 있는 자들[그래서 영원히 죽을 수밖에 없는 사람들]을 속량하시고 우리로 아들의 명분을 얻게 하려 하심이라"(갈 4:4-5).

예수님이 우리가 받아야 할 율법의 저주를 받아 나무(십자가)에 매달린 자가 되셨습니다. 우리 사회에도 다른 사람의 생명을 구하기 위해 자신을 희생한 '의인'이 있습니다. 소위 '열사'도 있습니다. 그러나 아무리 그들의 희생이 고귀한 것이라 할지라도, 그들의 희생이 우리의 신분을 '죄의 종, 율법의 종 그리고 초등 학문의 종'에서 '하나님 자녀'로 바꾸어 놓지는 못합니다. 오직 예수님만이 그렇게 하실 수 있습니다. 그분의 죽음은 그래서 특별한 것입니다.

우리는 예수님의 십자가 죽으심을 '대속의 죽음'이라고 부릅니다. 예수님은 이 땅에서 더욱 유복하고 안락하게 살 수 있는 노하우를 가르쳐 주기 위해 오신 것이 아닙니다. 선구자적인 삶의 모범을 보이기 위해 오신 것도 아닙니다. 그분은 죽음 가운데 있던 우리를 당신의 피로 사서 하나님의 자녀로 입적시키기 위해 이 땅에 오셨습니다.

예수님은 우리가 하나님에게로 나아가는 길이 되셨습니다. 이 땅에 혹시 있을지 모를, 구원에 이르는 새로운 길을 찾아내기 위해 오신 것이 아닙니다. 스스로 길이 되기 위해 이 땅에 오신 것입니다. 우리가 어떻게 하나님의 자녀가 되었는지를 아는 것이 중요합니다.

우리는 하나님의 자녀가 되기 위해 많은 규례와 규칙을 만들어 지킬 필요가 없습니다. 자기 자신을 '초등 학문' 밑으로 내몰 이유도 없습니다. 자신에게 지식과 능력이 충분히 있는 것처럼 스스로 속여도 소용이 없습니다. 아무 자격 없고 능력 없는 우리가 하나님의 자녀가 되는 길은 오직 십자가의 은혜와 복음의 능력뿐입니다.

━ 확실한 보증

> "너희가 아들이므로 하나님이 그 아들의 영을 우리 마음 가운데 보내사 아빠 아버지라 부르게 하셨느니라 그러므로 네가 이후로는 종이 아니요 아들이니 아들이면 하나님으로 말미암아 유업을 받을 자니라"(갈 4:6-7).

하나님은 당신의 아들 예수 그리스도를 이 세상에 보내셨습니다. 그리고 예수 그리스도는 그분을 믿는 자의 마음에 성령을 보내셨습니다. 우리 안에 내주하시는 성령님은 우리가 하나님의 자녀로서 유업을 받을 자임을 확신할 수 있도록 우리에게 주어진 특별한 '보증'이십니다(갈라디아서 5장 21절은 우리가 받을 '유업'이 '하나님 나라'라고 말씀합니다).

우리는 이 땅에서 가난하게 살 수도 있습니다. 그러나 초라하게 살아서는 안 됩니다. 낮은 자로 살 수도 있습니다. 그러나 비굴하게 살아서는 안 됩니다. 왜냐하면 우리는 하나님을 '아빠' 아버지라 부르는 자들이고, 또 하늘의 상속자들이기 때문입니다. 돈 많은 사람이 한둘이 아닙니다. 높은 지위에 있는 사람도 꽤 있습니다. 많은 지식을 가진 사람도 우리 주위에 있습니다. 그러나 그들 모두가 하나님을 '아빠 아버지'라고 부르지는 못합니다. 오직 성령이 그 속사람 안에 거하시는 사람만이 그럴 수 있습니다. 우리 말고 과연 누가 하나님을 아빠 아버지라고 부를 수 있겠습니까? 우리 모두에게 하나님의 자녀라는 '영적 자부심'이 회복되면 좋겠습니다(롬 8:16-17).

아직은 이 땅에 살지만, 우리는 하늘에 속한 자로 살아야 합니다. 하늘

나라의 주인인 예수님이 우리를 속량하셨기 때문입니다. 우리는 평생 먹고사는 일에만 매달리며 살다가 사라질 인생이 아닙니다. 우리는 하늘 시민권을 미리 누리며 살 수 있는 존재입니다.

팀 켈러는 사이먼 개더콜(Simon Gathercole)의 말을 인용해 복음의 특성 몇 가지를 가르쳤는데, 그중 하나가 '앞에서 뒤로'(Forward-Back)입니다. 복음은 장차 이뤄질 일들을 미리 앞당겨서 경험하고 누리게 만드는 능력을 가졌다는 의미입니다. 부활이 바로 대표적인 경우입니다. 그러나 부활 신앙만이 아닙니다. 우리가 하나님의 자녀이자 상속자인 것을 믿는다면, 우리는 천국에 이르기 전 미리 지금 이 땅에서 당당하게 살 수 있습니다. 영적 자부심을 갖고, 환경에 굴복하지 않고, 주 안에서의 자유를 확신하며, 장차 누릴 영광을 미리 누리며 살아가십시오.

● 함께 생각하고 솔직하게 나눠 봅시다.

1. 당신은 지금 하나님의 자녀로 살고 있습니까? 하나님을 믿으면서 그분을 아버지로 고백하고 있습니까? 아직 하나님을 아버지로 부르지 못하고 있다면, 그 이유는 무엇입니까?

2. 하나님의 자녀라는 사실이 마음에서 희미해져 갈 때가 있다면 언제입니까? 그 이유는 무엇입니까? 그런 때는 어떻게 아버지를 향한 마음을 회복할 수 있습니까?

3. 세상 초등 학문으로 인해 하나님의 약속, 즉 성경 말씀이 당신의 삶 속에서 흔들린 적은 없습니까? 있다면 그것은 어떤 내용이었으며, 그것이 복음과 다른 점은 무엇이었습니까?

17. 수동적 율법을 넘어 능동적 사랑을 배워야 합니다

갈 4:8-11

> "그리스도 안에 있는 구원은
> 우리가 필연적으로 어길 수밖에 없는 율법에 근거한 것이 아니라,
> 하나님께서 어기실 수 없는 그의 약속에 근거한 것이다."
> 필립 라이큰(Philip G. Ryken)

'워런 하딩의 오류'(The Warren Harding Error)라는 심리학 용어가 있습니다. '화려한 외형으로 인해 허망한 실체가 가려지는 현상'을 일컫는 말입니다. 미국의 29대 대통령으로서 재임 중 돌연사한 워런 하딩(Warren G. Harding)은 미국 대통령 중에서 외모로 볼 때 가장 잘생긴 인물이라고 합니다. 그런데 대통령으로서의 직무 능력은 그에 훨씬 미치지 못했다는 평가를 받습니다. 그래서 그의 이름을 따서 '워런 하딩의 오류'라는 용어가 생긴 것입니다. 사람의 외모를 보고 판단하거나 무슨 일이든 감성적으로만 처리하면 분명히 잘못된 결과를 가져오게 된다는 사실은 지금도 여전히 유효한 교훈입니다.

사도 바울이 개척한 갈라디아 교회에 슬그머니 거짓 교사들이 들어왔습니다. 그들은 구원을 받기 위해서는 율법을 지키고, 할례를 받고, 유대인들의 각종 종교 의식과 관습과 전통을 따라야 한다고 주장했습니다. 성도들 중에는 잘잘못을 분별하지 못하고 거짓된 가르침을 추종하는 자들이 있었습니다. 이것에 대해 바울은 안타까운 마음으로 꾸짖었습니다. 하나님의 자녀 됨을 잊어버리고 다시 초등 학문으로 돌아가 종노릇하는 갈

라디아 교회 성도들에게 그는 각성을 촉구했습니다.

이 시대, 예수 그리스도 안에 있는 우리도 하나님의 자녀로서의 영성을 가지고 살지 않으면 약하고 천한 초등 학문의 종으로 되돌아갈 수 있습니다. 그럴 경우 복음의 역동성을 잃어버리고, 결국에는 율법주의적인 삶을 살 수밖에 없음을 본문은 가르쳐 줍니다. 그러므로 우리는 예수님으로 말미암아 얻게 된 하나님의 자녀로서의 영성을 굳게 지킬 필요가 있습니다.

하나님과의 관계가 흐트러지게 될 경우 우리에게 제일 먼저 일어나는 일은 우상이 많아진다는 것입니다. 그리고 우상이 많아지면, '하나님만' 섬기는 일이 점점 더 힘들어지게 됩니다. 이 말은, 하나님의 자녀답게 사는 것이 불가능해진다는 뜻입니다. 이 초등 학문의 유혹은 저 멀리 다른 사람에게만 있는 것이 아닙니다. 그 누구도 이 초등 학문의 유혹을 가볍게 여겨서는 안 됩니다. 그렇다면 우리는 어떻게 해야 초등 학문의 유혹을 물리치고 하나님의 자녀답게 '복음적인 삶'을 살 수 있을까요?

━ 우상 숭배

"그러나 너희가 그때에는 하나님을 알지 못하여 본질상 하나님이 아닌 자들[하나님처럼 행세하는 가짜 신들, 즉 우상들]에게 종노릇하였더니 이제는 너희가 하나님을 알 뿐 아니라 더욱이 하나님이 아신 바 되었거늘 어찌하여 다시 약하고[힘이 없고, 기진맥진하고, 구원의 능력이 전혀 없고] 천박한[구걸하는 듯한, 풍성함이 조금도 없는] 초등 학문으로 돌아가서 다시 그들에게 종노릇하려 하느냐 너희가 날과 달과 절기와 해를 삼가 지키니 내가 너희를 위하여 수고한 것이 헛될까 두려워하노라"(갈 4:8-11).

우리는 하나님의 존재를 분명히 믿어야 합니다. 동시에 우리는 하나님 행세를 하는 가짜 신들(우상들)의 존재 또한 인정해야 합니다. 하나님을 믿지 않는 사람들은 분명히 자기가 만들어 낸 신을 믿고 삽니다. 심지어 신적인 존재를 전혀 믿지 않는다고 주장하는 소위 무신론자 역시 엄정하게 말하면 자신의 신념을 믿고 있는 것입니다. 이것은 자기 자신이 신의 역할을 하고 있는 것인데 스스로 그것을 알지 못할 뿐입니다. 따라서 엄밀한 의미에서 무신론자라는 것은 존재하지 않습니다. 무엇을 혹은 누구를 섬기는가의 차이만 있을 뿐입니다.

지금 갈라디아 교회 성도들은 초등 학문으로 돌아가 그것을 섬기는 지경에까지 이르렀습니다. 여기서 초등 학문은 헬라어로 '스토이케이아'인데, 근본적으로 물, 불, 공기, 흙과 같이 눈에 보이는 물질세계를 이루고 있는 기본적인 요소들을 뜻하는 말입니다. 영어 성경인 NIV는 이 단어를 'principles'라고 번역했습니다. 이런 것들이 섬김의 대상이 될 때 약하고 천박한 우상이 되는 것입니다. 좀 더 포괄적으로는 미신적 혹은 율법적 신앙이 이러한 초등 학문에게 종노릇하는 것과 다름이 없습니다.

갈라디아 교회의 문제는 고린도 교회의 문제와 달랐습니다. 고린도 교회에서는 세속주의가 교회를 흔들어 놓은 반면, 갈라디아 교회에서는 율법주의가 교회를 위태롭게 만들었습니다. 갈라디아 교회 성도들의 문제는 율법을 버린 것이 아닙니다. 거짓 교사들의 가르침을 따라 율법을 행함으로써 스스로 하나님의 의에 이르려고 했던 것이 문제입니다. 주로 이방인들로 구성된 갈라디아 교회 성도들이 유대인의 종교 관습을 따르는 것은 그들이 이전에 섬겼던 이교도적인 우상들을 섬기는 것과 마찬가지로 잘못된 모습이었습니다.

그렇다면 오늘 대한민국의 사회와 교회에서 초등 학문이 되는 것은 무엇일까요? 숭실대학교 기독교학과 김회권 교수는《하나님의 도성, 그 빛과 그림자》(비아토르)라는 제목의 책에서 오늘날 한국 사회의 주류 이데올로기를 '돈과 권력'으로 꼽았습니다. 그리고 목회자들에게 경고의 말도 잊지 않았습니다. "이런 시대에 박수만 받고 환영만 받는 목회자는 어쩌면 이미 하나님의 진리를 이탈했다고도 볼 수 있다."

이러한 상황 가운데 우리에게 가장 먼저 필요한 것이 저는 '복음 중심적 사고와 말, 행동 그리고 삶과 사역의 회복'이라고 생각합니다. 우리에게 이미 익숙해진 것들이 오히려 우상이 될 수 있기에 그러한 것들까지도 버릴 각오로 복음의 갱신을 해야 합니다. 우상은 멀리 있지 않습니다. 그렇게 흉측한 모습을 하고 있지도 않습니다. 굉장히 매력적인 것도 사실입니다. 그래서 더욱 조심해야 합니다.

━ 하나님의 자녀 영성

"이제는 너희가 하나님을 알 뿐 아니라 더욱이 하나님이 아신 바 되었거늘 어찌하여 다시 약하고 천박한 초등 학문으로 돌아가서 다시 그들에게 종노릇하려 하느냐 너희가 날과 달과 절기와 해[안식일이나 대속죄일 같은 특별한 날들, 월삭, 유월절과 같은 절기들 그리고 안식년이나 희년과 같은 율법에 정해진 해]를 삼가 지키니"(갈 4:9-10).

지금 갈라디아 교회 성도들의 문제는 그들이 하나님과 어떤 관계를 맺고 있는지를 잊어버린 데 있습니다. 갈라디아 교인들은 이미 '하나님을 알 뿐 아니라 더욱이 하나님이 아신 바 되었는데도' 마치 그동안 하나님을 제대로 알지 못했던 것처럼 율법을 통해 하나님과의 관계를 정립하고자 했습니다. 한마디로 그들은 하나님과의 아름다운 관계를 망각하고 있는 것입니다.

하나님이 당신의 백성을 알고, 사랑하고, 함께하고 계시다는 사실을 기억하는 것은 성도들에게 최고의 확신과 안식을 줍니다. 하나님 아버지와 그분의 자녀 됨의 관계는 삶의 불안과 두려움을 이기게 하고 우상 숭배의 죄에 빠지지 않게 해 주는 원동력이 되는데, 갈라디아 교회는 이것을 잊고 있으니 바울이 참으로 속상해하는 것입니다.

하나님과 우리 사이의 친밀하고 인격적인 (아버지와 자녀로서의) 관계를 인식하고 그 관계 가운데서 넘쳐나는 사랑을 경험하는 것이 참으로 필요합니다. 그러한 영적 경험이 없으면 우리는 쉽게 초등 학문에 머리를 숙이게 됩니다. 이것은 감상적인 문제가 아닙니다. 보다 실질적이고 구체적인 문제입니다. '잊어버림'이 문제입니다.

워렌 위어스비(Warren Wiersbe)는 갈라디아 교회 성도들의 문제를 이렇게 묘사했습니다. "갈라디아 교회 성도들은 은혜의 학교에서 자퇴한 뒤 율법의 유치원에 등록을 한 셈이었다. 그리고 바울의 사역을 통해서 주께서 그들 가운데 행하신 좋은 일들을 계속해서 파괴하고 있었다."

하나님의 자녀로서의 영성을 계속 지키지 못하면, 그래서 자녀다움을 유지하지 못하면 자신도 모르는 사이에 우리는 초등 학문의 종이 되어 버립니다. 유대인들의 날, 달, 해 그리고 절기는 모두 예수 그리스도를 바라보게 하는 것이었습니다. 그것들을 통해서는 의롭게 될 수 없음을 그들은 깨닫지 못했습니다.

지금 갈라디아 교회가 겪고 있는 문제는 교회 내에서 생긴 것입니다. 이미 익숙해진 것, 전통으로 자리 잡은 것이 오히려 믿음의 장애를 일으키고, 또 그러한 것들이 우상이 될 수 있음을 우리는 보게 됩니다. 그래서 우리도 조심해야 합니다. 지금까지 해 온 것 그리고 지금 하고 있는 것을 지나치게 낙관적으로 혹은 절대적으로 보아서는 안 됩니다. 아무것도 인식하지 못한 채 지금 우리가 초등 학문의 종노릇을 하고 있는지도 모르기 때문입니다.

예수님이 바리새인들을 포함한 당시 종교 지도자들의 외식과 율법주의적인 영성을 지적하지 않으셨더라면 그 누구도 문제를 제기하지 않았을 것입니다. 아무도 문제 삼을 수가 없었습니다. 마태복음 6장을 보십시오. 유대인들이 소위 '경건의 세 기둥'으로 삼는 구제, 기도 그리고 금식조차도 바리새인들은 자신들의 의를 드러내는 수단으로 삼았습니다. 그들의 외식을 예수님은 그냥 넘기실 수가 없었습니다. 예수님은 본질을 되찾기 원하셨습니다.

우리 또한 우리 자신의 경건과 사역의 목적이 무엇인지 명확하게 할 필요가 있습니다. 율법주의적인 영성을 가지게 되면 '탕자의 비유'에 나오는 탕자의 형처럼 자신이 아버지와 마음으로 또 영으로 얼마나 멀어져 있는지를 모르게 됩니다. 탕자는 자신의 유산을 챙겨 아버지를 (거리적으로) 멀리 떠났지만 결국에는 아버지에게로 돌아옵니다. 그런데 그의 형은 아버지와 늘 함께 (거리적으로) 가까이 살았지만 아버지의 마음을 전혀 헤아리지 못했습니다. 그는 아버지와 진심 어린 교제를 하지 않았음이 분명합니다.

율법주의적인 영성은 하나님의 뜻과 성품에는 별로 관심이 없습니다. 자신의 의에 자부심을 갖고 자기보다 못한 자들을 정죄하는 것을 당연하게 생각합니다. 그러면서 자신이 하나님과 점점 멀어지고 있다는 것을 절대로 깨닫지 못합니다. 이에 반해서 자신의 불의와 죄악에 대해 아파하고 거기서 벗어나려 몸부림치는 자가 오히려 하나님 아버지와 더 가깝습니다. 그런 사람은 지금 죄악 중에 있더라도 결국은 하나님에게로 돌아올 가능성이 높습니다. 이런 의미에서 탕자의 형 같은 사람들이 많이 모인 교회보다는 오히려 세상에서 손가락질당하는 탕자들이 많이 찾아오는 교회가 하나님 보시기에 더 귀할지도 모릅니다.

━ 복음 연대

"내가 너희를 위하여 수고한 것이 헛될까 두려워하노라"(갈 4:11).

바울은 예수님이 자신을 어떻게 대해 주셨는지를 결코 잊을 수 없었습니다. 사실 우리가 하는 모든 사역은 예수님이 우리에게 해 주신 일에 대한 반응일 뿐입니다. 바울은 예수님이 자신을 보셨던 것처럼 애정을 품고 갈라디아 교회 성도들을 바라보고 있습니다. 갈라디아 교회 성도들은 잘못된 길을 가고 있습니다. 이전에 자신이 그랬던 것처럼 말입니다. 그 성도들에게 문제가 있지만, 그래도 자신은 그들과 함께 가야 함을 그는 알고 있었습니다. 그래서 그는 결단을 합니다.

"나의 자녀들아 너희 속에 그리스도의 형상을 이루기까지 다시 너희를 위하여 해산하는 수고를 하노니"(갈 4:19).

예수님이 먼저 해산하는 수고를 하시지 않았습니까? 사람은 자신을 사랑하고 인격적으로 대해 주는 자에게 모든 것을 내놓을 수 있습니다. 복음의 감격과 감동 없이 '해산하는 수고'는 불가능합니다. 복음의 감격과 감동이 없는 사람은 결정적인 순간에 숨거나 피하거나, 혹은 다른 사람에게 짐을 넘겨 버리게 됩니다. 이것은 율법주의적인 영적 환경에서 신앙생활을 해 온 사람들의 공통적인 특징이기도 합니다.

하나님은 우리에게 복음의 은혜를 주셨습니다. 그리고 해산하는 수고를 행할 수 있는 기회도 주셨습니다. 우리에게는 '복음 연대'가 필요합니다. 함께 가야 합니다. 무엇이든 늘 하던 식으로 한다면, 달라지는 것은 아무것도 없을 것입니다.

우리에게는 다른 이들을 생각하는 마음이 필요합니다. 예수님과 복음을 전혀 알지 못하는 이웃을 생각해야 합니다. 복음적 영성이 아닌 율법적 영성에 함몰된 성도를 생각해야 합니다. 하나님과의 관계를 잊어버린 채 초등 학문에 인생을 건 그 누군가를 생각해야 합니다. 우리는 하나님이 맡겨 주신 그 한 사람을 위해 해산하는 수고를 마다하지 않는 그리스도인이 되어야 할 것입니다.

● **함께 생각하고 솔직하게 나눠 봅시다.**

1. 지금까지 살면서 '워런 하딩의 오류', 즉 누군가의 화려한 외형이나 자격을 보고 좋게 평가했는데 그 실체가 드러난 후 실망한 적이 있습니까? 있다면 어떤 경우였습니까?

2. 우리의 왕이신 예수님의 보좌를 넘보고 있는 유무형의 우상이 혹시 당신의 삶 가운데 침투하진 않았습니까? 있다면 무엇입니까?

3. 하나님이 지금 당신에게 맡겨 주신 그 누군가를 위해 당신은 어떤 수고를 하고 있습니까? 혹시 그런 수고를 행할 마음이 없거나, 있더라도 핑계를 대며 미루고 있지는 않습니까?

18. 복음의 감격이 믿음의 수준입니다

갈 4:12-16

*"세속적이라는 것은 죄는 정상적으로 보이게 하고,
의는 이상한 것으로 보이게 만드는 모든 것을 말한다."*

케빈 드영(Kevin DeYoung)

"당신은 물냉면에 나오는 삶은 계란 반쪽을 언제쯤 먹습니까? 면을 먹기 전입니까? 면을 먹는 도중입니까? 아니면 면을 다 먹고 난 후 냉면 육수와 함께 먹습니까?" 계란 먹는 타이밍을 결정하는 데 있어 하나님의 뜻이 어디에 있는지를 기도로 묻는 사람이 있다면 이건 존경스러운 것입니까, 아니면 우스꽝스러운 것입니까?

때로 교회 내에서 사소한 문제를 두고 그것이 진리에 관한 것인 양 시간과 힘을 허비하는 경우가 있습니다. 이것은 교회가 복음에서 멀어지면 자연스럽게 생겨나는 현상입니다. 별것 아닌 것으로 갈등을 겪습니다. 복음의 진리를 놓치면 사람 사이의 관계에 심각한 균열이 생깁니다. 늘 경계해야 할 부분입니다. 그래서 우리에게 꼭 필요한 것이 바로 '복음의 감격'을 잃지 않는 것입니다.

본문은 갈라디아 교회 성도들이 영적으로 변했음을 말씀합니다. 그들이 자신을 어떻게 원수같이 대하게 됐는지 바울은 잘 알고 있었습니다. 그것은 그들이 복음에서 멀어졌기 때문입니다. 복음을 떠나 율법주의적인 신앙의 덫에 걸리면 사람과의 관계도 허물어집니다. 그래서 바울은 갈라디아 교회 성도들에게 스스로 돌아보도록 이렇게 질문을 던집니다. "너희의 복[감격, 기쁨]이 지금 어디 있느냐"(갈 4:15).

복음의 감격과 기쁨을 잃어버리면 하나님과의 관계는 물론 사람 사이의 관계에도 균열이 생깁니다. 그래서 우리는 한평생 계속해서, 혹시 어렵고 힘든 상황에 처하더라도 신앙의 기본으로 돌아가야 합니다. 즉, 복음의 은혜를 늘 되새겨야 합니다. 오늘날 교회들이 겪는 어려움의 대부분은 교회가 충분히 복음적이지 못하기 때문에 발생한 것입니다. 다른 사람을 판단하거나 정죄하기 전에 자기 자신부터 돌아봐야 합니다. 내가 과연 복음적인 사고를 하고 있는지 그리고 말과 행동이 복음적인지를 살펴보아야 합니다. 어떻게 하면 복음의 기쁨과 감격을 지속적으로 누리며 살 수 있는지 말씀을 통해 살펴보겠습니다.

▬ 고난의 신비

"형제들아 내가 너희와 같이 되었은즉 너희도 나와 같이 되기를 구하노라

너희가 내게 해롭게 하지 아니하였느니라 내가 처음에 육체의 약함으로

말미암아 너희에게 복음을 전한 것을 너희가 아는 바라"(갈 4:12-13).

사도 바울은 거짓 가르침에 빠져 지금 자신과의 관계가 불편해져 버린 갈라디아 교회 성도들이 이전에 가졌던 그 순수하고 아름다운 관계를 되새겨 보기를 권면하고 있습니다. 그는 갈라디아 교회 성도들을 처음 만났을 때(물론 그때는 그들이 예수를 믿기 전이었는데) 유대인처럼 행세하지 않았습니다. 바울은 어떻게든 그들과 가까이 지내면서 그들처럼 되려고 애를 썼습니다. 그들의 입장과 형편을 이해하려 했고, 그들을 소중하게 대했습니다.

이제 바울은 그들이 자신처럼 되어야 할 것을 명하고 있습니다. "너희도 나와 같이 되기를 구하노라"(갈 4:12). 그릇된 가르침을 퍼뜨리는 자들처럼 되지 말고 복음의 진리를 따라 행하는 바울 자신처럼 되라는 말입니다. 그리스도 안에서 자신처럼 참 자유를 누리라는 말입니다. 그러면서 그와 그들의 관계를 맺어 주신 분이 하나님이심을 강조합니다.

바울은 자신이 갈라디아 지방을 방문했던 이유가 그의 육체의 약함(병) 때문이었다고 밝히고 있습니다. 건조하고 선선한 기후가 계속되는 갈라디아 고원을 바울이 휴양 차 찾았던 것 같습니다. 그곳에서 바울은 갈라디아 사람들에게 복음을 전했고, 복음을 듣고 믿은 자들이 중심이 되어 갈라디아 교회가 세워진 것입니다. 바울은 애초에 그곳에 교회를 세우기 위해 간 것이 아니었습니다. 그의 고난이 갈라디아 교회가 세워지는 계기가 된 것입니다. 그래서 갈라디아 교회와 자신의 관계는 하나님의 특별한 섭리였다고 바울은 확신하는 것입니다.

국제올림픽위원회(IOC)에 따르면, 올림픽에 참가하는 선수 중 10퍼센트는 크고 작은 부상을 입는다고 합니다. 조국을 위해 혼신의 힘을 다하기 때문입니다. 슬렁슬렁 경기에 임한 선수들은 아마도 별 부상을 입지 않을 것입니다.

신앙의 경주도 마찬가지입니다. 제대로 신앙생활을 하는 자에게 고난은 결코 우연이 아닙니다. '필연'입니다. 그런데 그 고난이 궁극적으로는 영광이 됩니다. 바울의 육신의 고난을 통해 일하셨던 하나님은 우리의 고통이나 아픔, 슬픔 그리고 약함을 통해서도 당신의 영광을 드러내십니다. 기어코 선을 이루십니다. 이러한 사실을 우리는 예수 그리스도의 십자가를 통해서 확신하게 됩니다. 십자가를 생각해 보십시오. 얼마나 끔찍하고 비참한 것입니까? 거기에 무슨 아름다움이 있고, 또 사람을 끌 만한 매력이 있습니까? 그러나 우리는 알고 있습니다. 예수님이 지셨던 그 십자가가 우리를 살리기 위한 하나님의 은혜이며 사랑이라는 것을 말입니다.

믿음은 본질적으로 사람이 정한 규례나 규칙을 지키는 것이 아닙니다. 혹은 세상이 만들어 놓은 어떤 삶의 틀을 따라 사는 것도 아닙니다. 기독교에서 믿음은 예수 그리스도를 따르는 것입니다. 고난의 예수님을 따르는 자에게 고난은 필연적인 것입니다. 물론 부활의 영광이 그와 함께 오는 것도 잊지 말아야 합니다. 참으로 영광의 신학만이 아니라 십자가의 신학 역시 동일한 비중으로 존귀하게 여겨져야 합니다.

지금 우리가 겪고 있는 일들은 결코 우연의 산물이 아닙니다. 우리의 삶에 하나님의 은혜가 미치지 않는 영역은 없습니다. 야곱의 아들 요셉의 경우를 보십시오. 삶 가운데 그 어떤 어려움도 발생하지 않는 것만이 하나님이 우리에게 은혜를 베풀고 계시다는 증거가 되는 것은 아닙니다. 하나님은 고난을 통해서도 은혜를 베풀어 주시는 분이라는 것을 성경은 곳곳에서 밝히 말하고 있습니다. 우리는 고난의 가치를 가볍게 여겨서는 안 될 것입니다. 필립스 브룩스(Phillips Brooks)가 말했듯이, 쉬운 인생을 살게 해 달라고 기도할 것이 아니라 강한 사람이 될 수 있게 해 달라고 기도해야 할 것입니다.

하나님은 때때로 우리가 붙잡고 있는 것을 놓게 하십니다(이것을 고난이라고 합니다). 그리고는 예수님의 십자가를 붙잡게 만드십니다(이것을 은혜라고 합니다). 하나님의 은혜가 미치지 않는 곳은 우리의 삶 어느 구석에도 없습니다. 이것이 종교 개혁가 마르틴 루터가 말한 '십자가의 신학'입니다.

복음의 영광

"너희를 시험하는 것이 내 육체에 있으되 이것을 너희가 업신여기지도 아니하며 버리지도 아니하고 오직 나를 하나님의 천사와 같이 또는 그리스도 예수와 같이 영접하였도다 너희의 복이 지금 어디 있느냐 내가 너희에게 증언하노니 너희가 할 수만 있었더라면 너희의 눈이라도 빼어 나에게 주었으리라"(갈 4:14-15).

고대 사회에서는 신체 중 '눈'을 가장 귀하게 여겼습니다. 그래서 가장 극적인 사랑의 표현이 '눈이라도 빼 주겠다'는 말입니다. 사도 바울에게 있는 육체의 약함이 만약 눈병이었다면, 그것을 안타까워하면서 자신들의 눈이라도 빼 줄 정도로 갈라디아 교회의 성도들이 바울을 아꼈던 것입니다.

갈라디아 교회 성도들은 진심으로 바울을 사랑했습니다. 바울의 외모나 언변이나 태도에서 매력을 느꼈기 때문이 아니었습니다. 바울은 당시에 심히 아팠습니다. 고대 사회에서 질병에 대한 인식은 오늘날 우리가 생각하는 것과는 매우 달랐습니다. 메시지가 아무리 좋아도 메신저가 탐탁지 않아 보이면 그 메시지를 외면하는 것이 당시의 풍토였습니다. 이렇게 볼 때 바울에게는 갈라디아 교회 성도들을 시험에 들게 할 만한 요소가 분명히 있었습니다. 육신의 질병이 밖으로 드러나 있었으니 말입니다.

그런데 그들은 바울을 외면하거나 배척하지 않았습니다. 오히려 용납하고 사랑했습니다. 그의 겉모습이 아니라 그가 전한 복음 가운데 나타난 예수 그리스도의 아름다움을 보았기 때문입니다. 복음을 통해 예수님의 사랑이 그들에게 부어진바 되었기 때문입니다.

우리는 어떤 사람을 보고 판단하기에 앞서 먼저 십자가에 달리신 예수님을 바라보아야 합니다. 그 사람이 아무리 흉측한 외형이나 조건을 가졌더라도, 아니 그렇다면 더욱 예수님을 바라봐야 합니다. 복음 앞에서 사람이 감히 내세울 것이 무엇입니까? 십자가를 보아야 한 영혼의 소중함을 알게 됩니다. 사람을 외모만 보고 판단해서는 안 됩니다. 외모 지상주의가 사회를 병들게 합니다. 지금 우리에게 필요한 것은 사람의 영혼을 사랑하는 마음을 회복하는 일입니다. 그것은 오직 복음적인 눈을 가질 때만 가능합니다.

네팔로 선교지 탐방을 다녀온 적이 있습니다. 산간 오지에 있는 '걀툼 두나미스 교회'입니다. 산 아래 마을에서 출발해 낭떠러지 사이로 난 길을 따라 차로 90분 동안 올라간 뒤, 차에서 내려 30분을 더 걸어 올라가서 도착했습니다. 그런 외진 곳에도 교회가 있다는 것이 그리고 그 교회에 30-40명 정도의 성도들이 모여 하나님을 경배하고 찬양한다는 것이 참으로 놀라운 일이 아닐 수 없었습니다.

그곳 선교사님은 그 동네에서 귀신 들린 사람들을 자주 접한다고 합니다. 아주 직접적으로 영적인 전투가 벌어졌던 예수님 당시의 사역 현장과 유사합니다. 함께 그곳을 방문했던 어떤 목사님은 그곳의 계단 모양 지형이 꼭 '하나님의 지문'처럼 보인다고 표현했습니다. 하나님의 손길을 그곳에서도 깊이 경험했습니다.

복음의 능력은 정말 대단합니다. 온갖 미신으로 얼룩져 있는 그곳에도 복음이 전해져 교회가 세워진 것입니다. 복음의 영광을 우리는 곳곳에서 보게 됩니다. 우리의 삶 속에서도 말입니다.

"높은 산이 거친 들이 초막이나 궁궐이나 내 주 예수 모신 곳이 그 어다나 하늘나라"(새찬송가 438장, 〈내 영혼이 은총 입어〉).

사랑의 회복

"그런즉 내가 너희에게 참된 말을 하므로 원수가 되었느냐"(갈 4:16).

그러면 어떻게 무너진 사랑의 관계를 회복시킬 수 있을까요? 갈라디아 교회 성도들의 감정을 자극하는 방법이 효과적일까요? 옛정을 생각하게 만드는 것이 빠른 길일까요? 아닙니다. 그럴수록 복음의 진리로 돌아가야 합니다. 복음 외에는 허물어진 관계를 제대로 회복시킬 수 있는 것이 없음을 사도 바울은 확신했습니다. 다른 모든 시도는 그저 일시적인 미봉책일 뿐입니다.

우리를 둘러싸고 있는 어려운 환경, 이질적인 문화, 적대적이고 냉소적인 사람들 그리고 다양한 종교들 속에서 우리에게 진정 필요한 것은 무엇일까요? 적당히 타협하는 것일까요? 복음을 포기하는 것일까요? 결코 아닙니다. 오히려 더욱 복음적으로 되어야 합니다. 예수님은 당신의 안전과 이익을 위해 진리를 포기하거나 종교 지도자들과 타협하지 않으셨습니다.

충청남도 천안시 병천면 '매봉교회'의 성도로서 삼일독립만세운동의 상징적인 인물인 유관순 열사는 18세의 어린 나이에 옥중에서 죽어 가면서 다음과 같은 유언을 남겼습니다. "내 손톱이 빠져 나가고, 내 귀와 코가 잘리고, 내 손과 다리가 부러져도 그 고통은 이길 수 있사오나, 나라를 잃어버린 그 고통만은 견딜 수가 없습니다. 나라에 바칠 목숨이 오직 하나밖에 없는 것만이 이 소녀의 유일한 슬픔입니다." 당신에게는 복음을 향한 이만한 기개가 있습니까? 과연 우리 안에 이 정도로 강력한 복음의 감격과 기쁨이 있을까요?

바울은 갈라디아 교회를 진심으로 사랑했습니다. 그래서 자신이 가진 가장 귀한 것을 그들에게 다시 전해 주고 싶었습니다. 그것은 다름 아닌 복음이었습니다. 바울은 갈라디아 교회를 사랑했고 동시에 복음을 사랑했기에 그 둘이 하나가 되기를 간절히 소망했습니다. 복음 안에 든든히 서 있는 갈라디아 교회!

당신은 교회를 사랑하고 있습니까? 그리고 복음을 사랑하고 있습니까? 교회를 사랑하고 복음을 사랑한다면 틀림없이 하나님을 사랑하는 사람입니다. 하나님이 우리를 사랑하시므로 '예수 복음'을 주셨듯이, 우리도 하나님을 사랑해서 복음으로 든든히 서 있는 교회를 만들어야 합니다.

● **함께 생각하고 솔직하게 나눠 봅시다.**

1. 현재 당신은 '복음의 감격과 기쁨'을 간직하고 있습니까? 당신의 영적 컨디션은 지금 어떻습니까? 좋으면 좋은 대로 나쁘면 나쁜 대로, 그 이유는 무엇입니까?

2. 삶에서 복음이 희미해져서 하나님과 서먹서먹해진 경험이 있습니까? 있다면, 그것이 당신의 대인 관계나 가정생활에 어떤 영향을 끼쳤습니까? 아니면 당신의 삶을 복음과는 별로 상관없는 모습으로 살고 있습니까?

19. 해산의 수고가 믿음의 결실을 이룹니다   갈 4:17-20

> "사람들은 내가 아프리카에서
> 생의 많은 부분을 보낸 것을 두고 '희생'이라고 말합니다.
> 그것은 단연코 '희생'이 아닙니다.
> 오히려 '특권'이라고 말해 주십시오."
> 데이비드 리빙스턴(David Livingston)

2019년 2월 21일 하루 동안 경상북도 상주시청 직원들이 검정색 '근조' 넥타이를 매고 근무했습니다. 시청이나 도청의 고위직 인사가 세상을 떠났기 때문이 아니었습니다. 한때(1965년) 26만 5천 명이나 되던 상주시 인구가 해마다 감소하다가 2019년 2월 19일, 9만 9천여 명이 되어 54년 만에 10만 명 선이 무너진 것을 애도하기 위함이었습니다. 도시 유입 인구가 유출 인구보다 적었기 때문에 그렇게 된 것입니다.

저는 이 기사를 보면서 우리 조국의 교회들을 생각할 수밖에 없었습니다. 남 얘기처럼 들리지가 않았기 때문입니다. 무언가 비상한 결단이 필요한 때가 아닌지 모르겠습니다.

본문은 거짓 교사들(유대주의자들, 율법주의자들 혹은 할례주의자들로 불리는 자들)의 잘못된 가르침에 빠져 복음의 진리에서 점점 멀어지고 있는 갈라디아 교회 성도들을 향한 사도 바울의 애타는 마음을 보여 줍니다. 그들 속에 그리스도의 형상이 이루어지기까지 다시 '해산하는 수고'(산고)를 하겠다는 결단의 말 속에 그의 마음이 잘 나타납니다. 바울이 어째서 이런 결단을 했을까요? 제 생각으로는, 갈라디아 교회 성도들 스스로의 열심과 애씀만으로는 복음의 진리로 돌아올 가능성이 거의 없다고 판단했기 때문인 것 같습니다. 시간이 지날수록 그들은 예수 그리스도와 복음의 진리에서 점점 더 멀어질 것으로 바울은 진단했던 것입니다.

그들에게 지금 가장 필요한 것은 복음 안에서의 '정직한 사랑'이었습니다. 실제로 갈라디아 교회에 슬며시 들어온 거짓 교사들에게서는 진정한 사랑과 겸손한 섬김을 찾아볼 수가 없었습니다. 그들은 다만 갈라디아 교우들을 미혹해서 자신들의 추종자로 만들고자 했을 뿐입니다. 그들은 성도들로부터 '복음 안에 있는 자유'를 빼앗아 가려 했습니다.

본문은 복음이 왜곡될수록 더 강조할 것은 '복음의 진리'임을 우리에게 가르쳐 줍니다. 그리고 예수 그리스도가 우리에게 참된 자유를 주기 위해 스스로를 부인하고 종의 모습으로 우리 가운데로 오신 것처럼, 우리 또한 영적 위기에 처했을 때 우리 자신부터 '해산하는 수고'가 필요하다는 사실도 가르쳐 줍니다. 그렇다면 '해산하는 수고의 결단'을 위해 구체적으로 해야 할 일이 무엇인지 살펴보겠습니다.

━ 나쁜 열심

> "그들이 너희에게 대하여 열심 내는 것은 좋은 뜻이 아니요 오직 너희를 이간시켜 너희로 그들에게 대하여 열심을 내게 하려 함이라 좋은 일에 대하여 열심으로 사모함을 받음은 내가 너희를 대하였을 때뿐 아니라 언제든지 좋으니라"(갈 4:17-18).

열심 자체가 언제나 좋은 것만은 아님을 바울은 지금 강조하고 있습니다. 사실 좋은 뜻을 가지고 좋은 일에 열심을 내는 것은 물론 필요하지만, 나쁜 의도로 나쁜 일에 열심을 낼 수도 있기 때문에 열심의 동기와 목적을 먼저 명확히 하는 것이 중요합니다. 앞의 말씀에서 '열심을 내다'로 번역된 헬라어가 '높이다 혹은 부풀리다'라는 뜻도 지니고 있음을 우리는 주목해야 합니다. 거짓 교사들이 열심을 낸 것은 성도들의 비위를 맞추고 그들의 마음을 끌기 위한 '거짓 열심'이었다는 말입니다. 바울은 그 사실을 알고 있었습니다. 거짓 교사들은 사도 바울과 갈라디아 교회 성도들의 관계를 허물기 위해 열심을 내었습니다. 아주 '나쁜 열심'이었습니다.

복음에서 말미암은 열심이 아닌 경우, 대체적으로 사람의 헛된 영광을 구하는 데 열심을 내는 것입니다. 거짓 교사들은 자신들의 이름을 높이는 데 관심을 두었습니다. 그리고 자신들의 추종자들을 만드는 데 집중했습니다. 팀 켈러는 "거짓 교사들은 갈라디아 교인들을 높임으로써 스스로 높아지려 했을 뿐이다. 복음 안에서가 아니라 교만하고 독선적인 태도로 말이다"라고 말했습니다.

이 모습은 오늘날 볼 수 있는 '율법주의적인 신앙'이 가져오는 병폐이기도 합니다. 겉으로 볼 때 신앙적으로 열심인 것은 맞지만 그 동기와 목적이 자기 자신입니다. 좋은 열심과 맹목적인 열심은 분명히 구분되어야 합니다. 복음적이지 못한 열정이나 열심은 오히려 자기 자신과 교회에 독이 될 수 있기 때문입니다.

사실 초대 교회를 어지럽혔던 사람들은 '열심 있는' 거짓 교사들이었습니다. 오늘날도 마찬가지입니다. 이단들을 보십시오. 가난한 이단 교주를 본 적이 있습니까? 우리 자신도 조심해야 합니다. 맹목적으로 열심을 내서는 안 됩니다. 먼저 바른 복음에 대한 온전한 지식을 가지고 있어야 합니다. 우리에게는 '그릇된 동기'와 '올바른 동기'를 분별하는 지혜가 필요합니다.

▬ 바른 성장

"나의 자녀들아 너희 속에 그리스도의 형상을 이루기까지 다시 너희를 위
하여 해산하는 수고를 하노니"(갈 4:19).

바울의 진정한 관심은 갈라디아 교회 성도들과 단순히 인간적인 관계를
회복하는 것이 아니었습니다. 바울 자신에 대한 성도들의 애정과 충성심
이 복구되는 것도 아니었습니다. 그들이 예수 그리스도의 사람으로 회복
되는 것이 그가 가진 관심의 전부였습니다. 물론 사도 바울에게도 사람의
인정과 영광에 대한 유혹이 분명히 있었을 것입니다. 자신을 높이고 인정
하고 지지해 주는 사람이 많아지는 것이 나쁠 이유는 없으니 말입니다.
그러나 예수님의 인정보다 더 나은 인정이 없음을 확신했기에 바울은 갈
라디아 교회 성도들을 '자신의 편'으로 만드는 일에 관심을 둘 수 없었습
니다.

사람에게 인정받고 도움을 얻는 일에만 관심을 두면 그릇된 열심을 품
게 됩니다. 이미 사람의 종이 되어 가고 있는 갈라디아 교회 성도들이 '그
리스도의 형상'을 이룰 때까지 바울은 해산하는 수고를 아끼지 않기로 다
짐합니다.

우리도 마찬가지입니다. 오늘날 한국 교회가 어려움을 겪는 이유 중에
빼놓을 수 없는 것이 바로 예수님 닮기에 별로 관심이 없다는 점입니다.
그만큼 복음의 진리에서 멀어져 있습니다. 우리에게는 분명한 신앙 고백
만이 아니라 그리스도를 닮고자 하는 열정이 또한 있어야 합니다. 현실
안주, 즉 매너리즘보다 우리의 신앙 성장에 더 큰 걸림돌은 없습니다. 벌
써 다 된 줄로 알고 스스로 높아져서는 안 됩니다. 우리가 추구해야 하는

영성은 '빠른 성장'이 아니라 '바른 성장'입니다.

코로나 바이러스라는 재난이 발생하기 전부터 우리나라는 미세 먼지와 초미세 먼지로 온 국민이 고통을 받았습니다. '삼천리 반도 금수강산'이란 말 대신에 '삼천리 반도 먼지강산'이란 말까지 나왔습니다. 그런데 미세 먼지가 어떻게 만들어졌습니까? 인간의 탐욕이 자연의 질서를 거스른 결과로 지구 온난화 같은 부작용이 발생한 까닭이 아닙니까? 물론 우리 주변에 있는 나라가 급격하게 산업화되면서 나타나는 후유증이기도 하고 말입니다.

지금 우리에게 가장 필요한 것은 거룩한 의식의 혁명입니다. 죄의 오염이 원초적인 문제를 도처에서 만들고 있기 때문입니다. '해산하는 수고'를 두려워하지 않는 사람들이 각계각층에서 일어나 변화의 불씨가 되어야 합니다. 그 일을 그리스도인들이 앞장서서 해야 하지 않겠습니까?

19세기 덴마크의 기독교 철학자 키르케고르(Søren Kierkegaard)는 두 부류의 그리스도인이 있다고 말했습니다. 한 부류는 '예수 그리스도에게 감탄하는 것으로 만족하는 그리스도인'이고, 다른 한 부류는 실제로 '예수 그리스도를 닮는 그리스도인'입니다. 진정한 믿음은 예수 그리스도를 닮아 가는 것입니다. 하나님이 우리를 부르신 주요한 목적이 우리로 하여금 예수 그리스도의 형상을 본받도록 만들기 위함임을 잊지 말아야 합니다(롬 8:29).

복음의 진리에서 떠나게 되면 그리스도의 형상을 본받거나 그분의 형상을 지니는 것에 실패하게 됩니다. 예수님을 닮을 가능성이 없어져 버립니다. 오늘날 교회에는 예수님을 닮은 사람이 많지 않다고 종종 언급되는데, 이 말이 사실이라면, 그것은 교회가 충분히 복음적이지 못하기 때문입니다. 머리로만 믿는 신앙, 십자가가 빠진 신앙, 예수님의 고난에 동참하기를 부담스러워하는 함량 미달의 신앙을 이제는 청산해야 합니다. 저

는 우리가 복음 안에서 '해산하는 수고'를 두려워하지 않는 그리스도인이
되었으면 좋겠습니다.

━ 아픈 사랑

"나의 자녀들아 너희 속에 그리스도의 형상을 이루기까지 다시 너희를 위
하여 해산하는 수고를 하노니 내가 이제라도 너희와 함께 있어 내 언성을
높이려 함은 너희에 대하여 의혹이 있음이라"(갈 4:19-20).

형제의 잘못이나 약함을 어떻게 볼 것인지는 이 시대의 교회에게도 중요
한 이슈입니다. 형제의 잘못과 약함에 대해 언성을 높이고 정죄할 것인
지, 그렇지 않으면 짐을 함께 지고 품을 것인지 우리는 순간순간 결단해
야 합니다. 실제로 갈라디아 교회 성도들을 사랑하는 이는 누구입니까?
거짓 교사들입니까, 아니면 사도 바울입니까? 누가 희생과 수고를 아끼지
않겠다고 결단합니까? 교회의 형편을 보고 실제로 누가 아파합니까?

　20절의 '의혹'이라는 단어를 눈여겨보십시오. 여기 '의혹'이란 말은 복
음의 진리에서 점점 멀어지고 있는 갈라디아 교회 성도들이 스스로의 힘
으로는 복음의 진리로 되돌아올 가능성이 없음을 바울이 느꼈다는 것을
보여 줍니다. 그리고 바울은 해산하는 수고를 계속할 것임을 말하고 있습
니다.

　산모는 배 속에 있는 태아가 탄생해서 아름답게 자라기를 원합니다. 그
래서 산고 치르는 것을 마다하지 않습니다. 그것이 진정한 사랑입니다.
사랑하기 때문에 계속 태아를 배 속에 머물게 한다는 것은 잘못입니다.
사랑은 결코 아첨이나 비위 맞춤이 아닙니다. 잘못을 지적하고 바로잡고

회복시키는 것입니다. 그러기 위해서는 '해산하는 수고'가 뒤따라야 합니다. 그래서 사랑은 아픈 것입니다.

거짓 교사들은 자신에게 해가 되거나 어려움이 닥치면 더 이상 열심을 내지 않습니다. 삯꾼 목자도 마찬가지입니다. 이들은 위험이 닥치면 자신의 안전부터 지키려고 합니다. 양들을 진정으로 사랑하는 마음이 없기 때문입니다.

> "우리가 이같이 너희를 사모하여 하나님의 복음뿐 아니라 우리의 목숨까지도 너희에게 주기를 기뻐함은 너희가 우리의 사랑하는 자 됨이라"(살전 2:8).

바울은 목숨을 다해 교회를 사랑했습니다. 그런데 이 바울과 비할 수 없이 큰 사랑으로 우리를 품어 주는 분이 계십니다. 바로 하나님의 아들이신 예수 그리스도입니다. 이 예수님이 우리에게 영원한 생명을 주기 위해 당신의 생명을 버리셨습니다. 해산하는 수고보다 더 큰 고통을 십자가에서 당하셨습니다. 우리가 얻은 이 새 생명은 결코 싸구려 선물이 아닙니다.

C. S. 루이스(Lewis)는 암으로 죽어 가는 아내 조이(Joy)를 보면서 쓴 책인 《네 가지 사랑》(홍성사 역간)에서 사랑의 의미를 "무엇이든 사랑하려면 위험에 노출될 수밖에 없다. 무엇이든 사랑하려면 마음이 괴롭고 심하면 찢어질 각오를 해야 한다"라고 피력했습니다.

진정한 사랑은 아픈 것입니다. 그래서 사랑은 감정이 아니라 의지입니다. 지식이 아니라 행동입니다. 조건이 아니라 무조건입니다. 좋아하는 것은 조건이지만, 사랑하는 것은 조건이 아닙니다. 그냥 은혜입니다. 하나님이 세상을 이처럼 '좋아해서' 독생자를 우리에게 주신 것이 아니라, '사랑해서' 주신 것임을 우리는 잘 알고 있습니다.

그 하나님의 사랑을 품고 사도 바울은 결심했습니다. 갈라디아 교회를 사랑하기로, 그래서 해산하는 수고를 감당하기로 말입니다. 우리가 어떤 마음으로 교회를 생각하고 어떻게 살아야 하는지를 믿음의 대선배 바울이 우리에게 본이 되어 가르쳐 줍니다.

● **함께 생각하고 솔직하게 나눠 봅시다.**

1. 당신은 당신이 속한 교회의 어떤 모습에 크게 실망한 적이 있습니까? 그 상황에서 당신은 어떻게 반응했습니까? 지금이라면 어떻게 할 것 같습니까?

2. 당시에는 순수했지만 지혜와 경험이 부족해 결과적으로 후회스러운 교회 봉사나 사역을 한 적은 없습니까? 있다면, 그때 실수했던 것은 무엇이며, 왜 그런 일이 발생했습니까?

3. 바울처럼 진심으로 교회를 사랑해서 해산하는 수고를 아끼지 않는 성도를 주변에서 본 적이 있습니까? 그의 어떤 모습이 존귀했으며, 그것을 보면서 당신은 어떤 마음이 들었습니까?

20. 복음으로 거듭난 영적 자부심을 가져야 합니다 갈 4:21-27

> "우리 삶에 닥친 위기 가운데 하나는
> 우리 자신이 계속해서 우리가 누구인지를 잊어버리는 것이다."
> 헨리 나우웬(Henri Nouwen)

전 세계 어느 나라보다도 이민자들과 난민들에 대해 우호 정책을 펼치는 데 앞장섰던 뉴질랜드에서 수년 전 총기 테러가 발생했습니다. 이 사건으로 49명의 무고한 국민이 생명을 잃었습니다. 이슬람 사원에 무차별 총격을 가한 주범은 이민자들을 혐오하는 '인종 차별주의자'였습니다.

우리나라도 지난 수십 년간 국내에 유입되는 이주민이 급격하게 증가했습니다. 법무부 통계에 따르면, 우리나라에 체류하는 외국인 수가 이미 2백만 명을 넘고 있습니다. 대한민국도 더 이상 단일 민족 국가가 아닙니다. 이제 우리는 다른 혈통, 다른 피부색, 다른 문화를 가진 이들과 함께 살아야 합니다. 교회가 외국인들을 어떻게 대할 것인가의 문제는 매우 영적인 것입니다. 성경을 보면, 이스라엘 백성이 어떻게 나그네를 대해야 할지에 대해서 하나님이 분명히 말씀하십니다.

성경은 이스라엘 백성이 이방인 나그네를 보살피고 배려해야 함을 반복적으로 말씀합니다. 다른 삶을 살아가는 이방 사람들에게 하나님의 사람들이 은혜의 통로가 되어야 함을 가르칩니다. 그런데 아이러니하게도, 성경은 같은 신앙을 가지고 같은 피를 나누고 같은 아버지를 둔 형제가 갈등하며 증오하는 이야기를 매우 현실적으로 적나라하게 묘사합니다. 성경은 형제인 가인과 아벨 그리고 에서와 야곱 사이에 일어났던 일들을 꾸밈없이 기록하고 있습니다. 교훈하는 바가 크기 때문입니다. 특별히 예수님이 비유로 드신 '탕자와 그의 형 이야기' 또한 놓칠 수 없는 두 아들 이야기입니다.

본문은 오직 예수 그리스도를 믿음으로만 하나님 앞에서 의롭다고 인정받을 수 있고, 더 나아가 하나님의 자녀가 될 수 있다는 사실을 아브라함의 두 아들인 이삭과 이스마엘을 등장시켜 강조하고 있습니다. 여기서 자유 있는 여자는 아브라함의 아내인 사라이며, 여종은 하갈입니다. 아브라함이 사라를 통해 낳은 아들은 이삭이며, 하갈을 통해 낳은 아들은 이스마엘입니다. 바울은 예수 그리스도를 믿는 복음은 이삭이라고 볼 수 있고, 교회의 거짓 교사들이 전하고 있는 율법은 이스마엘이라고 볼 수 있다고 가르칩니다(이러한 해석을 알레고리[allegory], 즉 '풍유'라고 합니다).

사라를 통해 얻은 이삭만이 하나님의 약속을 따라 난 아들이기 때문에 하나님이 약속하신 복들을 누릴 수 있는 것처럼, 하나님의 약속을 따라 이 땅에 오신 예수 그리스도를 믿는 자만이 진정 하나님의 유업을 얻는 자가 됩니다. 하갈을 통해 얻은 이스마엘은 결코 아브라함의 유업을 이을 아들이 될 수 없는, 단지 종에 불과한 것처럼, 자신의 육체를 따라 의에 이르고자 하는 자들은 결코 아브라함의 진정한 자손도 되지 못하고, 하나님의 자녀 또한 될 수 없습니다. 즉, 율법의 의로는 그 누구도 하나님 나라에 들어갈 수 없습니다. 약속 가운데 사라가 낳은 아들만이, 즉 '믿음'으로만 우리는 하늘의 모든 신령한 복들을 누리는 하나님의 자녀가 될 수 있습니다.

─ 이삭의 자유

"내게 말하라 율법 아래[율법의 정죄 아래, 심판 아래]에 있고자 하는 자들아 율법
을 듣지 못하였느냐 기록된바 아브라함에게 두 아들이 있으니 하나는 여
종에게서, 하나는 자유 있는 여자에게서 났다 하였으며 여종에게서는 육체
를 따라 났고 자유 있는 여자에게서는 약속으로 말미암았느니라"(갈 4:21-23).

위의 말씀은 창세기 16장 15절을 인용한 내용입니다. 갈라디아 교회 성
도들은 스스로 율법 아래 있기를 원했습니다. 왜 그랬을까요? 예수 그리
스도의 십자가 구속의 은혜만으로는 뭔가 허전함을 느꼈기 때문입니다.

그들의 이런 모습은 일종의 '종교성'입니다. 무엇인가를 행함으로 보다
더 종교적이 되고자 하는 성향은 사실 갈라디아 교회 성도들만이 아니라
우리에게도 있습니다. 율법주의는 그러한 종교성을 자극하는 데 가장 효
과적입니다. 율법주의는 항상 '내가 무엇을 하는가'에 삶의 초점을 맞춥니
다. 이에 반해 복음은 예수 그리스도로 말미암아 이제 '내가 누구인가'에
관심을 둡니다.

복음은 우리의 의와 자격으로는 절대로 하나님을 만족시킬 수 없고, 예
수 그리스도를 통하지 않고는 결코 거룩한 삶으로 변화될 수도 없다는 것
을 깨닫게 해 줍니다. 한마디로, 예수님으로 증거되는 하나님의 은혜만이
우리를 천국 백성으로 만들어 준다는 것입니다. 그래서 자신의 힘과 의
지로 의롭게 될 수 있다고 생각하는 자들이 가장 싫어하는 것이 은혜입니
다. 은혜 없이 스스로의 힘으로 의로워지려는 자는 결국 진정한 자유를
모른 채 타인의 평가와 은밀한 정욕 그리고 죄와 죽음과 슬픔에 종노릇하
며 살게 됩니다.

은혜를 외면함으로 참된 자유를 알지 못하는 사람은 결국 자신의 해결되지 않은 죄와 수치를 가리고 자신의 겉모습을 꾸미며 살 수밖에 없습니다. 마치 아담과 하와가 하나님의 낯을 피하고 자신들의 수치를 가리기 위해 나뭇잎으로 만든 치마를 입었던 것처럼 말입니다. 그 나뭇잎이 얼마나 오래가겠습니까? 금방 시들지 않겠습니까?

오직 예수의 피만이 우리의 죄와 허물을 가릴 수 있습니다. 솔직히 이삭이 인간적인 면에서 이스마엘보다 반드시 더 나았을 것이라고 생각되지는 않습니다. 그러나 이삭은 약속의 자녀였습니다. 아브라함의 진정한 아들이었습니다. 율법과 도덕과 양심을 지켜 의롭게 되려는 순간, 우리는 이스마엘과 같이 종과 다름없는, 하나님의 유업을 받을 수도 없는 신세로 전락하고 맙니다. 아들의 자유를 빼앗기지 말아야 합니다. 종교성을 부추기는 것에 맞설 수 있어야 합니다. 그리고 자신의 신분에 대해 분명한 확신을 가지고 있어야 합니다. 스스로 종 된 자리로 결코 가지 말아야 합니다.

우리에게는 복음으로 말미암아 얻게 된 영적 자부심이 있어야 합니다. 이스마엘이 자연적으로 육체를 따라 출생한, 그래서 종과 다름이 없는 아들이라면, 이삭은 초자연적으로 약속과 성령을 따라 태어난 아브라함의 참 아들입니다. 그리고 우리는 하나님의 초자연적인 은혜로 그분의 자녀가 된 자들입니다. 예수 믿고 사는 우리 자신이 기적입니다. 우리의 정체성은 궁극적으로 우리 자신의 인간적인 조건이나 행위에 따라 결정되지 않습니다. 예수 그리스도가 우리를 위해 행하신 일들로 말미암아 결정됩니다. 자신의 종교성을 의지하는 사람은 참 자유를 갖지 못하지만, 예수님이 행하신 것을 믿는 사람은 죄와 죄책감과 두려움과 수치심으로부터 자유를 얻게 됩니다.

하갈의 장막

"이것은 비유니 이 여자들은 두 언약이라 하나는 [하나님으로부터 모세가 율법을 받은] 시내 산으로부터 종을 낳은 자니 곧 하갈이라 이 하갈은 [약속의 땅인 가나안 밖의 땅] 아라비아에 있는 시내 산으로서 지금 있는 ['율법주의'의 중심지인] 예루살렘과 같은 곳이니 그가 그 자녀들과 더불어 종노릇하고"(갈 4:24-25).

아브라함은 더 이상 하나님의 약속을 기다리지 못했습니다. 자신의 힘으로 문제를 해결하려고 했습니다. 그러나 자신의 힘을 의지하는 순간 모든 것이 뒤엉키기 시작했습니다. 아내 사라와 여종 하갈 사이에 심한 갈등이 생겼습니다. 심지어 사라와 아브라함의 관계도 이전 같지 않았습니다. 생각지도 못했던 가정불화가 일어난 것입니다. 아브라함은 자신의 아내 사라가 그런 모습을 보일 줄 전혀 몰랐습니다. 사실 이런 일은 육체를 따라 무엇을 하거나 살게 되면 발생하는 자연스러운 현상입니다. 이 시대의 아랍 국가들과 이스라엘의 적대적인 관계도 아브라함이 하갈을 취하면서 시작된 것입니다. 존 맥아더(John MacArthur)는 "이스라엘과 아랍의 충돌은 하갈의 장막에서부터 시작되었다"고 말했습니다.

육체를 따라 살고자 하는 유혹은 늘 우리 가까이에 있습니다. 아브라함은 아내 사라의 권고에 따라 애굽 출신의 여종인 하갈을 취해 이스마엘을 낳았습니다. 이스마엘은 불륜의 씨가 아닙니다. 여종을 통해 씨를 보는 것은 당시 중근동 지역의 보편적인 관습이었습니다. 물론 영적인 측면에서 정당한 것은 아니었지만, 아브라함의 선택이 특별히 사악한 행동은 아니었다는 말입니다. 게다가 아브라함이 하갈을 취했을 때는 그가 가나안 땅에 들어온 지 10년쯤 지난 때였습니다. 아브라함도 나름대로 기다릴 만큼 기다렸다는 말입니다. 우리에게도 늘 육체와 약속 사이에 갈등과 긴장이 있습니다.

'자살 예방 백서'라는 자료에 따르면, 우리나라에서 연중 자살률이 가장 높은 시기는 3월부터 5월이라고 합니다. 봄이 행복을 가져올 것이라는 우리의 추측을 뒤엎는 통계입니다. 그런데 이것은 전 세계적인 현상이기도 합니다. 날은 따뜻해지는데 불면증과 우울증은 더 많아진다고 하니, 삶의 환경 요건과 정신적인 행복이 늘 비례하지는 않는 것 같습니다.

고난 가운데 믿음이 더 견고해질 수 있습니다. 따라서 무조건적으로 안락함만을 추구하지는 말아야 합니다. 우리는 육체를 따라 사는 것을 두려워해야 합니다. 우리의 육체에서 나올 수 있는 것이 무엇인지를 먼저 알아야 합니다(갈 5장). 이제는 위로부터 오는 은혜의 힘으로 받은 약속을 붙들고 살아야 합니다. 육체가 아니라 약속을 따라 사는 새로운 삶의 방식에 익숙해져야 합니다. 교회 일을 많이 하는 것만으로는 충분하지 않습니다. 하나님의 말씀에 스스로 매이는 훈련이 필요합니다.

경건한 이스라엘 백성이 늘 외쳤던 삶의 원리가 우리에게도 필요합니다. "코 아마르 아도나이"(주님이 이렇게 말씀하셨다)! 하나님의 말씀 앞에 두려워 떠는 경건함이 우리에게 회복되어야 합니다. 우리 삶의 방식이 복음으로 바뀌지 않는다면 맺히는 삶의 열매도 달라질 것이 없습니다. 팀 켈러가 말한 것처럼, "복음은 세상의 가치관을 뒤집는" 능력을 가지고 있습니다.

― 사라의 소망

"오직 위에 있는 예루살렘은 자유자니 곧 우리 어머니라 기록된바 잉태하지 못한 자여 즐거워하라 산고를 모르는 자여 소리 질러 외치라 이는 홀로 사는 자의 자녀가 남편 있는 자의 자녀보다 많음이라 하였으니"(갈 4:26-27).

여기서 인용된 이사야 54장 1절 말씀은 포로 상태로 바벨론에서 살고 있는 이스라엘 백성을 위해 하나님이 주신 위로의 메시지입니다. 일차적으로는 장차 바벨론 포로에서 돌아오는 이스라엘 백성의 모습을 예언적으로 그려 주고 있습니다. 그러나 궁극적으로는 예수 그리스도 안에서 이루어질 진정한 회복과 하나님 나라의 도래를 보여 주는 말씀입니다. 연약함, 무력함 그리고 나라 잃은 슬픔을 회복시킬 이는 오직 한 분, 예수 그리스도밖에 없습니다. 지금 겪고 있는 문제가 무엇이든, 그것을 해결하고 극복하게 하며 감사와 찬양으로 우리를 이끌어 주실 분은 오직 예수님밖에 없습니다.

사라는 불임으로 말미암아 늘 절망과 수치 가운데서 살아야만 했습니다. 그런데 그의 이름 사라는 '민족의 어머니'라는 뜻을 지니고 있습니다. 스스로 민족의 어머니가 될 수는 없습니다. 그의 태는 죽은 상태였습니다. 육체적으로는 더 이상 잉태의 가능성이 없었습니다. 그러나 회복의 하나님은 그녀를 기어코 민족의 어머니로 만드셨습니다. "즐거워하라." "소리 질러 외치라." 하나님이 행하시는 일은 진정 크고 놀랍습니다.

이 늙고 연약한 여인, 사라의 후손으로 오시어 가장 밑바닥에 있던 자들까지도 일으켜 세우시고, 만져 주시고, 그들에게 소망을 주신 분이 예수 그리스도라는 사실을 기억하십시오. 가난한 시골 동네 출신이셨던 그분은 언제나 연약한 자들을 친구 삼으셨고, 결국에는 연약한 모습으로 십자가를 지셨습니다. 그분으로 인해 우리는 우리의 힘으로는 얻을 수 없는 영원한 생명을 얻었습니다.

우리 모두는 사라처럼 잉태하지 못한 자들입니다. 스스로 영원한 생명을 만들어 낼 가능성이 전혀 없는 자들입니다. 우리는 연약하고 미흡합니다. 부끄러움과 수치로 가득합니다. 멸시받고 손가락질을 당합니다. 그러나 주 예수 그리스도가 잉태하지 못하는 자 같은 나의 모습을 보고 나를 새롭게 바꾸어 놓으십니다. 그리고 진정한 이삭(웃음, 기쁨)을 허락하십니다.

이삭의 후손이신 예수님이 우리에게 영원한 기쁨을 주십니다. 이 기쁨을 맛보는 자는 그와 함께 영원한 소망과 자유도 맛보게 됩니다. 이 놀라운 신비를 당신은 지금 깨달아 알고 있습니까?

● 함께 생각하고 솔직하게 나눠 봅시다.

1. 당신은 지금 율법으로 살고 있습니까, 아니면 은혜로 살고 있습니까? 어떤 점에서 그렇게 생각합니까?

2. '세상의 가치관을 뒤집는' 복음의 능력이 지금 당신의 삶에 들어와 있습니까? 당신은 세상이 이해할 수 없는 어떤 결정을 복음을 따라 행한 적이 있습니까? 있다면 무엇입니까?

3. 특별히 인간적으로는 실망스럽고 상황적으로는 절망스러울 때 어디서 해결책을 찾습니까? '사라의 소망'이 주는 교훈은 무엇입니까?

21. 예수님이 우리의 자격입니다 갈 4:28-31

> "미래를 향한 소망이 없는 곳에는
> 현재를 향한 능력도 없다."
> 존 맥스웰

미국 여행 중 LA에서 한 젊은이를 만났습니다. 친절하고 잘생긴 청년이었습니다. 그는 저의 여행 가방을 들어 주었습니다. 자신의 차에 우리 부부를 태워 우리가 원하는 곳으로 데려다 주기도 했습니다. 며칠 동안 함께 지냈는데, 우리를 대하는 것이 참 자연스러웠습니다. 우리에게 무언가를 요구하지도 않았고, 할 수 있는 대로 우리가 편안함을 느끼도록 애쓰는 모습이 역력했습니다. 그 젊은이가 누구일까요? 도대체 왜 그 젊은이는 우리를 그토록 따뜻하게 대했을까요?

그 젊은이는 제 아들이었습니다. 아들이라는 그의 신분이 부모인 우리 부부를 대하는 그의 행동과 태도에 영향을 미친 것입니다. 사람 사이의 관계도 동일하지만, 특별히 우리가 하나님과 바른 관계를 맺지 못하면 뭔가를 아무리 열심히 하더라도 하나님이 기뻐하시는 믿음의 삶은 결코 살 수 없을 것입니다.

본문은 사도 바울이 갈라디아 교회 성도들에게 그들의 신분이 무엇인가를 되새겨 주는 내용을 담고 있습니다. 그리고 그들이 그러한 신분에 대해 자각하지 못하고 복음의 진리에서 계속 멀어질 경우, 하나님의 자녀로서 얻게 될 유업은 없을 것이라고 바울은 경고합니다. 아브라함의 여종 하갈이 낳은 아들 이스마엘이 결국 집에서 쫓겨나 아브라함의 유업을 얻을 수 없었듯이 말입니다.

갈라디아 교회 성도들은 지금 자신들의 진짜 신분이 무엇인지 헷갈려 하고 있습니다. 신분에 대한 불명확성은 반드시 정체성의 혼란을 가져옵니다. 정체성의 혼란은 반드시 삶의 방식, 즉 어떻게 살 것인가를 결정하는 데 부정적인 영향을 줍니다. 우리는 예수 그리스도 안에서 하나님의 아들딸임을 확신해야 합니다. 그래야 하나님의 아들딸답게 살아갈 수 있습니다. 이삭처럼 약속을 따라 (오직 은혜로) 난 자 같은 우리가 '약속의 자녀'로 한평생 살기 위해 필요한 일들은 무엇인지 살펴보겠습니다.

━ 신분의 확신

> "형제들아 너희는 이삭과 같이 약속의 자녀라"(갈 4:28).

> "그런즉 형제들아 우리는 여종의 자녀가 아니요 자유 있는 여자의 자녀니
> 라"(갈 4:31).

바울은 갈라디아 교회 성도들에게 그들이 이스마엘처럼 '여종의 자녀'가 아니라 이삭과 같은 '약속의 자녀'라고 강조합니다. 그들의 어긋난 영성을 바로잡기 위해 가장 필요한 것이 바른 정체성 인식이라는 것을 바울은 알고 있었습니다. '약속의 자녀'라는 말은 사람의 힘이나 의지로 자연 출생한 자가 아니라, 하나님이 약속하신 대로, 하나님이 은혜를 베푸셔서 초자연적으로 출생한 자녀라는 뜻입니다.

인간의 수단과 방법 그리고 힘과 의지가 아니라, 전적인 하나님의 은혜로 우리는 그분의 자녀가 됩니다. 하나님의 자녀라는 그 신분 의식으로부터 바른 삶과 행동이 나오게 됩니다. 부족하고 자격 없지만, 하나님이 그런 우리를 자녀 삼아 주셨음을 확신해야 합니다. 그리고 그것은 전적으로 하나님의 은혜임을 잊지 말아야 합니다. 그럴 때 우리는 온전한 삶을 살아갈 수 있기 때문입니다.

우리는 다른 것들과 깊은 관계를 맺느라 예수 그리스도와의 관계를 소홀히 해서는 안 됩니다. 내 힘으로 살고자 발버둥 치면 칠수록 우리의 삶은 더 망가지고 무너지게 됩니다. 우리는 예수 그리스도에게 할 수 있는 대로 더 가까이 가야 합니다. 그래야 살 수 있고, 더욱 제대로 살아갈 수 있습니다.

우리의 믿음은 허상을 좇거나 헛된 꿈을 꾸는 것이 아닙니다. 신실하신 하나님의 약속을 붙드는 것입니다. 은혜, 인애, 인자라는 의미로 구약성경에 245번이나 사용되고 있는 '헤세드'(hesed)는 즉흥적이거나 동기 없는 친절함이 아닙니다. 헤세드는 약속을 기어코 이루시는 하나님의 신실하심입니다.

예수 그리스도와 그분의 복음을 우리는 더 깊이 경험해야 합니다. 북미 정상이든 남북 정상이든, 그들이 만나는 데는 이유가 있습니다. 그들은 '비핵화에 대한 확답'을 얻어 낸다든지 혹은 '경제 제재 완화'를 이루기 위해 만나는 것입니다. '종전 선언'이나 '남북 경협' 등도 만나서 다루는 의제가 되기도 합니다. 그 중요한 일들이 만남으로부터 시작됩니다.

그렇다면 예수님은 왜 이 땅에 육신을 입고 오셨을까요? 예수님도 뭔가 중요한 일을 하기 위해 오신 것이 아닐까요? 하고자 하신 그 일이 얼마나 중요했던지, 하나님의 아들이신 그분이 직접 피조 세계에 오셨습니다. 천사가 온 것이 아닙니다. 선지자가 대신한 것도 아닙니다. 하나님의 아들이 직접 오셨으니 이 세상에 엄청난 일이 일어나지 않을 수 없었습니다.

그 엄청난 일이 무엇입니까? 인간을 그 영혼부터 전 인격적으로 완전히 새롭게 창조하는 것입니다. 즉 새로운 피조물로 만드는 일입니다. 우리의 삶에서 일어나는 일들은 우리를 그 정도로 변화시키지 못합니다. 절대로 불가능한 일입니다. 그 어떤 일도, 그 누구도 우리를 죄인에서 의인으로, 멸망에서 구원으로, 지옥행에서 천국행으로 바꿀 수 없습니다. 오직 예수 그리스도만이 우리를 새사람으로 변화시키실 수 있습니다. 예수님은 그 일을 위해, 죄인인 우리를 만나기 위해 이 땅에 오신 분입니다.

"그런즉 누구든지 그리스도 안에 있으면 새로운 피조물이라 이전 것은 지나갔으니 보라 새것이 되었도다"(고후 5:17).

어디에 있든지, 우리의 사정과 형편이 어떠하든지, 우리는 하나님의 자녀라는 사실을 잊지 말아야 합니다.

━ 성령의 인도

"그러나 그때에 육체를 따라 난 자가 성령을 따라 난 자를 박해한 것같이 이제도 그러하도다"(갈 4:29).

이 구절을 이해하려면 창세기 21장 8-9절을 봐야 합니다.

"아이가 자라매 젖을 떼고 이삭이 젖을 떼는 날에[세 살 즈음] 아브라함이 큰

잔치를 베풀었더라 사라가 본즉 아브라함의 아들 애굽 여인 하갈의 아들
이 이삭을 놀리는지라.”

최소한 열세 살이 더 많은 이복형 이스마엘이 어린 이삭을 놀렸다는 것
은 단순히 장난을 친 정도가 아니었습니다. 바울은 ‘놀림’을 ‘박해’로 해석
하고 있습니다. 정말 미워했다는 말입니다. 자기를 가장 많이 닮은 동생
을 형은 왜 그렇게 미워했을까요? 자신은 육체를 따라 난 자였고, 동생 이
삭은 성령을 따라 난 자였기 때문입니다.

갈라디아 교회 성도들도 성령을 따라 난 자들이었습니다. 그리고 우리
역시 성령을 따라 난 자들입니다. 그런데 육체로 난 자들은 성령을 따라
난 자들을 왜 미워할까요? 종교적인 사람들에게는 복음이 엄청난 부담이
됩니다. 꾸미지 않고 있는 모습 그대로를 내어놓아야만 하기 때문입니다.
복음으로 인해 자존심이 상하고, 마음도 불편해집니다. 유대의 종교 지도
자들이 예수님을 죽이고자 했던 것은 예수님의 가르침이 허무맹랑했기
때문이 아니었습니다. 그들에게 예수님은 함께하기에 부담스러운 존재
였기 때문입니다. 예수님의 말씀을 인정하는 것이 싫었습니다. 한마디로,
그들은 은혜가 싫었습니다. 예수님을 제거하는 것이 그 종교 지도자들에
게는 최상의 선택이었습니다.

독일계 화학회사인 바스프(BASF)가 얼마 전 내놓은 자료에 따르면, 전
세계에서 판매되는 자동차의 약 80퍼센트가 흰색, 검은색, 회색 같은 무
채색 계열이라고 합니다. 우리나라에서는, 추측건대, 그 비율이 훨씬 더
높을 것입니다. 사람들이 무채색을 선호하는 이유는 흠이 생겨도 눈에 잘
띄지 않아 관리가 용이하고, 질리지 않고, 튀지 않고, 더 나아가 중고로 되
팔 때 더 유리하기 때문이라고 합니다. 이해가 됩니다.

그런데 문제는, 우리의 신앙이 그런 무채색일 때가 있다는 것입니다. 하나님의 자녀임을 숨기고 세상에 섞여 눈에 띄지 않게 교회 다니는 것을 좋아합니다. 그러면 당장 박해를 면할 수는 있지만, 결코 세상을 변화시킬 수는 없습니다. 마치 맛을 잃은 소금처럼 되는 것입니다. 우리는 하나님의 자녀로서 고통 받고 손해 보는 것에 점점 익숙해지는 삶이 되어야 합니다. 초대 교회 성도들처럼 말입니다. 믿음과 고난은 함께 가는 것입니다(빌 1:29).

은혜와 고난의 이슈는 저 멀리 남의 나라, 특별한 상황에서만 발생하는 것이 아닙니다. 우리는 가까운 곳에서 잘 아는 사람들을 통해 하나님의 은혜를 체험합니다. 그러나 동시에 그 사람들을 통해 고난을 맛보기도 합니다. 존 스토트는 "오늘날 복음주의 신앙의 가장 큰 적은 비신자가 아니라 교회, 기성 체제, 고위 성직자들이다"라고 말했습니다.

심신으로 힘든 일을 당할 때, 특별히 익숙한 사람들을 통해 예기치 못한 어려움을 당할 때면 인간적으로 원망이나 불평이 없을 수가 없습니다. 우리는 모두 연약하기에 그렇습니다. 그래서 우리는 성령의 도우심을 구해야 합니다. 우리 자신의 의지와 감정으로는 극복하기가 어렵습니다. 성령은 우리를 돕기 위해 오신 분입니다. 그분에게 모든 상황을 솔직하게 내어 드리고 그분을 전적으로 의지해야 합니다.

"이와 같이 성령도 우리의 연약함을 도우시나니 우리는 마땅히 기도할 바를 알지 못하나 오직 성령이 말할 수 없는 탄식으로 우리를 위하여 친히 간구하시느니라"(롬 8:26).

— 아들의 유업

"그러나 성경이 무엇을 말하느냐 여종과 그 아들을 내쫓으라 여종의 아들이
자유 있는 여자의 아들과 더불어 유업을 얻지 못하리라 하였느니라"(갈 4:30).

이스마엘은 아브라함의 첫째 아들이었지만 하나님의 약속으로 말미암는
아들이 아니었기에 둘째인 이삭이 대신 유업을 얻게 되었습니다. 이스마
엘은 결국 이삭과 함께 살 수가 없었습니다.

　이 땅의 것들을 궁극적인 소망으로 삼아서는 안 됩니다. 요한복음
17장은 예수님이 제자들을 위해 특별히 하신 기도입니다. 그 기도 가운
데 '영광'이란 단어가 무려 여덟 번이나 반복됩니다. 제자들도 '하늘의 영
광'을 경험하게 될 때 역동적인 제자의 삶을 살 것임을 예수님은 알고 계
셨던 것입니다.

　오늘 우리의 삶에서 그리고 가정과 교회에서 이스라엘 백성이 광야에
서 경험했던 '쉐키나'(영광)의 감격이 넘쳐야 할 것입니다. 우리는 하나님
아들의 영광을 빼앗기지 말아야 합니다. 잠시 이 땅에서 누리는 안락을
위해 우리 자신의 소중한 인생을 허비할 수는 없습니다. 하나님의 생명을
나누는 일에 헌신해야 합니다. 누구든지 이 땅에서는 오직 한 번밖에 살
수 없습니다. 이 땅에서의 삶이 전부가 아닙니다. 이 땅에서 열심히 살되
이 땅이 전부인 것처럼 살아서는 안 됩니다. 자칫 '속물'이 될 수 있기 때
문입니다.

　우리는 모두 이스마엘처럼 살다가 죽을 인생이었습니다. 하나님의 약
속과는 거리가 먼 사람들이었습니다. 서로 누가 큰지, 누가 높은지, 이런
것에만 집착하며 살았던 사람들입니다. 피차 놀리고 또 놀림당하며 마음

의 평안을 잃고 살았던 사람들입니다. 그런데 가장 높은 곳에서 마땅히 높임을 받으셔야 하는 예수 그리스도가 오히려 놀림을 당하고, 온갖 멸시와 천대를 받으셨습니다. 그리고 낮고 천한 우리의 자리까지 내려오셨습니다. 우리가 이스마엘처럼 내쫓김을 당하지 않도록 십자가에 당신을 내놓으셨습니다. 우리는 그 예수님과 함께 본향을 향한 여정을 계속해야 합니다. 그리고 이 땅에 사는 동안 복음 전하는 일을 계속해야 합니다.

하나님의 아들이 우리를 위해 이미 다 이루어 놓으신 것을 반드시 붙잡아야 합니다. 예수님이 우리에게 남겨 주신 유업을 끝까지 간직해야 합니다. 세상에 속해 불완전하기 그지없는 짝퉁 진리에 우리의 중심을 빼앗기면 안 됩니다. 결코 영원할 수 없는 거짓 가르침에 우리의 마음을 내줘서는 안 됩니다. 우리는 영원한 진리이자 영원한 기업이신 예수 그리스도만을 한평생 따라가는 그리스도인이 되어야 합니다.

● **함께 생각하고 솔직하게 나눠 봅시다.**

1. 당신은 하나님의 아들 혹은 딸로서의 정체성을 다른 사람들에게 거리낌 없이 말할 수 있습니까? 그것을 언제부터 확신하며 살게 되었습니까?

2. 예수님을 만나기 전, 당신은 예수 믿는 사람들을 어떻게 대했습니까? 혹시 나쁜 감정으로 그들을 대한 적은 없습니까? 있다면, 그 이유는 무엇입니까? 지금은 동료 그리스도인의 허물과 미흡함을 어떻게 대하고 있습니까?

3. 당신은 신앙인으로서의 정체성을 지키고 드러내기 위해 성령의 인도하심을 구하며 살고 있습니까? 당신의 삶의 모습 가운데 특별히 성령의 도우심이 필요한 영역은 무엇입니까?

우리는 예수 그리스도에게
할 수 있는 대로 더 가까이 가야 합니다.
그래야 살 수 있고,
더욱 제대로 살아갈 수 있습니다.

5부

복음을 들고
성령과 함께
달려가십시오

22. 멍에가 아닌 십자가를 져야 합니다

갈 5:1

> "힘을 내라. 당신은 당신이 생각하는 것보다 훨씬 더 형편없는 죄인이다.
> 그리고 당신은 당신이 기대하는 것보다
> 훨씬 더 많은 사랑을 받고 있다."
> 잭 밀러(Jack Miller)

교육부 자료에 따르면, 해마다 약 5만 명의 청소년들이 학교를 그만둔다고 합니다. 물론 그중에는 해외 유학을 떠나거나 대안 학교를 다니는 경우도 있습니다. 그러나 대다수의 청소년들은 학교 다니는 것이 싫어서 혹은 가정 형편 때문에 학업을 포기한다고 합니다. 현재 교육 제도권 밖에 방치된 청소년들의 수가 모두 36만 명 정도 된다고 하니 참으로 안타까운 일이 아닐 수 없습니다.

우리는 하나님을 떠나서는 제대로 살 수 없는 존재입니다. 하나님을 떠난 사람은, 그가 어디에 살든 그리고 무엇을 하든 허망한 삶을 살 수밖에 없습니다. 무엇보다도 진정한 자유를 누리지 못합니다. 하나님의 다스림 속에 거할 때 우리는 오히려 온전히 자유로워질 수 있습니다.

본문은 갈라디아서 전체의 핵심 내용을 가장 간결하게 서술한 것이라 볼 수 있습니다. 복음 안에서의 자유 혹은 예수 그리스도 안에서의 자유가 갈라디아서의 핵심 주제라는 데는 사실상 이견이 없습니다.

갈라디아 교회는 '율법을 지켜 스스로 의로워질 수 있다'고 주장하는 거짓 교사들의 미혹에 빠져 영적으로 큰 진통을 겪고 있었습니다. 그래서 사도 바울은, 인간은 '율법의 의'로써는 결코 의롭게 될 수 없고, 오직 복음을 통해 나타난 '하나님의 의'를 믿음으로써만 의롭게 될 수 있음을 갈라디아 교회 성도들에게 계속 강조했습니다.

특별히 본문에 '우리를 자유롭게 하려고 자유를 주셨으니'라는 말이 나오는데, 이는 '우리는 진정한 자유인이다'라는 사실을 강조하는 히브리어의 관용어입니다. 즉, 유대인들이 사용하는 독특한 표현 방식입니다.

오늘날도 많은 그리스도인들이 '복음의 자유'를 누리지 못한 채 스스로 '율법의 멍에'를 메고 마치 종처럼 신앙생활을 하고 있습니다. 우리는 복음의 자유를 강조할 필요가 있습니다. 그렇다고 복음 안에 있는 자유는 방종이나 율법 폐기론적인 삶을 조장하지 않습니다. 왜냐하면 성령으로 말미암아 내적인 변화가 일어났기 때문입니다.

성령이 자유를 올바르게 사용할 수 있는 힘을 주십니다. 이제 일상생활에서 복음의 자유를 누리며 선포하기 위해 필요한 일들이 무엇인지 좀 더 구체적으로 살펴보겠습니다.

━ 아들의 확신

우리가 사도신경으로 고백하는 것처럼, 예수 그리스도가 우리를 대신해서 십자가에서 죗값을 치르셨습니다. 또한 하나님이 그와 함께 우리를 살리셨습니다. 그 결과, 죄와 사망과 율법의 저주, 정욕의 지배 그리고 세상 초등 학문과 마귀의 권세로부터 우리는 자유를 얻었고, 더 나아가 하나님의 아들딸이 되었습니다. 어떻게 하면 거룩하고 의로운 삶을 살 수 있을 것인가에 대해 생각하기에 앞서, 우리는 우리에게 일어난 신분의 변화를 분명하게 인식할 필요가 있습니다. 우리가 하나님의 자녀가 되었다는 확신이 필요하다는 말입니다. 이러한 확신을 잃게 되면, 우리는 자신도 모르게 자꾸 종처럼 살려고 할 것입니다.

소위 '탕자의 비유'에서 거지꼴을 하고 집으로 돌아온 둘째 아들(탕자)을 위해 아버지가 제일 먼저 행한 일이 무엇입니까? 그가 여전히 아들이라는 사실을 확신시켜 주기 위해 그에게 옷을 입히고, 손에 가락지를 끼우고, 또 발에 신을 신기는 것이었습니다. 내가 누구인가에 대한 자각이 나의 생각과 말과 행동 그리고 삶의 태도와 방식에 참으로 엄청난 영향을 미친다는 사실을 절대로 잊어서는 안 될 것입니다.

다윗도 자신이 하나님의 기름 부음을 받은 자로서 장차 이스라엘의 왕이 될 존귀한 존재라는 사실을 잊어버렸을 때, 자신을 죽이려고 쫓아오는 사울 왕의 손에서 벗어나기 위해 대적 블레셋의 아기스 왕에게로 피신하지 않았습니까? 그리고 자신의 정체를 알아본 블레셋 사람들을 속이기 위해 침을 흘리며 미친 척하지 않았습니까? 부끄러운 순간이었습니다.

우리는 하나님의 아들딸이기에 하나님이 우리의 생명까지도 책임지십니다. 그 누구도 우리에게 함부로 손을 댈 수 없습니다. 하나님의 손보다 더 큰 손을 가진 자는 이 세상 그 어디에도 없습니다. 그러므로 우리는 위축될 필요가 없습니다. 자신을 스스로 형편없이 대하는 어리석음도 범하지 말아야 합니다. 이 세상 그 어떤 것도 두려워할 필요가 없는 존재가 바로 '나'라는 사실을 잊지 말아야 합니다.

현대인에게는 다음 네 가지의 굶주림이 있다고 합니다. "거짓이 만연한 세상에서 우리에게는 진리에 대한 굶주림이 있다. 미움이 증폭되는 시대에 우리는 사랑에 굶주려 있다. 불의가 법을 조롱하는 것을 볼 때 우리는 공의를 갈망한다. 우리 자신이 실수하고 넘어지기 때문에 우리는 용서를 간절히 원한다."

진리, 사랑, 공의 그리고 용서를 우리는 어디에서 찾을 수 있습니까? 누가 우리에게 이것들을 제공할 수 있습니까? 오직 예수 그리스도밖에 없습니다. 진정한 자유와 만족은 오직 그리스도 안에서만 체험될 수 있습니다. 우리 자신이 하나님의 자녀라는 사실을 알 때, 우리는 비굴한 종처럼 살지 않게 됩니다. 진정한 헌신은 그리스도 안에서 자유를 누리는 하나님의 아들딸만이 할 수 있습니다. 종으로 억지로 섬기는 것은 헌신이라 할 수 없습니다. 우리는 우리에게 주신 복음의 자유가 얼마나 소중한 선물인지 잊지 말아야 합니다. 그 사실을 잊는 순간, 불행과 재앙이 시작됩니다. 그리고 종살이가 시작됩니다.

▬ 율법의 멍에

"그리스도께서 우리를 자유롭게 하려고 자유를 주셨으니 그러므로 굳건하게 서서 다시는 종의 멍에를 메지 말라"(갈 5:1).

여기서 '굳건하게 서서 다시는 종의 멍에를 메지 말라'는 말은 헬라어 원문에 두 개의 명령으로 이뤄져 있습니다. '굳건하게 서라'와 '다시는 종의 멍에를 메지 말라'입니다. '굳건하게 서라'는 말은 군대 용어로서 '철저하게 방비하고 지키라' 혹은 '미끄러지거나 넘어지지 않도록 균형을 잡으라'는 뜻입니다. 그리고 계속적인 행위를 나타내는 시제로 되어 있습니다. 계속 영적으로 깨어 있으라는 뜻입니다. 언제, 어디서, 어떤 문제에 부딪히더라도 여전히 예수 그리스도를 믿고 의지해야 균형을 잡을 수 있습니다.

'굳건하게 서라'는 말은 '계속 예수 그리스도 안에 거하라'는 뜻으로도 이해될 수 있습니다. 예수 그리스도를 '삶의 반석'으로 삼아야 한다는 의미입니다. 다른 것 위에 무엇이든 세웠다가는 한순간에 무너질 수 있습니다. 자신의 지혜나 열심, 업적 그리고 재산이나 어떤 능력을 의지하지 말아야 합니다. 그렇게 하면 결국 더 큰 낙심과 불안 또는 두려움에 사로잡히게 될 것입니다. '의식적으로' 예수를 생각하고, 그분에게로 가까이 나아가고, 그분을 붙잡아야 합니다. 진정한 자유를 누리기 위해서는 마태복음 11장에서 예수님이 말씀하신 대로, 수고하고 무거운 짐을 주님에게로 가져가야 합니다(마 11:28).

만약 우리가 예수 그리스도 안에서 제대로 자유를 누리지 못하면, 우리는 다른 것에 속박당하기 시작합니다. 참 희한합니다. 누구든지 가만히 있으면 불안과 두려움이 점차 내면에 스며들게 됩니다. 그래서 바울은 "다시는 종의 멍에를 메지 말라"고 명령하고 있습니다. 모호한 태도를 취해서는 안 된다는 것입니다.

물론 본문의 '종의 멍에'는 일차적으로 '율법주의의 멍에'를 의미합니다. 그러나 이것은 오늘날에도 그 모습을 달리해서 그리스도 안에 있는 우리의 자유를 빼앗아가는 것이라 볼 수 있습니다. 아직 끊지 못한 나쁜 습관, 버리지 못한 부끄럽고 흉한 삶의 태도, 여전히 붙들고 있는 잘못된 전통, 규례, 규칙, 틀, 강박관념, 선입견과 편견 그리고 이제는 덮고 넘어가야 할 과거의 아픈 일들, 쓴 뿌리들… 이런 것들이 우리의 자유를 빼앗아 우리로 하여금 하나님의 아들딸답게 살지 못하게 합니다.

우리는 복음의 자유를 누릴 뿐만 아니라, 어떤 값을 치르더라도 그 자유를 지켜야 합니다. 그리스도 안에 있는 자유를 지키는 일에 먼저 헌신해야 합니다. 많은 경우, 우리는 우리 스스로가 만든 감옥에 갇혀 힘들어합니다. 우리는 자신이 만든 감옥을 먼저 허물어야 합니다. 감옥에서는 결코 참된 평안과 기쁨과 자유를 누릴 수 없습니다.

성령의 능력

우리에게는 우리를 도와주시는 분이 필요합니다. 특별히 우상과의 싸움에서는 우리 편에서 함께 싸워 주실 분이 필요합니다. 이스라엘이 역사 속에서 끝까지 존재할 수 있었던 것은 그들 스스로에게 큰 힘이 있거나 가진 것이 많았기 때문이 아닙니다. 성경은 그들의 편에서 그들에게 힘이 되고 함께 싸워 주셨던 분이 계셨기 때문이라고 증거하고 있습니다.

사도 바울이 평생 복음을 위해 사도로서 헌신할 수 있었던 것도 그의 곁에서 늘 함께하고 새 힘을 허락하시는 분이 계셨기 때문입니다. 우리는 너무 자주 스스로의 힘만으로 신앙생활도 하고 일상생활도 하려고 합니다. 사역도 스스로의 힘으로 하려고 합니다. 그러나 능력의 영이요, 거룩한 영인 성령이 도와주시지 않으면, 우리는 거룩한 길을 스스로 갈 수가 없습니다. 복음의 자유를 누릴 수도 없습니다.

이제 우리는 더 이상 육체를 따라 살지 말고 성령을 따라 살아야 합니다. 성령의 능력을 입고 살아야 합니다. 우리의 자유가 탐욕과 방탕의 기회가 되지 않도록 조심해야 합니다. 자유를 무분별하게 잘못 사용하면, 우리는 다시 종의 자리로 끌려가게 됩니다. 우리가 예수 그리스도 안에서 누리는 자유는 결국 섬김을 위한 자유여야 함을 잊지 말고 늘 기억해야 합니다.

"형제들아 너희가 자유를 위하여 부르심을 입었으나 그러나 그 자유로 육체의 기회를 삼지 말고 오직 사랑으로 서로 종노릇하라"(갈 5:13).

성도는 예수님처럼 스스로 종의 모습으로 자신을 낮추고 드리는 삶을 살아야 합니다. 성령의 도우심을 구하는 겸손한 기도가 우리에게 필요합니다. 한때 순수하고 겸손했던 성도, 한때 부흥했던 교회 그리고 한때 경제적으로 성장했던 나라가 되지 말고, 지금 복음의 자유와 성령의 능력을 누리며, 지금 하나님 나라를 세워 가는 우리가 되어야 합니다.

성령의 임재 없이 스스로 거룩을 만들고자 했던 갈라디아 교회의 어리석음을 반복해서는 안 됩니다. 성령의 능력 없이 스스로 열심을 내었던 갈라디아 교회의 헛수고를 답습해서는 안 됩니다. 개인과 가정과 교회가 성령으로 새로워지고, 성령으로 성장하고, 성령으로 온전케 되는 은혜가 있기를 기원합니다.

● 함께 생각하고 솔직하게 나눠 봅시다.

1. 당신이 과거에 율법처럼 지키고자 했던 종교적 행위들이 있습니까? 있다면, 구체적으로 어떤 것이었습니까(주일에 공부하지 않기, 선짓국 먹지 않기, 유행가 부르지 않기 등)?

2. 당신은 주로 어떤 신앙적 행위에서 성령의 터치를 느낍니까(찬송, 기도, 큐티, 예배, 그룹 모임, 봉사, 구제 등)?

3. 복음의 자유로 하나님에게 순종하지 않고 오히려 방종과 일탈을 했던 경험이 있습니까? 있다면, 어떤 것이었습니까?

23. 먼지에 불과한 나를 발견하는 것이 은혜입니다 갈 5:2-6

> "사람이 하나님 없이 무엇이든 할 경우,
> 반드시 비참하게 실패하거나,
> 그렇지 않으면 더욱 비참하게 성공하게 될 것이다."
>
> 조지 맥도날드(George MacDonald)

문장 하나를 소개합니다. "My lovely Jin oppa is jinjja cute." 좀 이상한 표현이 섞인 영어 문장입니다. 번역을 하면 이렇게 될 것입니다. "나의 사랑스런 진 오빠는 진짜 귀여워요." 전 세계적으로 유명세를 타고 있는 BTS의 진이라는 가수를 두고 한 외국 팬이 SNS를 통해 남긴 문자입니다. '오빠', '진짜' 같은 한국어를 배워 영어 발음대로 표기한 것입니다.

누구를 혹은 무엇을 좋아하거나 사랑하게 되면 그 호감과 사랑이 어떤 식으로든 드러나게 됩니다. 우리 또한 예수 그리스도로부터 받은 은혜와 사랑을 경험하고 그분을 사랑하게 되면, 우리의 생각과 삶의 방식이 분명히 달라지게 되어 있습니다. 늘 예수 그리스도의 은혜를 찾게 되고, 또 사랑으로써 역사하는 믿음을 가지고 살게 됩니다.

본문은 갈라디아 교회 성도들이 복음 안에서 진정한 자유를 누리고, 더이상 '종의 멍에'를 메지 않고 굳게 서기 위해 필요로 하는 것이 무엇인지를 사도 바울이 가르쳐 주는 내용을 담고 있습니다. 가르침의 핵심은 '율법의 행위로 의로워지려 하지 말고, 복음의 은혜로 그리스도 중심의 삶을 살아야 한다'는 것입니다. 그것은 바로 사랑으로써 역사하는 믿음을 가지고 사는 것을 뜻합니다.

특별히 바울은 '할례'를 이방인 신자들에게 강요하는 것은 그들로 하여금 예수 그리스도의 은혜로부터 떠나게 만드는 저주스러운 일임을 분명히 밝히고 있습니다. 사실 우리 역시 율법이냐, 아니면 은혜냐의 선택을 늘 해야만 합니다.

우리는 그리스도 안에서 복음의 은혜를 따라 믿음으로 의롭게 되었습니다. 이제 의롭게 된 자로서 우리에게는 또 다른 것이 추가적으로 필요하지 않습니다. 여전히 은혜가 필요할 따름입니다. 문제는 우리가 이러한 사실을 잊어버리는 데 있습니다. "은혜 아니면 살아갈 수가 없네"의 고백이 더욱 분명해져야 할 것입니다. 그러기 위해 보다 구체적으로 우리에게 필요한 것이 무엇인지 살펴보겠습니다.

— 율법의 행위

> "보라 나 바울은 너희에게 말하노니 너희가 만일 할례를 받으면 그리스도
> 께서 너희에게 아무 유익이 없으리라 내가 할례를 받는 각 사람에게 다시
> 증언하노니 그는 율법 전체를 행할 의무를 가진 자라 율법 안에서 의롭다
> 함을 얻으려 하는 너희는 그리스도에게서 끊어지고 은혜에서 떨어진 자로
> 다"(갈 5:2-4).

바울은 '할례' 자체를 문제 삼고 있는 것이 아닙니다. 할례는 하나님이 아브라함에게 명하신 것입니다. 그것은 이스라엘 백성이 하나님의 약속 안에서 그분의 백성이 됨으로써 그분에게 속한 자임을 드러내는 '거룩함의 표식'입니다. 그런데 문제는 이스라엘이 '할례'를 '구원의 수단'으로 삼아

버리는 것입니다. 그럴 경우 할례는 '십자가의 대적'이 되고 맙니다. 이것을 갈라디아서 6장 12절에서는 '육체의 모양'이라고 말합니다. 그렇다면 갈라디아 교회를 어지럽히고 있는 거짓 교사들이 전하는 할례의 의미는 이렇게 될 것입니다. '나는 나의 힘으로 의로워질 수 있다. 그리고 무엇이든지 스스로 할 수 있다.' 우리는 결코 스스로의 힘으로는 의롭게 될 수 없는 존재입니다. "의인은 없나니 하나도 없습니다" 그리고 "나는 예수 그리스도의 은혜가 아니면 아무것도 할 수 없습니다"라고 고백하는 것이 맞습니다. 사도 바울 자신도 이렇게 고백하지 않았습니까?

> "그러나 내가 나 된 것은 하나님의 은혜로 된 것이니 내게 주신 그의 은혜
> 가 헛되지 아니하여 내가 모든 사도보다 더 많이 수고하였으나 내가 한 것
> 이 아니요 오직 나와 함께하신 하나님의 은혜로라"(고전 15:10).

이 '은혜'라는 말은 바울 서신에서 90번 이상 사용됩니다. 이렇게 예수 그리스도의 은혜는 사도 바울의 삶뿐만 아니라 우리의 삶에서도 결코 분리시킬 수 없는 것입니다.

정호승 시인은 〈햇살에게〉라는 제목의 시에서 "이제는 내가 먼지에 불과하다는 것을 알게 해 주셔서 감사합니다"라고 썼습니다. 자신을 제대로 볼 수 있고 또 알 수 있다는 것은 매우 큰 복을 받은 것입니다. 자신의 연약함을 모르는 자는 결코 하나님의 크심도, 예수 그리스도의 그 은혜도 깊이 경험할 수 없습니다. 오늘 우리에게 정말 필요한 것은 하나님 앞에서 우리 자신을 제대로 인식하는 일입니다. 우리 자신이 어떤 존재인지를 모르면, 우리에게 '은혜'는 그다지 필요한 것이 못 되고 말 것입니다.

사람이 어떻게 변할 수 있습니까? 우리는 자신의 말, 행동 그리고 삶에

대해 온전히 책임을 질 만한 존재입니까? 사람을 감옥에 오래 가두어 놓는다고 그 존재가 근본적으로 변할 수 있겠습니까? 만약 우리가 원하는 대로 모든 것이 다 이루어진다고 하면, 그때는 우리 자신이 저절로 의롭게 변화될까요?

예수 그리스도의 은혜 외에는 우리를 의롭게, 구원에 이르게 그리고 변화된 삶을 살게 만들 수 있는 것이 없습니다. 예수님에게 우리의 연약함을 드러내는 것은 어리석거나 수치스러운 일이 아닙니다. 약함을 숨기는 것이 오히려 자신을 속이는 것이고, 또 교만함을 드러내는 일입니다.

사람을 지나치게 높이는 것을 경계하십시오. 사람이 무엇이든지 해낼 것처럼 장담하는 것에 속지 마십시오. 이미 할례를 받은 유대인 신자들도 몸에 부싯돌 칼로 낸 그 흔적을 자랑해서는 안 됩니다. 오직 예수님의 몸에 남은 못 자국과 창 자국만을 자랑해야 합니다. 이방인 신자들은 육신의 할례를 받을 필요가 없습니다. 그리스도의 은혜를 받는 것만으로도 충분합니다. 믿음은 자신의 연약함과 부족함 그리고 한계를 겸허히 인정하는 것입니다. 믿음은 사람의 평가를 두려워하지 않습니다. 다만 예수 그리스도의 은혜로부터 멀어지는 것을 두려워할 뿐입니다.

━ 성령의 확신

"우리가 성령으로 믿음을 따라 의의 소망을 기다리노니"(갈 5:5).

우리는 예수 그리스도의 은혜로 의롭다고 인정을 받았습니다. 그런데 '의인'으로 인정을 받았지만, 우리의 삶을 돌아다보면 의인답지 못한 부분이 한두 군데가 아님을 알게 됩니다. 우리는 여전히 불의하고, 탐욕스럽고,

사랑 없고, 거짓된 자신의 모습을 보면서 얼마나 낙심하게 되는지 모릅니다. 그럴 때 우리는 이렇게 부족한 모습으로 살 바에야 아예 신앙을 포기하는 게 낫겠다는 생각을 하기도 합니다.

그만큼 우리는 약합니다. 그렇기에 우리는 철저히 자신을 부인하고 성령 하나님을 붙잡아야 합니다. 성령 안에서 장차 이루어질 온전한 의를 기대하며 계속 믿음의 길을 가야 합니다. 자꾸만 넘어지면서도 우리는 어떻게 계속 믿음의 길을 갈 수 있습니까? 그것은 우리를 도우시는 분이 이미 우리 안에 계시기 때문입니다. 성령은 우리가 여전히 의인임을 계속 확신시켜 주십니다. 그리고 우리가 넘어질 때마다 위로하십니다. 지금은 비록 하자투성이라 할지라도 온전히 의로운 자로 빚어질 때가 분명히 올 것이라는 소망을 우리에게 심어 주십니다.

우리가 스스로의 (의로운) 행위로 구원을 얻은 것이 아니라 하나님의 은혜를 믿음으로 말미암아 구원을 얻었다면, 앞으로도 우리의 어떤 행위 때문에 구원을 잃어버릴 가능성은 조금도 없음을 확신해야 합니다. 지금 자신의 모습을 보고 실망했다면, 스스로의 노력으로 다시 의로워지려고 할 것이 아니라, 성령의 도우심을 구하고 믿음으로 온전한 의를 기다리는 것이 낫습니다.

미국의 복음주의 신약학자인 로렌스 리처즈(Lawrence O. Richards)는 율법주의로 회귀하는 그리스도인들을 이런 비유로 설명했습니다. "그들은 전기로 작동하는 잔디 깎는 기계를 가지고 스위치를 켜지 않고 잔디를 깎겠다고 결심하는 사람들과 마찬가지다. 힘이 훨씬 더 들지만, 잔디는 깎이지 않을 것이다."

우리는 성령의 함께하심과 언제든지 우리를 돕고자 하심을 늘 잊지 말아야 합니다. 왜냐하면 때로 우리가 우리 자신의 실망스런 모습을 보고

상하고 애통한 심령을 가지고 다시 일어서기 위해 애쓰기도 하지만, 자칫 현실과 타협하며 신앙의 자리에서 멀어질 수도 있기 때문입니다.

'교회성장연구소'의 발표에 따르면, 교회에 다니는 10대 청소년 열 명 중 네 명은 '구원의 확신'이 없다고 합니다. 열 명 중 다섯 명은 일주일 동안 성경을 거의 읽지 않고, 일곱 명은 기도하지 않는 것으로 나타났습니다. 무엇이 문제일까요? 왜 이런 결과가 나타날까요? 이것은 장년에게만이 아니라, 청소년에게도 '복음'이 그리고 '성령의 도우심'이 절실하게 필요함을 확연하게 보여 주는 통계인 셈입니다.

성령을 따라 사는 사람과 그렇지 않은 사람 사이에는 하늘과 땅의 차이가 있습니다. 사람은 성령의 도우심 없이는 자기 죄성대로만 살게 됩니다. 그리고 그 결과는 멸망입니다. 진정한 변화와 성숙은 나 자신을 살핌으로부터 시작됩니다. 성령 안에서 '온전한 의'를 갈망해야 합니다. '신앙의 타협'을 거부하고 매 순간 '성령의 인도'를 받아야 합니다.

― 믿음의 증거

"그리스도 예수 안에서는 [종교를 대표하는] 할례나 [무종교를 대표하는] 무할례나 [하나님과의 의로운 관계를 맺는 데 필요한] 효력이 없으되 사랑으로써 역사하는 믿음뿐이니라"(갈 5:6).

결국 우리의 믿음은 '사랑'으로 증명이 됩니다. 물론 사랑 자체가 의의 조건이 되는 것은 아닙니다. 그리고 사랑은 믿음 위에 덧붙여지는 그 무엇도 아닙니다. 믿음은 사랑으로 표현되는 것입니다. '율법의 의'는 늘 자기를 자랑하게 만듭니다. 그러나 '믿음의 의'는 하나님과 이웃을 사랑하게 만듭니다. 율법의 의는 늘 헛된 영광을 구합니다. 그러나 믿음의 의는 그리스도를 존귀케 하는 일을 구합니다. 율법의 의는 늘 자기를 주장하는 데 모든 것을 쏟아 붓습니다. 그러나 믿음의 의는 자기를 부인합니다. 그리고 자신이 져야 할 '십자가'를 찾게 만듭니다.

이제 우리는 사랑으로써 역사하는 믿음을 가지고 살아야 합니다. 사랑이 메마르거나 식었다고 느껴질 때 다른 수단과 방법을 찾지 말고, 예수 그리스도에게로 나아가야 합니다. 복음의 간격을 되살리는 것이 무엇보다도 필요합니다. 사랑으로써 역사하는 믿음이 우리의 삶의 방식임을 잊지 말아야 합니다.

● 함께 생각하고 솔직하게 나눠 봅시다.

1. 당신은 예수님을 사랑하고 있습니까? 무엇으로 그것을 알 수 있습니까?

2. 당신은 삶의 어느 영역까지 성령을 의지하며 살고 있습니까? 개인 경건(기도와 말씀), 구원의 확신, 예배, 봉사, 부부 관계, 자녀, 직장 동료, 친구, 국가 경제, 정치, 문화, 안보 등의 영역에서 성령의 도우심을 얼마나 구하고 있습니까?

3. 사랑으로 역사하는 믿음이 당신의 일상에서 어떻게 적용되고 있습니까? 당신은 주변 사람들에게 구제와 선행을 베풀고 있습니까? 멀리 해외에서 재난을 당하거나 국내에서 살고 있는 사회적 약자들에게 도움을 주고자 하는 마음이 있습니까? 그 마음을 행동으로 어떻게 실천하고 있습니까?

24. 진리는 갈망할수록 더 뜨거워집니다 　　갈 5:7-12

> "믿음은 서로 모순되게 보이는
> 여러 진리들을 아우른다."
> 블레이즈 파스칼(Blaise Pascal)

'단순 노출 효과'(Mere Exposure Effect)라는 심리학 용어가 있습니다. 미국 피츠버그대학교의 사회심리학자 로버트 자욘스(Robert Zajonc)가 처음 사용한 것으로 알려져 있는데, '새로운 대상(말, 소리, 얼굴, 특정한 물건 등)에 자주 접촉해서 익숙해질수록 호감이 증가하는 현상'을 일컫는 용어입니다. 연예인이나 정치인이 영상 매체에 자주 노출될수록 호감을 더 얻을 수 있다는 점에서 이 이론은 제법 그럴듯합니다. 그런데 이 단순 노출 효과가 진리와 비진리의 싸움에 적용될 때는 심각한 부작용을 낳기도 합니다. 누군가의 잘못된 가르침이나 거짓된 행동도 사람들이 자꾸만 보고 듣다 보면 결국에는 마음이 그쪽으로 기울어질 수 있기 때문입니다.

지금 갈라디아 교회 성도들은 '복음의 진리'를 떠나 거짓 교사들의 잘못된 가르침에 빠져 있습니다. 속고 있으면서도 그것을 알지 못하는 성도들을 복음의 자리로 되돌리기 위해 사도 바울이 사랑으로 호소하고 있지만 쉽지가 않습니다. 2천 년 전 갈라디아 교회에서 발생한 내홍(內訌)은 이 시대 우리에게도 발생할 수 있습니다. 지속적으로 복음을 듣고, 복음을 따라 살고, 또 복음적으로 함께 교회를 세워 가지 않으면 우리도 익숙한 것을 따라가고, 종교적으로 섬기고, 또 비성경적으로 교회를 세워 가게 될 것입니다. 그렇게 되면 혼동과 갈등 외에 얻게 될 열매는 거의 없게 될 것입니다.

본문은 복음의 진리 안에 굳게 서서 종의 멍에를 다시 메지 않으려면 믿음의 달음질을 계속해야만 한다고 가르칩니다. 믿음의 달음질을 멈추는 순간, 영적 자유를 잃게 됩니다. 그렇다고 무조건 뛰는 것만이 능사는 아닙니다. 영적인 방향 감각과 분별력 그리고 끝까지 참고 달리는 인내가 필요합니다. 사실 믿음은 뜨거움의 문제이기보다는 꾸준함의 문제입니다. 끝까지 달려가는 것, 믿음의 싸움을 싸우는 것 그리고 믿음을 지키는 것은 우리 힘만으로는 가능하지 않습니다. 그래서 우리는 히브리서 12장 2절이 말하는 것처럼, "믿음의 주요 또 온전하게 하시는 이인 예수를" 계속 바라보아야 합니다.

더 나아가, 믿음으로 말미암아 겪는 어려움이나 고통을 이상하게 여기지 말아야 합니다. 하늘의 영광에 이르기까지 꼭 거쳐 가야만 하는 이 땅에서의 고난이라 생각해야 합니다. 그리고 그 믿음의 길을 가는 동안 우리 주님이 함께하신다는 확신을 가져야 합니다. 결국 우리는 예수님을 떠나서는 설 수도, 갈 수도 그리고 살 수도 없는 인생임을 고백하게 됩니다. 이제 믿음의 달음질을 멈추지 않기 위해 필요한 것이 무엇인지 구체적으로 살펴보겠습니다.

▬ 복음의 열정

> "너희가 달음질을 잘하더니 누가 너희를 막아 진리를 순종하지 못하게 하더냐"(갈 5:7).

여기 '막다'라는 말은 '걸려 넘어지게 하다' 혹은 '방해하다'의 뜻을 지닌 단어입니다. 믿음의 경주는 늘 평탄한 길 위에서만 되는 것이 아닙니다. 걸려 넘어지게 하는 훼방거리가 늘 있기 마련입니다. 한번은 베드로가 배에서 내려 갈릴리 호수 수면 위로 걸어오시는 예수님에게로 나아간 적이 있습니다. 그도 예수님처럼 물 위를 걸었던 것입니다. 그러나 가던 도중 베드로는 바람을 보고 무서워 물속으로 점점 빠지게 됩니다. 물론 예수님이 그를 건져 주셨습니다. 그리고 그에게 이렇게 말씀하십니다. "믿음이 작은 자여 왜 의심하였느냐"(마 14:31).

바람보다 크신 예수님을 끝까지 바라보지 못하고 그분에게로 더 이상 나아가지 못했던 것이 문제입니다. 어차피 베드로는 스스로 물 위를 걸을 수 있는 존재가 아닙니다. 오직 예수님을 믿고, 의지하고, 끝까지 바라봐야 하는 사람입니다.

그것은 우리도 마찬가지입니다. 예수님을 모르는 자들이나 우리나 모두 같은 세상길을 걸어갑니다. 그러나 그 동일한 길을 걷는 방법은 동일하지 않습니다. 예수님을 모르는 자들은 자기 스스로의 힘만으로 걷지만, 우리는 예수님과 함께, 그분의 도우심을 받으며 걸어갑니다. 우리는 예수 그리스도를 인생 끝까지 바라보며 사는 존재입니다.

"이러므로 우리에게 구름같이 둘러싼 허다한 증인들이 있으니 모든 무거운 것과 얽매이기 쉬운 죄를 벗어 버리고 인내로써 우리 앞에 당한 경주를 하며 믿음의 주요 또 온전하게 하시는 이인 예수를 바라보자 그는 그 앞에 있는 기쁨을 위하여 십자가를 참으사 부끄러움을 개의치 아니하시더니 하나님 보좌 우편에 앉으셨느니라"(히 12:1-2).

우리에게는 여전히 여러 가지 장애물과 시험거리가 있을 것입니다. 그렇기에 우리는 끝까지 복음의 진리에 대해 확신을 가지고 예수님만을 바라보며 달음질을 계속해야 합니다. 타협하거나 양보하는 것은 결국 패배에 이르는 길입니다. 배의 요동함을 피하는 가장 최선의 방법은 계속해서 노를 젓는 것입니다. 복음의 실체이신 예수 그리스도 안에 거하는 것이 가장 안전합니다.

《다시 태어난다면, 한국에서 살겠습니까》(21세기북스)라는 책에서 저자인 이재열 서울대학교 사회학과 교수는 한국 사회를 '3불(不) 사회'로 규정합니다. 바로 '불안', '불신', '불만'입니다. 그러면서 이 교수는 '사회의 품격'을 높일 것을 제안합니다. 정말로 그렇게 되기를 바랍니다. 그러나 문제는 사회의 품격을 높일 수 있는 길을 어디서, 어떻게 찾느냐는 것입니다. 사람이 근본적으로 바뀌지 않는데 어떻게 품격을 높일 수 있겠습니까? 그 누가 사람을 근본적으로 변화시킬 수 있겠습니까? 없습니다.

물론 약자들을 위해 병을 고쳐 주거나 먹을 것을 제공하는 선한 사람들은 어느 시대, 어느 곳이든 항상 있습니다. 그러나 우리의 죄를 없애 주고 영원한 생명을 선사하실 수 있는 분은 오직 예수님밖에 없습니다. 예수님이 십자가에서 선포하신 것처럼, 그분만이 다 이루셨습니다. 구원을, 사랑을, 사명을 예수님이 다 성취하셨습니다. 이 복된 소식이 복음이고, 이것을 믿는 것이 구원입니다.

━ 사람의 계명

"그 권면은 너희를 부르신 이[하나님]에게서 난 것이 아니니라 적은 누룩이 온 덩이에 퍼지느니라"(갈 5:8-9).

'누룩'은 부정적으로 '바리새인과 사두개인들의 외식'(마 16:11), '고린도 교회 안에서 행해지고 있는 음행'(고전 5:6) 등으로 사용됩니다. 그리고 지금 갈라디아 교회를 어지럽게 만들고 있는 '율법주의자들의 계명(가르침)' 또한 '누룩'으로 비유되고 있습니다.

거짓 교사들의 가르침은 하나님으로부터 온 것이 아닙니다. 자기들이 만든 것입니다. 일종의 인위적인 조작입니다. 그런데 문제는, 사람의 계명이 하나님의 말씀보다 훨씬 더 사람을 이끄는 힘이 있어 보인다는 것입니다. 사람의 계명은 사람의 형편과 요구에 맞게 만들어지기 때문에 매력적으로 보입니다. 이단들의 가르침에 사람들이 넘어가는 이유도 여기에 있습니다. 우리에게는 경각심이 필요합니다. 비복음적인 것들이 누룩처럼 소리 없이 우리의 삶 속에, 가정에 그리고 교회에 스며들기 때문입니다. 누룩을 제거해야 우리가 삽니다. 그러면 무슨 특별한 방법이 있습니까? 예, 있습니다. 다시 복음으로 돌아가는 것입니다.

마귀는 인류의 시조(아담, 하와)에게 썼던 방법을 지금도 그대로 사용합니다. 상당한 효과가 있었기 때문입니다. 그것은 스스로 지혜로워질 수 있다고 부추기는 것입니다. 나 자신의 힘으로 무엇이든 할 수 있다는 그릇된 확신을 갖게 하는 것입니다. 다 알기 때문에 더 이상 배울 필요가 없다며 스스로를 높이는 것입니다. 하나님을 의지하는 것을 오히려 어리석은 일로 여기게 만들어 버립니다. 무언가를 자꾸 추가하는 것이 더 경건하고 거룩한 것처럼 우리를 속입니다. 그래서 하나님 말씀의 정신과 원리보다 우리가 만든 규례나 규칙이 훨씬 더 교회를 든든히 세울 것이라는 확신을 갖게 합니다.

갈라디아 교회 성도들은 복음의 은혜와 능력도 좋지만, 그것만을 믿는 것보다는 할례를 받고 여러 가지 규례나 규칙을 지키는 것이 더 낫게 여겨졌기 때문에 거짓 교사들의 가르침에 금방 미혹될 수밖에 없었던 것입니다. 늘 깨어 있어야 합니다. 분별할 수 있어야 합니다. 그리고 서로를 깨워야 합니다.

케빈 드영이 경계한 '안일한 믿음주의'(easy believism)의 위험을 간과해서는 안 됩니다. 대충 믿어 버리면 안 됩니다. 사람의 계명이 아닌 하나님의 말씀을 청종하는 습관이 필요합니다. 그리고 하나님의 말씀에 순종함으로 하나님의 권능이 나타나는 역동적인 삶과 교회가 되어야 할 것입니다. 어떤 것이 하나님에게서 난 것이고, 어떤 것이 사람의 계명인지 분별할 수 있어야 합니다.

━ 진리의 승리

"나는 너희가 아무 다른 마음을 품지 아니할 줄을 주 안에서 확신하노라 그러나 너희를 요동하게 하는 자는 누구든지 심판을 받으리라 형제들아 내가 지금까지 할례를 전한다면 어찌하여 지금까지 박해를 받으리요 그리 하였으면 십자가의 걸림돌이 제거되었으리니 너희를 어지럽게 하는 자들 은 스스로 베어 버리기를 원하노라"(갈 5:10-12).

사도행전 16장 3절에 나오는 것처럼, 바울도 디모데에게 할례를 베푼 적이 있으므로 그릇된 소문이 나돌았던 것 같습니다. 바울도 할례주의자라고 말입니다. 그러나 그것은 오해이며 억지입니다.

십자가로 인해 박해를 받는 가장 큰 이유는 사람들이 십자가를 싫어하기 때문입니다. 그리고 십자가는 인간의 죄악과 불의를 숨김없이 고발하고 드러내기 때문입니다. 그럼에도 불구하고 우리는 십자가를 붙잡아야 합니다. 그리고 전해야 합니다. 그것만이 유일한 구원의 길이기 때문입니다.

이제 우리의 질문도 바뀌어져야 할 필요가 있습니다. "왜 의인들이 고난을 당해야 하는가?"에서 "왜 의인들이 고난을 당하지 말아야 하는가?"로 말입니다. 그리고 "왜 나에게는 고난이 없는가?"를 질문해 봐야 합니다. 이런 질문들에 답하면서 '나는 과연 십자가의 사람인지'를 따져 봐야 합니다.

바울은 거짓 교사들이 '스스로 베어 버리기를 원한다'고 말합니다. 할례 시 양피가 잘려 나가듯, 그들이 교회 공동체에서 스스로 잘려 나가기를 원한다는 말입니다. 그리고 바울은 거짓 교사들이 결국 심판을 받게 될 것임을 확신하고 있습니다. 그렇다고 바울이 단순히 거짓 교사들을 증오하기 때문에 이런 말을 한 것은 아닙니다. 존 스토트의 말을 들어 보십시오. "나는 감히 말하고자 합니다. 만일 우리가 바울처럼 하나님의 교회와 그 말씀에 깊이 연연한다고 하면 우리 또한 마땅히 거짓 선생들이 이 땅에서 사라지기를 원해야 할 것입니다." 하나님의 백성과 주 예수 그리스도의 복음에 대한 사랑 그리고 교회를 진정으로 아끼는 마음에서 이런 말이 나왔다는 것입니다. 진리는 승리할 것입니다.

우리는 이미 예수 그리스도 안에서 행복한 사람이 되었습니다. 그래서 죽음이 더 이상 두렵지 않고, 다른 사람들의 인정이나 평가가 그다지 중요한 관심거리가 되지 않습니다. 행복하기 때문에 오히려 다른 사람들에게 진정한 행복의 길을 가르쳐 주고, 우리 자신의 것을 아끼지 않고 내놓을 수 있게 됩니다. 예수님이 우리를 위해 먼저 당신을 내놓으신 것처럼 말입니다. 세상 그 무엇이 감히 우리를 두렵게 하거나 불안하게 만들 수 있겠습니까?

시편 136편 4절에서 시인이 고백하는 것을 들어 보십시오.

"홀로 큰 기이한 일들을 행하시는 이에게 감사하라 그 인자하심이 영원함이로다."

진리는 승리합니다. 아니, 이미 승리했습니다. 진리이신 예수님이 우리를 자유롭게 하신 것이 바로 그 증거입니다. 이미 승리하신 예수님을 우리 삶의 주인으로 모시지 않고 그분처럼 승리하는 것은 불가능합니다. 인생의 실패나 실수가 곧 최종적인 패배는 아닙니다. 그 실패와 실수를 통해 예수님을 붙잡게 된다면, 오히려 우리는 궁극적인 승리를 얻을 수 있습니다. 반대로 인생의 성공이 반드시 승리로 이어지지는 않습니다. 성공했다는 자긍심이 예수님을 외면하도록 만들 수 있기 때문입니다.

예수 복음 없이 진정한 승리는 없다는 명확한 진리를 가슴 깊이 새기고 오늘을 살아가야 합니다. 그것이 갈라디아 교회 성도들의 전철을 뒤따르지 않는 지혜를 가진 사람의 모습입니다.

● **함께 생각하고 솔직하게 나눠 봅시다.**

1. 당신은 케빈 드영이 말한 '안일한 믿음주의'를 조심하고 있습니까? 혹시 대충 믿고 대충 살아도 별 문제없다는 식의 신앙을 가지고 있진 않습니까? 만약 그렇다면, 위기의식을 느끼고 있습니까?

2. 기독교 이단이나 사이비 종교를 경험한 적이 있습니까? 있다면, 그들의 가르침에서 솔깃한 점이 무엇입니까? 인간적으로 어떤 점에 마음이 끌렸습니까?

3. 교회의 리더들이 갈라디아 교회에 침투한 거짓 교사들처럼 어리석은 가르침을 퍼뜨리지 못하도록 기도하고 있습니까? 목회자들과 장로들이 교회를 헤치는 역할을 하지 않고 오히려 예수님 같은 본을 끼치도록 그들을 위해 기도하고 있습니까?

25. 십자가를 통해 사랑할 자유를 얻었습니다 갈 5:13-15

> "진정한 그리스도인들은 복음을 부끄러워하지 않고,
> 또 복음에 부끄러움도 되지 않는 사람들이다."
> 매튜 헨리(Matthew Henry)

캐나다 토론토대학교의 리처드 블레이크(Richard Blake) 교수는, 우리가 사소한 것을 잊어버리는 것은 우리가 흔히 생각하는 것처럼 그렇게 심각한 문제는 아니며, 오히려 뇌가 건강하다는 것을 말해 주는 것이라고 주장합니다. 다소 엉뚱한 주장처럼 들리는 것도 사실입니다. 이제 그가 왜 이런 주장을 하는지 그가 직접 든 다음의 예를 소개합니다.

어떤 사람이 샌드위치를 만들기 위해 냉장고에서 치즈를 꺼내고, 손에 들고 있던 휴대 전화는 냉장고 안에 두게 됩니다. 그리고 전화기를 어디에 두었는지 찾게 됩니다. 블레이크 교수의 주장은, 샌드위치를 만드는 데 중요한 것은 치즈이지 휴대 전화가 아니기 때문에 휴대 전화를 어디에 두었는지를 모를 수 있다는 것입니다. 풀이하면, 어떤 중요한 일을 처리하거나 의사 결정에 몰두하는 경우 사소하거나 불필요한 것은 잊을 수 있다는 말입니다.

사실 우리의 문제는 사소한 것 혹은 덜 중요한 일에 집착하다가 참으로 중요한 것을 잊어버리는 데 있습니다. 영적으로도 마찬가지입니다. 우리가 왜 예수를 믿게 되었는지 그리고 어떤 부름을 받아 이 땅에 살고 있는

지와 같은 근원적인 질문에 대한 답을 잊어버린다면, 이것이야말로 심각한 영적 위기가 아닐 수 없습니다. 무슨 일을 얼마나 많이 그리고 열심히 하는가는 그다음 문제입니다.

복음 안에 있는 자유를 충분히 누리기 위해서는 먼저 율법주의적인 신앙 태도와 생활 방식을 버려야 합니다. 율법주의가 우리에게 가져다주는 것은 자유가 아니라 두려움이기 때문입니다. 이 율법주의와 더불어 경계해야 할 것이 있는데 바로 율법 폐기론적인 영성입니다(예수를 믿기만 하면 더 이상 율법에 순종할 필요가 없다는 주장). 이러한 신앙의 입장은 육체를 따라 (죄성대로) 살 가능성이 높기 때문에 쉽게 세속주의에 물들게 됩니다. 신앙의 흉내만 내고 실질적으로는 하나님이 없는 것처럼 살게 됩니다. 율법 폐기론은 우리에게 진정한 기쁨을 주지 못합니다. 방탕만 초래할 뿐입니다. 거룩한 열매 또한 맺을 수 없습니다.

본문은 후자인 율법 폐기론적 영성의 위험을 경계하는 말씀입니다. 복음 안에 있는 자유를 우리의 행위와는 전혀 상관없는 것으로 생각해서는 안 됩니다. 자유는 선언 자체로 끝나는 개념이 아닙니다. 보다 적극적인 사랑 혹은 섬김의 삶으로 이어져야만 합니다. 그러므로 복음 안에서 누리는 자유는 결코 죄를 마음대로 지을 수 있는 자유가 아닙니다.

우리가 지금 누리는 자유는 죄의 지배로부터의 자유입니다. 율법을 버려도 되는 자유가 아니라, 율법의 완성으로서의 자유입니다. 자신의 유익과 행복만을 위한 '자기중심적 자유'가 아니라, 절제와 희생이 뒤따르는 '헌신적 자유'입니다. 그런 자유를 우리가 삶 속에서 누리며 살기 위해 구체적으로 필요한 일들이 무엇인지 살펴보겠습니다.

"형제들아 너희가 자유를 위하여 부르심을 입었으나 그러나 그 자유로 육
체의 기회를 삼지 말고 오직 사랑으로 서로 종노릇하라"(갈 5:13).

우리에게 필요한 것은 먼저 복음 안에서 진정 자유인이 되었다는 확신입
니다. 그다음은 주어진 자유를 어떻게 사용할 것인가에 대해 바른 선택
을 하는 일입니다. 바른 선택을 위해 "그 자유로 육체의 기회를 삼지 말고
오직 사랑으로 서로 종노릇하라"는 문장이 두 개의 명령으로 되어 있다는
사실에 주목해야 합니다.

첫 번째 명령은, '그 자유로 육체의 기회를 삼지 말라'는 것입니다. 두 번
째 명령은, '오직 사랑으로 서로 종노릇하라'는 것입니다. 예수를 믿기만 하
면 우리는 저절로 육체의 소욕을 따르지 않고 사랑으로 서로 종노릇하면서
살게 됩니까? 절대로 그렇지 않다는 것을 우리는 이미 잘 알고 있습니다. 그
래서 우리는 명령에 따라야 합니다. 순간순간 거룩한 선택이 필요합니다.

시간이든 돈이든 혹은 우리의 힘이든, 아낌없이 사용해서 육체의 요구를 다
들어준다면 우리의 삶에 기쁨과 만족감이 풍요롭게 있을까요? 아닙니다. 오
히려 죄의 사슬에 매여 불안과 두려움 가운데 살게 될 것입니다. 도대체 육체
를 따라 사는 것이 무슨 문제가 되느냐고 생각할 수 있습니다. 본문 19-21절
은 우리가 육체를 따라 사는 것이 어떤 것인지를 명확하게 밝히고 있습니다.

"육체의 일은 분명하니 곧 음행과 더러운 것과 호색과 우상 숭배와 주술과
원수 맺는 것과 분쟁과 시기와 분냄과 당 짓는 것과 분열함과 이단과 투기
와 술 취함과 방탕함과 또 그와 같은 것들이라."

하나님은 우리가 이러한 육체의 일에 얽매이거나 빠지지 않고, 오직 하나님의 거룩한 목적을 이루는 데 전념하도록 자유를 주셨습니다. 그리스도인의 자유는 아무것도 하지 않는 것을 의미하지 않습니다. 진정한 자유는 소명을 가지고 사는 것을 뜻합니다. 모든 것을 다 하려는 생각을 떨쳐 버리는 것이 필요합니다. 소명을 따라 그만둘 것을 잘 알아 과감하게 포기하는 것도 우리에게는 필요합니다.

자신이 자유인이라는 사실을 안 때, 더 거룩한 열망을 갖고 살게 됩니다. 먼저 우리는 건강한 자신감과 담대함을 회복할 필요가 있습니다. 섬김의 사람으로 살기 위해 무엇보다 우리가 하나님의 사랑받는 존재임을 기억하는 일이 필요하다는 뜻입니다. 우리는 더 이상 죄의 종이 아니라 하나님의 존귀한 자녀입니다. 예수 그리스도의 은혜와 사랑을 충분히 경험하게 되면 다른 것에서 기쁨을 찾고자 헛된 수고를 하지 않게 됩니다. 오히려 육체를 따라 사는 것이 부끄럽고 불편할 따름입니다. 당장의 유익과 위신을 세우기 위해 자신을 지나치게 주장하거나 심지어 거짓말을 하는 것도 멈추게 됩니다. 예수님이 나의 신분을 보장하시고, 인정해 주시고, 불이익과 어려움을 헤아려 주시고, 삶을 책임지시고, 필요한 것을 아낌없이 공급하시리라는 믿음이 있기 때문입니다.

하나님으로부터 선물로 받은 자유를 제대로 지키지 못했을 때, 이스라엘 백성은 비록 그 몸은 가나안 땅에 들어갔지만, 한 세대가 지나기 전 가나안 우상들의 종이 되어 버리고 말았습니다. 우리에게도 우리 자신을 다시 종으로 만들 수 있는 감옥과 같은 것들이 있습니다. 예를 들어, 과거에 입었던 상처, 어떤 사람에 대한 미움이나 용서치 못하는 마음, 아직 버리지 못한 나쁜 습관 같은 것들이 늘 우리 가까이 있음을 잊지 말아야 합니다. 자유는 아름답고 깨끗한 것입니다. 그 자유를 확신해야 합니다. 그리고 그 자유를 잘 사용해야 합니다. '거룩한 선택'이 필요합니다.

— 겸손한 헌신

"형제들아 너희가 자유를 위하여 부르심을 입었으나 그러나 그 자유로 육
체의 기회를 삼지 말고 오직 사랑으로 서로 종노릇하라 온 율법은 네 이웃
사랑하기를 네 자신같이 하라 하신 한 말씀에서 이루어졌나니"(갈 5:13-14).

우리는 더 이상 율법을 통해 구원을 얻고자 애쓰지 않습니다. 대신 구원
을 얻었기에 율법대로 살려는 소원이 있습니다. 우리를 향한 하나님의 사
랑을 경험하게 되면, 우리 역시 하나님을 사랑하게 됩니다. 우리가 그분
의 계명을 지키는 것도 하나님을 사랑하기 때문입니다. 우리가 사랑하는
하나님은 거룩하시기 때문에 우리 또한 거룩해지길 원하게 됩니다. 이것
은 사람들 사이에서도 마찬가지입니다. 우리가 예수님의 사랑을 경험하
게 되면, 자발적이고 겸손한 섬김이 우리 가운데서 이루어지게 됩니다.
마치 종이 주인을 섬기듯 서로 사랑으로 섬기게 됩니다.

우리나라에서 1천만 관객을 동원한 영화는 외화를 포함해 모두 24편으
로 알려져 있습니다. 영화 평론가들은 그 24편의 영화들이 가진 두 가지
흥행 요소가 재미와 감동이라고 분석합니다. 복음에 나타나는 하나님의
사랑 이야기는, 물론 흥행 영화가 가지는 그런 재미는 없을지 몰라도, 우
리에게 그 무엇도 비할 수 없는 엄청난 감동을 주는 것이 사실입니다. 한
사람의 영원한 운명을 바꾸어 놓거나 인생의 길을 새롭게 걷게 만드는 그
러한 감동의 힘 말입니다. 그런데 오늘날 교회는 어떻습니까? 감동이 흘
러넘치는 공동체가 되고 있습니까? 서로 챙기고 배려하며 섬김을 주고받

는 감동을 경험하고 있습니까?

　우리는 정말 우리 몸을 사랑합니다. 상처가 생기면 무척 아파합니다. 다른 사람이 자신에 대해 하는 말에 민감합니다. 고통을 잘 견디지 못합니다. 자신의 필요에 대해서는 철저하게 챙깁니다. 잠이 부족하면 설교 시간에 졸기도 합니다. 그러나 우리는 이웃을 사랑하는 데는 소극적일 때가 많습니다. 형제자매의 필요에 대해 그다지 신경을 쓰지 않습니다. 말로만 '사랑, 사랑' 하기도 합니다. 우리는 구체적으로 사랑하는 법을 배워야 합니다. 그리고 정말로 실천해야 합니다.

■ 건강한 성장

"만일 서로 물고 먹으면 피차 멸망할까 조심하라"(갈 5:15).

이 말씀은 자유를 잘못 사용하는 경우, 즉 사랑으로 서로 종노릇하지 않는 경우에 일어날 수 있는 일을 생생하게 그려 주고 있습니다. 어쩌면 갈라디아 교인들 사이에서 실제로 일어났던 일일 수도 있습니다.

　건강한 공동체를 함께 세워 가도록 하나님은 우리에게 자유를 주셨습니다. 그러므로 우리가 장벽을 세워 누군가를 배척하거나 차별하는 것은 하나님을 대적하는 일이 됩니다. 하나님의 사람은 더 이상 자신에게 집착하지 말아야 합니다. 늘 전체를 생각하며, 다른 사람의 입장에 서는 것에 익숙해져야 합니다. 피차 자기 자신에게만 집착할 때 서로 물고 먹게 됩니다. 그러면 깊은 상처 말고는 아무것도 남는 것이 없습니다. 우리는 함께 성장해야 합니다. 교회다운 교회로 존재해야 합니다. 교회의 머리 되신 그분이 어떻게 우리 가운데로 오셨는지 기억해 보십시오.

"그는 근본 하나님의 본체시나 하나님과 동등됨을 취할 것으로 여기지 아니하시고 오히려 자기를 비워 종의 형체를 가지사 사람들과 같이 되셨고 사람의 모양으로 나타나사 자기를 낮추시고 죽기까지 복종하셨으니 곧 십자가에 죽으심이라"(빌 2:6-8).

이러한 겸손한 낮춤과 자기 비움 그리고 순수한 헌신 없이 교회는 제대로 세워질 수 없습니다. 팀 켈러는 "비록 우리에게 특별히 집중하는 어떤 영역이나 사역이 있을 수는 있지만, 복음은 우리가 하는 모든 것들을 하나로 묶는다. 모든 형태의 사역은 복음에 의해 동기부여가 되고, 복음에 기초해야 하며, 또한 복음의 결과여야 한다"고 말하고 있습니다.

복음은 함께 성장합니다. 그냥 성장이 아니라 건강한 성장입니다. 물론 영적으로 건강한 성장을 말합니다. 영적으로 건강한 성장은 예수 그리스도의 복음을 믿어 사랑으로 살아가는 것입니다. 그 사랑을 함께 행할 때 가정이 성숙하고, 교회가 성장하고, 하나님 나라가 이 땅에서 성취되는 것입니다.

● **함께 생각하고 솔직하게 나눠 봅시다.**

1. 자유와 관련해서 복음은 하나님의 은혜로 값없이 주어진 구원의 감격을 맛본 사람이 자발적으로 순종하고 사랑하게 만드는 신비입니다. 당신은 이 복음적 자유를 누리고 있습니까? 만약 그렇지 못하다면, 그 이유는 무엇입니까?

2. 당신은 살아가면서 당신 안에 있는 복음을 확인하고 있습니까? 남들에게 당신이 가진 복음을 사랑으로써 증거하고 있습니까?

3. 겸손, 비움, 낮아짐, 섬김과 같은 예수님의 성품을 당신은 사모하고 있습니까? 예수님의 이런 성품 가운데 당신에게 더욱 필요한 것은 무엇입니까?

26. 성령 충만이 유일한 무기입니다 갈 5:16-18

•

> "종교는 어떤 사람의 삶을 어느 정도 고칠 수 있다.
> 그렇지만 그의 삶 전부를 바꿀 수는 없다.
> 오직 성령만이 그 일을 할 수 있다."
>
> 에이든 윌슨 토저(A. W. Toger)

미국의 정치학자 새뮤얼 헌팅턴(Samuel Huntington)은, 냉전 시대 이후 전 세계가 각기 다른 문명과 문화에 재편됨에 따라 문명의 충돌은 불가피하다는 '문명충돌론'을 내세웠습니다. 그는 자신의 주장을 뒷받침하기 위해 우리나라와 아프리카 가나의 예를 들곤 했습니다. 1960년대에 비슷한 경제 수준이었던 두 나라 중 우리나라만 급성장한 이유로 헌팅턴은 가치 투쟁의 문화가 가나에는 없고 우리나라에는 있기 때문이라고 분석합니다. 그가 말하는 가치 투쟁에는 도전과 모험 그리고 분투의 세 가지 핵심 요소가 포함되는데, 우리나라에는 이러한 가치 투쟁의 문화가 있다는 말입니다. 그런데 우리가 주목할 점은, 가치 투쟁에는 꼭 희생이 뒤따른다는 사실입니다. 그 한 예로, 부모는 자식의 교육을 위해 많은 것을 희생합니다.

이 가치 투쟁의 문화를 교회와 관련지어 생각해 봅시다. 이 시대의 교회에는 과연 기독교적인 가치 투쟁의 문화가 있는지 살펴보기 원합니다. '기독교 문화의 창출'과 '복음 중심적인 교회의 부흥과 갱신'은 저절로 되지 않습니다. 영적인 가치 투쟁과 희생이 뒤따라야 합니다.

본문은 그리스도인이 그리스도 안에서 얻은 자유를 육체의 기회로 삼지 않고 사랑으로 서로 종노릇하는 데 사용하기 위해 근본적으로 필요한 일이 무엇인가를 가르쳐 줍니다. 그것은 보다 적극적으로 성령을 따라 행하는 것입니다. 그러기 위해서는 성령이 인도하시는 대로 살겠다는 갈망이 필요합니다. 순간순간 거룩한 결단이 뒤따라야 된다는 말입니다. 실제로 그리스도인들의 삶에 차이를 만드는 것은 그리스도인 개개인이 가진 성격이나 인간적인 조건, 삶의 환경이나 처한 상황이 아닙니다. 오직 성령을 따라 행하는가의 여부에 의해 차이가 날 따름입니다. 그래서 본문이 포함되어 있는 갈라디아서 5장에는 성령이란 말이 일곱 번이나 나옵니다.

물론 우리가 믿음으로 의롭게 되는 것과 거룩한 삶을 사는 것은 분리될 수 없으며, 모두 한 성령이 행하시는 일이란 것도 잊지 말아야 합니다. 예수 그리스도가 우리의 죄를 대속하기 위해 이 땅에 육신을 입고 오신 것은 참으로 우리에게 기쁜 소식입니다. 그리고 예수 그리스도 안에서 이루어진 구원을 확신케 하고 우리로 하여금 거룩한 삶을 살도록 돕기 위해 성령이 오신 것 역시 기쁜 소식입니다. 그래서 우리는 힘 있게 외칠 필요가 있습니다. "성령이 오셨네!"

▬ 시작된 전쟁

"내가 이르노니 너희는 성령을 따라 행하라 그리하면 육체의 욕심을 이루지 아니하리라 육체의 소욕은 성령을 거스르고 성령은 육체를 거스르나니 이 둘이 서로 대적함으로 너희가 원하는 것을 하지 못하게 하려 함이니라 너희가 만일 성령의 인도하시는 바가 되면 율법 아래에 있지 아니하리라"(갈 5:16-18).

우리가 예수를 믿는 순간, 이전에는 생각지도 못했던 싸움이 우리 안에서 시작되었음을 경험하게 됩니다. 왜냐하면 우리 안에 성령이 오셨기 때문입니다. 이전에는 육체의 욕심을 따라, 육체의 소욕대로 거리낌 없이 살았습니다(여기서 육체라는 단어는 몸이나 신체가 아니라, 부패하고 타락한 인간의 죄악 된 본성을 의미합니다). 물론 그렇게 살면서 심한 죄책감을 느끼기도 했고, 후회도 했습니다. 양심적으로 살고자 애쓰기도 했습니다. 하지만 육체의 요구를 거절하거나 맞설 수 있는 힘이 없었습니다. 그런데 예수님을 영접하고 믿기를 원하는 자에게는 성령이 들어와 새로운 차원의 힘이 되어 주시는 것입니다. 물론 결단은 우리의 몫입니다.

거룩한 삶을 사는 데 우선적으로 필요한 것은, 현재 자신 안에서 싸움이 계속되고 있다는 사실을 인식하는 것입니다. 아무런 문제없이 편하게 할 수 있는 신앙생활은 존재하지 않습니다. 성도는 영적 싸움을 싸우는 사람들입니다. 잘 싸우든지, 그렇지 않으면 형편없이 싸우든지, 그 차이만 있을 뿐입니다.

영적 싸움은 성도만이 행하는 특이한 싸움입니다. 이 싸움은 겉으로 명확히 드러나지 않습니다. 그래서 전선이 없는 것처럼 보입니다. 멈추지도 않습니다. 이 세상을 떠날 때까지 지속됩니다. 이러한 영적 싸움이 시작되었다는 것은 옛 시대가 끝나고 새 시대가 시작되었음을 알려 줍니다. 삶의 방식을 새 시대에 맞게 수정하지 않으면 우리는 영적인 싸움을 제대로 수행할 수 없습니다.

제2차 세계대전이 발발하면서 미국은 독일 내의 코카콜라(Coca-Cola) 회사를 철수시켰습니다. 그런데 히틀러는 코카콜라의 철수를 대단히 아쉬워했다고 합니다. 독일군들도 코카콜라를 그리워했고, 심지어 미군들이 코카콜라를 마음껏 마시는 것을 부러워하기까지 했다고 합니다. 실제로

제2차 세계대전 당시 미군에게 공급된 코카콜라가 무려 100억 병이나 된다고 합니다. 이 음료수가 전투하는 군인들의 사기에 큰 영향을 미친다고 판단한 히틀러는 코카콜라와 비슷한 청량음료를 만들어 독일군 병사들에게 지급하도록 명령을 내렸습니다. 그렇게 해서 만들어진 청량음료가 바로 환타(Fanta)입니다(후에 코카콜라가 환타를 인수했습니다).

전쟁은 밖에서만 치르는 것이 아닙니다. 우리 안에 갈등이 있는 것을 오히려 감사해야 합니다. 우리 안에 있는 '육체의 소욕'과 '성령의 소욕'이 서로 (계속해서) 대적하며 (혹은 부딪힘으로) 지금도 싸우고 있기 때문입니다. 갈등 자체가 죄악 된 것은 아닙니다. 왜냐하면 그것은 우리 안에 성령이 계시다는 증거이기 때문입니다. 성도는 갈등이 없는 사람이 아니라, 오히려 거룩한 갈등이 있는 사람입니다. 존 파이퍼는 "우리 가운데 내적인 갈등이 있는 것으로 인하여 찬양하라"라고 말했습니다.

영적으로 무감각한 것이 문제입니다. 상하고 애통하는 마음이 없는 것이 문제입니다. 신약성경에 '깨어라'라는 말이 20회나 등장하는 이유도 영적 각성 없이 거룩한 삶을 산다는 것은 불가능하기 때문입니다.

━ 적절한 전략

> "내가 이르노니 너희는 성령을 따라 행하라 그리하면 육체의 욕심을 이루
> 지 아니하리라"(갈 5:16).

육체의 욕심은 금욕주의로 혹은 더 강한 고행주의로 없어지는 것이 아닙니다. 육체의 기승을 제어하기 위해서는 철저하게 성령을 의지하고, 성령을 따라 행해야 합니다. 성령을 의지하지 않으면 악을 행하는 데 전혀 거

리낌이 없게 됩니다. 성령의 인도하심이 어떤 전략보다도 탁월하다는 확신이 우리에게 필요합니다.

"너희가 만일 성령의 인도하시는 바가 되면 율법 아래에 있지 아니하리라"(갈 5:18).

우리의 구원은 물론 거룩한 삶도 오직 성령의 능력으로만 이뤄집니다. 율법적인 신앙으로는 패할 수밖에 없습니다. 우리는 육체가 요구하는 대로 사는 데 길들여져 있기 때문에, 자기가 나서서 싸우는 것처럼 미련한 전략은 없습니다. 자신의 인생을 자기가 책임지겠다고 나서는 것은 반드시 실패할 전략입니다. 자기 자신이 사실은 영적 승리의 대적임을 알아야 합니다. 어떤 일이 있어도 영적 싸움을 싸우는 데 자신을 내세워서는 안 됩니다. 그것은 스스로 하나님이 되려고 하는 것이며, 동시에 스스로 구원자가 되려고 하는 것입니다. 결국 내 힘으로 싸우려 하면 할수록 더 크게 패할 뿐입니다.

"어리석도다 갈라디아 사람들아 예수 그리스도께서 십자가에 못 박히신 것이 너희 눈앞에 밝히 보이거늘 누가 너희를 꾀더냐 내가 너희에게서 다만 이것을 알려 하노니 너희가 성령을 받은 것이 율법의 행위로냐 혹은 듣고 믿음으로냐 너희가 이같이 어리석으냐 성령으로 시작하였다가 이제는 육체로 마치겠느냐"(갈 3:1-3).

우리의 구원뿐 아니라, 구원받은 이후 계속해서 거룩한 삶을 살 수 있는 것도 여전히 성령의 능력과 도우심 때문임을 가르쳐 주는 말씀입니다.

사회적으로 '막말'이 문제가 되고 있습니다. 아름답고 고상한, 좋은 말들이 많은데 사람들은 왜 막말로 누군가에게 상처를 주는 걸까요? 막말을 하는 사람은 어쩌다 하는 것이 아니라 습관적으로, 아무 때나, 아무에게나 하는 것을 볼 수 있습니다. 잘못된 습관이 그 삶에 깊게 자리 잡은 것입니다.

우리는 그런 좋지 않은 습관이 아니라, 삶을 영화롭게 하고 타인을 살려 주는 거룩한 습관을 키워야 할 것입니다. 그리스도인으로서 우리에게 요구되는 최우선의 습관은 성령을 따라 사는 것입니다.

"만일 우리가 성령으로 살면 또한 성령으로 행할지니"(갈 5:25).

여기 '행하다'로 번역된 헬라어 '스토이케오'(stoikeo)는 군인이 정렬해서 명령을 기다리고 있다가 지휘관의 지시에 따라 움직일 때 사용하는 군사 용어입니다. 정렬한 군사는 자신의 지금 형편을 내세워서는 안 됩니다. 명령에 따라 움직일 따름입니다. 그 명령의 합리성이나 그 명령이 가져올 결과를 계산하거나 따져서는 안 됩니다. 그런 식으로는 대적과 싸울 수가 없습니다.

성령을 따라 행하는 것은 사실 힘들고 어려울 때가 분명히 있습니다. 비현실적으로 느껴질 때도 있습니다. 그러나 영적 싸움의 전세는 성령에게 달려 있는 것이지, 우리의 판단에 달려 있는 것이 아닙니다. 성령은 실패하거나 실수하는 법이 없으십니다. 우리는 자신의 꾀에 빠져 자충수를 두고 후회하는 어리석은 자들이지만, 성령의 전략에는 결코 후회할 일이 없습니다.

그럴듯한 세상의 방법이나 가치관에 따라 살기보다는 성령 안에서 말씀의 원리를 따라 사는 것이 훨씬 안전합니다. 특별히 기도의 무릎을 꿇는 것이 무작정 우리 힘으로 뛰는 것보다 더욱 효과적임을 잊지 말아야 합니다. 어떤 면에서 기도는 우리의 본성과 가장 심한 충돌을 일으키는 것입니다. 그것은 나의 뜻을 꺾어야 하는 매우 힘든 일입니다. 나의 힘으로는 아무것도 할 수 없음을 고백하고, 더 나아가 하나님만이 모든 것을 하실 수 있음을 인정해 그분 앞에 납작 엎드리는 것이 기도이기 때문입니다. 성령 안에서의 결단이 그래서 필요합니다. 신앙의 성숙은 하는 일의 종류나 크기, 혹은 양의 문제가 아니라, 얼마만큼 성령을 의지하고 그 능력을 힘입는가의 문제입니다.

궁극적 목적

우리 몸은 단순히 우리 자신의 쾌락과 만족만을 위해서 존재하지 않습니다. 우리의 영혼만이 아니라 육신도, 즉 우리의 전 존재가 하나님의 영광을 위해 사용되어야 합니다. 하나님이 거룩하시기 때문에 우리도 거룩해야 합니다. 우리의 거룩함을 통해 거룩하신 하나님을 드러내야 합니다. 그렇게 우리 몸을 하나님의 영광을 위해 드릴 때 우리는 승리할 수 있습니다. 승리를 확신하십시오. 그리고 싸움이 끝나는 마지막 순간까지 거룩한 목적을 위해 삶을 드리십시오.

우리는 더 이상 율법의 지배 아래 있지 않습니다. 율법의 완성으로서의 사랑이 이제 우리의 삶을 이끄는 원리가 되었습니다. 사랑의 법을 따라 행해야 합니다. 어차피 계속될 싸움입니다. 싸움 중에라도 할 일은 해야 합니다. 아니, 싸움 중이기 때문에 더욱 기도에 힘써야 합니다. 복음의 은혜와 능력을 구해야 합니다. 우리는 각자 무엇을 위해 부름 받았는지를 점검해 보아야 합니다. 그리고 성령 안에서 승리의 확신을 가져야 합니다.

예수님은 십자가에 달리시기 전 제자들에게 성령을 받아야 함을 말씀하셨습니다. 죽음에서 부활하신 후에는 제자들에게 나타나 성령을 받으라고 명령하셨습니다. 그리고 승천하실 때에는 성령을 보낼 테니 기다리라고 제자들에게 다시 권고하셨습니다. 제자들은 예수님으로부터 3년이나 훈련받고 부활하신 그분을 그들 눈으로 직접 보았지만, 성령 없이는 아무것도 아니기에 예수님은 그들이 성령 받기를 강조하고 또 강조하셨던 것입니다.

이 시대의 제자들인 우리에게도 성령은 반드시 필요합니다. 이 성령이 지금 당신 안에 계십니까? 당신의 가정과 교회 안에 확고히 주인으로 계십니까? 우리는 성령으로 살고 행함으로써 우리에게 주어진 궁극적인 삶의 목적, 곧 하나님의 영광을 이루며 살아가는 성도가 되어야 할 것입니다.

● 함께 생각하고 솔직하게 나눠 봅시다.

1. 당신은 거룩한 영적 싸움을 하며 살고 있습니까? 당신이 주로 갈등하며 고민하는 싸움의 대상은 무엇입니까? 정직, 성결, 온유, 인내, 희생, 용서 등의 영적인 카테고리 가운데 구체적인 사례를 가지고 이야기해 봅시다.

2. 당신이 훈련받은 영적인 습관 중 지금까지 삶에 유익을 주는 것은 무엇입니까 (매일 성경 읽기, 시간 정해서 기도하기, 중보 기도 먼저 한 후 나를 위해 기도하기, 십일조 헌금, 남의 말 먼저 듣고 내 말하기, 정기적으로 구제 혹은 봉사하기, 예배에 일찍 와서 준비하기, 상대방 칭찬하기 등)?

27. 회개의 은혜가 천국을 보증합니다 갈 5:19-21

> "죄는 마귀가 그 아버지고,
> 수치가 그 동료이며, 죽음이 그 삯이다."
> 토머스 왓슨(Thomas Watson)

저는 수년 전 오른쪽 무릎 관절 수술을 받은 이후 정기적으로 검사를 받고 있습니다. 피 검사, 초음파 검사, X-Ray 검사를 합니다. 최근 검사 때 여러 자료를 보면서 담당 의사가 말했습니다. "상태가 좋아 보입니다. 2년 후에 볼까요?" 저는 주저하지 않고 대답했습니다. "네."

적절한 치료와 처방을 위해서는 바른 진단이 먼저 필요하다는 것을 누구나 알고 있습니다. 제 무릎 상태는 X-Ray와 MRI가 잘 보여 줍니다. 마찬가지로 우리의 영적 상태도 검사가 필요합니다. 인생길을 걷는 데 있어 '육체, 곧 죄악 된 인간의 본성'이 어떤 식으로 우리를 추하게, 더럽게 그리고 망가지게 하는지 정확히 볼 필요가 있습니다. 그런데 사람들은 악성 종양보다도 더 무서운 이 육체적 본성이 우리의 삶에 얼마나 심각한 악영향을 미치는가에 대해서는 별로 관심을 두지 않는 것 같습니다.

본문은 '육체의 일', 즉 죄악 된 인간의 본성(죄성)을 따라 살 때 자연스럽게 나타나는 삶의 각가지 행태를 그리고 있습니다. 이러한 그림은 단순히 인간의 추함과 악함을 파헤쳐 사람들이 서로 혐오감을 갖도록 만들기 위함이 아닙니다. 사도 바울에게는 갈라디아 교회 성도들을 무시하거나 비하하려는 마음이 전혀 없었습니다. 다만 그들이 성령을 따라 행하지 않고 육신을 따라 행할 때의 처참한 모습을 꾸밈없이 있는 그대로 보게 함으로써 성도다운 삶을 살도록 각성시켜 주고 싶었던 것입니다.

그렇습니다. 자신에게 지나치게 집착하는 것뿐 아니라, 자신을 함부로 방치하는 것도 무서운 죄입니다. 육체의 일을 끝까지 탐닉하는 자들은 결국 영원한 멸망에 이르게 됩니다. 육체의 소욕을 따라 계속 (거리낌 없이 상습적으로) 사는 자들에게는 영생의 선물이 없다는 뜻입니다. 육체의 일의 목록을 보고 난 느낌이 어떻습니까? 계속 죄성을 따라 살겠습니까, 아니면 이제부터 성령을 따라 살기로 결단하겠습니까? 우리의 답은 분명합니다. 성령을 따라 사는 것입니다.

▬ 패전의 참상

> "육체의 일은 분명하니 곧 음행과 더러운 것[성적으로 부정함]과 호색과 우상숭배와 주술[마술, 미신]과 원수 맺는 것과 분쟁과 시기와 분 냄과 당 짓는 것[비뚤어진 경쟁심]과 분열함과 이단[파벌]과 투기와 술 취함과 방탕함과 또 그와 같은 것들이라 전에 너희에게 경계한 것같이 경계하노니 이런 일을 하는 자들은 하나님의 나라를 유업으로 받지 못할 것이요"(갈 5:19-21).

육체의 일은 성적 문란과 종교적 부패, 사회악 혹은 그릇된 인간관계와 무절제한 삶의 모습을 잘 보여 주고 있습니다. 19절의 '분명하니'라는 말은, 이러한 육체의 일은 추상적이거나 애매모호한 것이 아님을 가르쳐 줍니다. 낯선 것이 아니라는 말입니다. 우리가 익히 아는 것입니다. 우리와 멀리 떨어져 있는 것이 아닙니다.

육체의 일은 특별히 사악한 사람에게만 나타나는 행위나 태도가 아닙니다. 우리에게도 언제든지 나타날 수 있는 것입니다. 스스로를 과신해서는 안 됩니다. 사도 바울 당시 헬라 사회에는 스스로 도덕적이라고 자부했던 스토아(Stoa) 철학자들이 있었습니다. 그들은 덕과 악을 구분해서, 악은 야만인이나 혐오의 대상으로 삼는 특정인의 것으로 간주했습니다. 그리고 자기들은 덕의 사람들이라 자신했습니다. 예수님 당시 바리새인들도 스스로 의롭다고 생각하며 자신들의 진정한 모습을 보는 데 실패했습니다.

우리가 아무리 괜찮은 척 살아가도 하나님은 그 중심을 정확히 보고 계십니다. 우리는 우리 자신을 하나님의 시각으로 볼 때에야 비로소 솔직해질 수 있습니다. 그래야 하나님 앞에 겸손해지고, 대인 관계에서도 남을 자기보다 낮게 여기며 살 수 있습니다. 자기 자신에 대해 과대망상을 가진 사람 주변에는 진정한 친구와 동료가 모이지 않습니다.

본문에는 육체의 일이 열다섯 가지로 소개됩니다. 그러나 21절의 '그와 같은 것들'이란 표현이 암시하듯이, 육체의 일은 사실 본문에 기록된 것보다 훨씬 더 많다는 것을 알 수 있습니다. 그래서 어떤 성경 사본에는 '간음과 살인'이 '육체의 일' 목록에 추가되어 나옵니다. 사실 육체의 일은 우리의 모든 생활 영역에서 나타날 수 있습니다. 한마디로 '죄에 오염된' 인간의 모습은 언제, 어디서든 드러난다는 것입니다.

진정한 변화와 성숙은 자기 자신을 살피는 데서 시작됩니다(갈 6:1). 때로는 말씀의 내시경으로 스스로를 들여다볼 필요가 있습니다(히 4:12). 자신을 먼저 알아야 합니다. 자신의 참모습을 진지하게 살피기 전에 남을 비난하고 비판하거나 남 앞에서 으스대면 영적 성장이 힘들어지게 됩니다. 자신을 돌아보지 않으면 성장(?)의 기회는 점점 더 멀어집니다. 지혜로운 자기 성장의 첫걸음은 자신의 연약함과 부족함을 인정하는 것입니다.

이렇게 육체의 일이 넘쳐나는 세상에서 우리는 어떻게 변화될 수 있을까요? 그리고 어떻게 세상을 변화시킬 수 있을까요? 무슨 재활 프로그램이나 복지 제도로 이 세상이 변할 수 있을까요? 우리의 의지와 세상적인 노력으로 과연 육체의 소욕을 물리칠 수 있을까요? 그럴 확률은 제로 (zero)라고 성경은 말씀합니다. 오직 복음의 은혜와 성령의 능력만이 온갖 죄성의 공격으로부터 우리를 지켜 줄 수 있습니다.

17세기 영국의 목회자이자 신학자였던 존 오웬(John Owen)의 말입니다. "자기의 힘으로 스스로 만들어 낸 방식에 의해 자기 의를 이룰 목적으로 거룩해지려고 노력하는 것, 그것이 바로 전 세계 모든 거짓 종교의 정신이자 본질이다."

이 땅의 종교는 인간의 본성을 어느 정도 파악하고 있습니다. 밖으로 드러나는 인간의 죄악을 무시할 수 없기에 그렇습니다. 그런데 일반 종교는 인간 스스로의 그 무엇으로 죄악을 이겨 내려고 합니다. 물론 그 결과는 백전백패입니다. 패전이 확정된 전쟁을 하는 것은 참으로 무모한 짓입니다. 전쟁에서 지고 난 후의 참상을 늘 확인하면서도 인간은 반복해서 자기 힘으로만 싸우려고 합니다. 예수 그리스도라는 승리자가 이미 우리를 돕기 위해 오셨는데 그분을 외면하고 있으니, 이것만큼 안타까운 일이 또 있을까요?

— 회개의 은혜

"투기와 술 취함과 방탕함과 또 그와 같은 것들이라 전에 너희에게 경계한 것같이 경계하노니 이런 일을 하는 자들은 하나님의 나라를 유업으로 받지 못할 것이요"(갈 5:21).

육체의 일을 (계속적으로 반복해서) 행하는 자들, 즉 전혀 변화 없이 육체를 따라 사는 자들은 하나님 나라를 유업으로 받지 못합니다. 영생을 누리지 못한다는 말입니다. 그런데 한번 생각해 보십시오. 당신은 한 번도 육체를 따라 산 적이 없습니까? 아닐 것입니다. 분 낸 적이 없습니까? 누구를 미워한 적이 없습니까? 그렇지 않을 것입니다. 그러면 우리와 그들 사이에 무슨 차이가 있는 것입니까?

예수를 진정으로 믿는 자는 육체의 일을 계속할 수 없습니다. 믿는 자 안에 거하시는 성령이 (근심하면서) 막으시고, 결국 회개에 이르게 하시기 때문입니다. 다시 말해서, 우리의 죄악으로 더럽혀진 의의 흰옷을 예수 그리스도의 보혈로 다시 씻어 주어 깨끗하게 만드십니다.

> "하나님께로부터 난 자는 다 범죄하지 아니하는 줄을 우리가 아노라 하나
> 님께로부터 나신 자가 그를 지키시매 악한 자가 그를 만지지도 못하느니
> 라"(요일 5:18).

여기 '범죄하지 않는다'는 말은 전혀 죄를 짓지 않는다는 말이 아닙니다. 기탄없이, 마음에 그 어떤 찔림도 없이 지속적으로 죄를 지을 수 없다는 말입니다. 예수 믿는 자는 그렇게 마음껏 죄를 지을 수 없습니다. 다만 우리는 성령을 따라 살지 않다가 자꾸 넘어지곤 하는데, 그럴 때마다 우리에게 필요한 것이 바로 회개의 은혜입니다. 자신의 죄악을 깨닫고 인정하는 성도는 애통하고 상한 마음으로 하나님 앞에 무릎을 꿇습니다. 그리고 성령의 새롭게 하시는 은혜를 받습니다.

북한에서 내려온 한 청년이 탈북 동기를 밝혔는데, 뜻밖에도 중간 간부 급이었던 자신의 아버지 때문이었습니다. "아무래도 안 되겠다. 네가 먼

저 내려가서 자리를 잡아라." 아버지가 먼저 이렇게 탈북을 권고했다고 합니다. 참으로 커다란 결단이 아닐 수 없습니다. 생명을 건 결심이니 말입니다.

우리에게도 결단의 시간이 필요합니다. 무작정 기다릴 수만은 없습니다. 더 이상 육체를 따라 살지 않기로 작정해야 합니다. 물론 또 넘어질 수 있습니다. 그럴 때마다 회개하는 것입니다. 그러면서 점점 더 성령으로 사는 데 익숙해져 가는 것입니다. 육체의 일을 열심히 한다고 진정한 즐거움과 행복을 얻을 수 있겠습니까? 그런 삶이 당신을 살리고 다른 이를 세워 준다는 확신이 있습니까? 그렇지 않다면, 우리는 육체를 따라 사는 길에서 돌이켜야 합니다. 거절해야 합니다. 새롭게 변화된 속사람으로 싫어해야 합니다(벧전 4:1-3).

과연 천국에 육체의 일을 지속적으로 하는 사람들이 함께 있을까요? 그 온전히 거룩하고 의로운 곳에 죄성이 원하는 삶을 계속하는 사람들은 결코 들어갈 수 없습니다. 그러므로 회개의 은혜를 가볍게 여겨서는 안 됩니다. 늘 회개하며 자신을 점검하는 자들이 갈 수 있는 곳이 천국입니다.

━ 하늘의 소망

하나님의 말씀을 진정으로 믿는 자들은 회개합니다. 회개하는 자들에게는 '하나님 나라'가 유업으로 주어집니다. 하나님 나라의 친 백성이 되는 것입니다. 그래서 바울은 우리의 시민권은 하늘에 있다고 말합니다(빌 3:20). 우리가 궁극적으로 어디 소속인지를 분명히 알면 이 땅에서 우리의 삶에도 변화가 시작됩니다. 성령의 전인 우리 몸을 육체의 일을 하는 데 함부로 사용하지 않게 될 것입니다. 육체의 일에 쉽게 그리고 자주 빠져 버리는 자신을 더 이상 방치하지 마십시오.

몸에 행하는 할례로는 육체의 일을 제어할 수 없습니다. 마음의 할례, 곧 의식의 전환이 필요합니다. 그리고 하나님을 갈망해야 합니다. 더 나아가, 육체의 일을 금하는 것으로 만족하지 않고 '성령을 위하여 심는 삶'(갈 6:8)을 살아야 합니다. 당신의 몸과 생명, 시간과 재능을 성령을 따라 거룩한 제물로 드리기로 결단하십시오. 그리고 실제로 드리십시오. 성령이 반드시 도와주십니다. 데이빗 플랫은 "복음은 '한번 생각해 보라'고 말하지 않습니다. 복음은 순종을 요구합니다"라고 말했습니다.

이 땅을 소망으로 삼는 사람은 복음에 순종하지 못합니다. 현세만 바라보는 사람도 마찬가지입니다. 그런 사람은 육체의 일에 함몰되어 그 끝을 생각하지 않습니다. 회개할 줄도 모르고, 당연히 성령의 터치도 무시합니다. 지금 우리는 어떻습니까? 순종으로 그 신앙을 확인할 수 있습니다. 소망으로 그 믿음을 점검할 수 있습니다.

● **함께 생각하고 솔직하게 나눠 봅시다.**

1. 당신이 지금도 싸우고 있는 육체의 일은 무엇입니까? 그 싸움의 무기로 당신은 주로 무엇을 사용하고 있습니까?

2. 당신은 하루 평균 몇 분 정도 기도하고 있습니까? 그중 회개의 시간은 얼마나 됩니까?

3. 예수 신앙을 가진 지 얼마나 되었습니까? 처음 믿을 때와 지금을 비교했을 때 당신은 어느 정도 성화되었습니까? 긍정적으로 변화된 것은 무엇이고, 오히려 더 나빠진 것은 무엇입니까?

28. 하나님의 어떤 성품을 비추고 있습니까   갈 5:22-23

> "열매를 맺는다는 것은 어떤 특정한 부류의 그리스도인들에게만
> 국한되어 일어나는 특별한 현상이 아닙니다.
> 그것은 모든 신자의 운명입니다."
> 브루스 윌킨스(Bruce H. Wilkins)

네덜란드의 후기 인상파 화가였던 빈센트 반 고흐(Vincent van Gogh)가 자살 시 사용했던 것으로 추정되는 권총이 프랑스 파리에서 경매로 팔렸습니다. 낙찰가는 무려 2억 1,300만 원이었습니다. 어떤 미술품 수집가가 그 권총을 구입했다고 합니다. 그런데 이 경매에 대한 비난이 계속 이어졌습니다. 한 사람의 죽음을 지나치게 상업화한 처사라는 것입니다.

그렇습니다. 어떻게 돈의 가치가 사람의 가치보다 더 나을 수 있겠습니까? 그러나 안타깝게도 사람이 돈보다 가치 없는 존재로 여겨질 때도 있는 것이 현실입니다. 그렇다면 하나님을 대하는 우리의 마음은 어떻습니까? 그분에게 합당한 존귀와 영광을 돌리고 있습니까? 하나님과 이웃 그리고 자신과 바른 관계를 맺고 살아가려면 무엇보다 먼저 '성령의 열매'를 맺어야 합니다. 성령의 열매는 성령 안에서 회복된 인간의 참된 모습, 더 나아가 성도의 삶의 본질을 보여 줍니다.

본문은 우리가 육체를 따라 살 때, 즉 인간의 죄악 된 본성대로 살면 나타나는 육체의 일과 대조해서 성령을 따라 살 때 맺는 열매가 무엇인지를 가르쳐 줍니다. 이러한 열매는 우리 스스로의 힘이나 노력으로 맺히는 것

이 아니라, 근본적으로 성령에 의해 맺히는 것이기 때문에 성령의 열매라고 말합니다. 여기서 열매는 헬라어로 '카르포스'(karpos)라 하는데, 이는 복수형이 아니라 단수형입니다. 성령을 의지하지 않고서는 절대로 맺을 수 없는 열매이며, 동시에 겉으로 나타나는 모습은 다양해도 모두 한 성령으로 맺히는 하나의 열매인 것입니다.

성령의 열매는 우리의 선한 마음과 행위로써 맺을 수 있는 열매가 아닙니다. 오직 예수 그리스도의 영이신 성령이 있어야 나타나는 열매입니다. 그렇다고 예수 믿으면 성령의 열매가 자동적으로 맺히는 것도 아닙니다.

인생을 살면서 그리고 신앙생활을 하면서 수없이 많은 결단의 순간이 있는데, 이때 육체를 따를 것인지, 아니면 성령을 따를 것인지 그 선택에 따라서 열매의 종류가 달라집니다. 따라서 '거룩한 결단'이 없이는 성령의 열매를 기대할 수 없습니다. 우리 믿음의 진위 역시 성령의 열매를 얼마나 풍성히 그리고 지속적으로 맺는가를 보면 알 수 있습니다. 그렇다면 성령의 열매를 제대로 맺기 위해 필요한 것들은 무엇입니까?

━ 변화의 갈망

"오직 성령의 열매는 사랑과 희락과 화평과 오래 참음과 자비와 양선과 충성과 온유와 절제니 이 같은 것을 금지할 법이 없느니라"(갈 5:22-23).

여기에 나오는 아홉 가지 성령의 열매를 살펴보십시오. 근본적으로 사람의 인격과 성품에 관한 것들이 아닙니까? 풀이하면, 성령의 열매는 '사람'에 관한 것이고, 성령의 은사는 '사역'에 관한 것입니다. 따라서 성령의 열매가 부실한 사람도 사역은 잘할 수 있습니다. 그러나 사역보다는 사람됨이 우선입니다.

성령의 열매로서의 성품은 우리가 천성적으로 가지고 있는 기질이나 성격과는 다른 것입니다. 붙임성이 있고 싹싹한 성격이 성령의 열매로서의 사랑과 일치하는 것은 아니라는 말입니다. 따뜻함이나 친밀함 또는 쾌활함 등도 실제로 자신을 높이는 데 사용될 수 있고, 다른 사람의 시선을 끌기 위해 선행을 하는 것도 가능하기 때문입니다. 성령의 열매로서의 '사랑'은 무엇을 얻기 위해서가 아니라, 전적으로 상대를 위해서 주는 것입니다. 이미 하나님으로부터 조건 없는 사랑을 받았기에 나도 조건 없이 줄 수 있는 것입니다. 성령의 열매로서의 사랑은 그래서 나 자신을 나누고 또 주는 것입니다.

진정한 성령의 열매로서의 '기쁨'은 오직 주 안에서 얻게 됩니다. 하나님과 그분이 베푸신 구원을 즐거워하지 않는 기쁨은 쾌락일 가능성이 높습니다. 성경은 종종 세상이 도무지 이해할 수 없는 기쁨을 말하기도 합니다. 예를 들어, 빌립보서는 고난 중의 기쁨, 고난을 통한 기쁨을 가르쳐 주고 있습니다.

'화평' 역시 예수 그리스도가 우리의 주와 왕이 되어 다스리실 때 경험할 수 있는 성령의 열매입니다. 마찬가지로 '인내'는 하나님의 신실하심과 인자하심을 확신할 때 오는 것입니다. '자비'는 단순히 다른 사람을 잘 대하는 사교성의 문제가 아니라, 때로는 자신의 약하고 부끄러운 면까지도 내보일 수 있는 내적 여유와 내면의 힘을 의미합니다. '점잖은 것'과 '양선'(선함) 역시 구분되어야 합니다. 양선은 정직함, 투명함 그리고 어떤 상황에도 변치 않음(integrity)의 속성을 지닌 성품입니다.

'충성'은 묵묵히 주를 따르는 용기입니다. 끈기입니다. 사람의 눈을 의식하는 사람은 결코 충성된 자가 될 수 없습니다. '온유'는 예수 그리스도를 닮는 것입니다. 그분의 성품을 품는 것입니다. 일종의 겸손입니다. 자신의 다듬어지지 않은 기질을 예수님의 손에 맡기는 것입니다. 마지막으로 '절제'는 예수님이 기뻐하시는 일을 위해 나의 필요나 요구를 포기하는 것입니다. 그래서 충동적으로 생각하거나 말하거나 행하지 않는 것입니다.

관건은 과연 우리가 이런 열매를 맺으며 살기를 진정으로 원하느냐입니다. 우리에게 열매가 없는 가장 큰 이유는 열매를 맺고자 하는 열망이 없기 때문입니다. 그래서 결과적으로 여전히 육체의 일을 하면서 살게 됩니다. 그런데 이렇게 성령의 열매를 제대로 맺지 못하는 것은 교회의 영적 위기만이 아니라 세상의 위기를 초래하고 맙니다. 개인의 삶, 가정, 교회 그리고 사회에서 일어나는 온갖 종류의 악과 고통은 성령의 열매가 맺히지 않거나 부실하기 때문입니다. 세상이 달라지는 것을 진정으로 원한다면 우리가 앞장서서 성령의 열매를 맺어야 합니다. 우리가 참으로 갈망해야 하는 것은 큰 능력을 드러내거나 혹은 놀라운 일들을 행하는 것이 아니라, 성령의 열매를 삶 속에서 맺는 것입니다. 존 파이퍼는 "죄와 싸울 때 나는 수동적으로 앉아서 죄가 없어지는 기적이 일어나기를 기다리지 않습니다. 내가 기적을 행합니다"라고 말했습니다.

▬ 성령의 능력

성령의 열매는 단순히 우리의 노력으로 맺히는 그 무엇이 아닙니다. 그것은 성령의 역사하심이 우리의 삶을 통해 드러나는 것입니다. 돈이 많은 사람은 평범한 사람에 비해 입은 옷, 사는 집 그리고 이용하는 식당 수준에서 차이가 납니다. 그러나 아무리 돈이 많아도 성령의 열매를 거둘 수는 없습니다. 성령의 열매는 전적으로 성령의 능력으로만 맺히기 때문입니다. 얼마나 성령의 지배를 받는가, 또 얼마나 그를 의지하는가에 따라 성령의 열매도 달라집니다. 그러므로 성령의 열매는 지금 우리가 누구를 의지하며 살고 있는지를 가장 정확히 보여 줍니다. 성령의 열매를 풍성히 맺기 원한다면, 우리는 무엇보다도 성령의 능력을 확신해야 합니다.

"온유와 절제니 이 같은 것을 금지할 법이 없느니라"(갈 5:23).

율법조차도 성령이 하시는 일, 다시 말해 우리가 열매 맺는 것을 반대하지 않습니다. 율법을 행함으로는 이런 열매를 맺을 수 없다는 사실을 인정한다는 말이기도 합니다. 이런 열매는 오직 성령의 능력으로만 맺을 수 있다는 것을 율법도 안다는 것입니다.

'내가 스스로 무엇을 한다'는 생각에 사로잡혀서는 안 됩니다. 대신 '성령이 (나를 통해) 하신다'라는 사실을 늘 되새겨야 합니다. 성경에서 하나님의 뜻을 이룬 일꾼들은 스스로 모든 것을 해낼 만한 능력을 가진 사람들이 아니었습니다. 사람들의 눈에는 약하고 보잘것없이 여겨지던 사람들이었습니다. 그렇지만 그들은 성령의 능력을 철저하게 의지했고, 성령이 앞장서 놀라운 일들을 행하셨습니다.

성령은 어떤 분입니까? 성령은 홍해를 갈라 이스라엘 백성을 구원하신 분입니다. 성령은 마른 뼈들로 하나님의 군대를 만드신 분입니다. 성령은 예수님을 죽은 자 가운데서 살리신 분입니다. 그 성령이 지금 우리와 함께하시니 그분의 능력을 힘입으면 우리도 다시 설 수 있고, 다시 새로워질 수 있지 않겠습니까?

"만일 우리가 성령으로 살면 또한 성령으로 행할지니"(갈 5:25).

그리스도인은 평생 성령의 신호등을 따라 살아야 합니다. '진리의 영'이신 성령의 인도를 받아야 합니다. 성령이 가라면 가고, 멈추라면 멈추고, 좌회전하라면 좌회전해야 합니다. 그래야 성도답게 제대로 살 수 있습니다.

구원은 전적으로 하나님의 은혜로 말미암지만, 성령의 열매는 우리가 전적으로 성령을 의지할 때 맺게 됩니다. 성령의 열매를 맺기 위해서는 성도의 책임을 다해야 합니다. 진리의 영에 순종해야 합니다. 하나님의 말씀에 헌신해야 합니다. 유진 피터슨(Eugene Peterson)은 "성령의 열매는 예수님의 진리를 예수님의 방법대로 행할 때 맺힌다"라고 말했습니다. 성령은 우리를 구속하실(redeem) 뿐만 아니라 우리의 삶을 바꾸어(reform) 결국 우리를 거룩하게 만드십니다.

예수의 모습

그렇다면 역사상 성령의 열매를 가장 풍성하게 맺으며 살았던 사람은 누구입니까? 바로 예수님입니다. 사실 예수님만이 완벽한 성령의 사람이셨고, 완벽하게 성령의 능력으로 사셨으며, 완벽하게 성령의 열매를 맺으신 분입니다. 그러므로 성령의 열매를 맺는다는 것은 예수 그리스도를 닮는 것과 마찬가지입니다. 우리 신앙의 목표는 단순히 많은 일을 하는 것이 아니라, 예수님을 닮는 것입니다.

우리가 닮기 원하는 예수님의 모습을 보면 성령의 열매가 다양한 개념을 갖고 있음을 알게 됩니다. 무엇보다 열매는 '생명'의 개념을 담고 있습니다. 아무리 웅장하고 멋지게 보이는 과실나무라 해도 뿌리가 잘린 채로 열매를 맺을 수는 없습니다. 생명이 있어야 열매가 열립니다.

또한 열매는 단시간에 맺히지 않습니다. 적절한 시간이 필요합니다. 달리 표현하면, 열매는 성장의 개념도 내포하고 있습니다. 예수님의 제자들이 처음부터 예수님을 닮지는 않았습니다. 그러나 그들은 닮아 갔습니다. 우리도 마찬가지입니다. 시간이 걸리더라도 믿음을 가진 자라면 조금씩 예수님을 닮아 가게 됩니다. 성령의 열매를 맺게 되어 있습니다.

믿음은 예수 그리스도를 흉내 내는 것이 아닙니다. 실제로 예수 그리스도가 내 안에 사시는 것입니다. 예수 그리스도의 심장으로 사는 것입니다. 복음이 우리의 DNA가 되어야 예수님을 닮을 수 있습니다. 복음의 체질화가 그래서 무엇보다도 필요합니다. 예수 그리스도가 우리의 푯대요, 목표입니다.

성령을 내 영에 '담음'만큼 나는 예수님 '닮음'을 성취할 수 있습니다. 성령은 예수님 닮음의 유일한 비결이며 원동력입니다. 그래서 성령의 열매는 성령의 담음에서 비롯되며, 예수님 닮음으로 나타납니다.

● **함께 생각하고 솔직하게 나눠 봅시다.**

1. 직장과 학교에서, 동료와 친구들 사이에서, 혹은 낯선 모임에서 사람들이 당신을 그리스도인으로 인식하고 있습니까? 혹시 그렇지 않다면, 그 이유는 무엇이라고 생각합니까?

2. 성령의 아홉 가지 열매 가운데 지금 당신에게 특히 필요한 것은 무엇입니까? 당신에게 필요한 성품을 얻기 위해 장기간 꾸준하게 기도해 본 적이 있습니까? 그래서 실제로 변화된 성품을 얻게 된 경험이 있습니까?

3. 당신은 성령의 이끄심에 얼마나 예민하게 반응하고 있습니까? 성령의 신호등을 무시하고 달리다가 사고를 당하거나 낸 적은 없습니까? 있다면, 그 과정과 결과는 어떠했습니까?

29. 변화됨의 분명한 증표를 가졌습니까

갈 5:24-26

"내가 믿는 바로는 사람이 거룩해지면 거룩해질수록,
자신에게 여전히 남아 있는 거룩치 못한 것에 대해 더 애통하게 된다."
찰스 스펄전(Charles H. Spurgeon)

'미치광이 이론'(Madman Theory) 혹은 '미치광이 전략'(Madman Strategy)이
라는 국제 정치학 용어가 있습니다. 이 말은 미국의 37대 대통령인 리처
드 닉슨(Richard Nixson) 시절부터 사용됐는데, '미친 척 행동하거나 상식에서
벗어난 말을 주장하게 되면 상대방이 진짜 실행에 옮길지도 모른다는 두
려움으로 인해 함부로 덤비지 못한다'는 뜻을 갖고 있습니다. 도널드 트
럼프(Donald Trump) 전 미국 대통령이 이 전략을 쓴 것도 같습니다. 이 전략
은 어느 정도 힘이 있는 자가 쓸 때 효과가 있습니다. 약자의 입장에서 이
런 전략을 사용하면 그야말로 미친 사람 취급을 받을 것입니다. 그리고
상대방의 약점과 허점을 알아야 이 전략을 제대로 써먹을 수 있습니다.

우리는 매일 만만치 않은 영적 싸움을 감당하며 살아가고 있습니다. 대
적 마귀는 온갖 방법으로 성도들을 공격하는데, 이 미치광이 전략도 아주
잘 이용합니다. 그 악한 존재는 어느 정도 힘을 가지고 있고, 우리의 약점
과 허점도 잘 알고 있기 때문입니다. 따라서 우리는 도식화된 사고의 틀
이나 화석화된 전통 그리고 시대를 읽어 내지 못하는 고정관념에 매여서
는 도저히 악한 영의 궤계를 물리칠 수 없습니다. 미친 듯이 우리를 거룩

한 자리에서 멀어지게 만드는 육체의 본성을 우리 스스로의 힘으로는 감당할 수가 없습니다. 이렇게 불리한 싸움에서 이기기 위해 우리에게 필요한 무기는 무엇이며, 어디서 그것을 구할 수 있겠습니까? 그 어떤 곳에서, 그 무엇으로도 구할 수 없는 절대적 무기가 우리에게 필요합니다. 그 무기는 우리 안에 계신 성령입니다.

본문은, 성도가 되는 것은 자신의 거룩함에서 기인하는 것이 아니라 오직 예수를 믿게 하시는 성령(거룩한 영)으로 말미암는 것처럼, 성도답게 거룩하게 사는 것 역시 성령의 도움으로만 가능하다는 사실을 가르쳐 줍니다. 성령의 열매는 저절로 맺히지 않습니다. 우리의 신앙 인격도 단번에 갑자기 형성되지 않습니다. 시간이 지난다고 해서 우리의 신앙이 저절로 자라는 법도 없습니다. 그러므로 우리는 육체의 일을 하며 육체를 따라 살 것인지, 아니면 성령의 열매를 맺으며 성령으로 살 것인지, 매 순간 결단과 선택을 해야 합니다.

케빈 드영은 거룩하게 되는 것을 이렇게 설명했습니다. "거룩함을 추구하는 것은 예수님과 똑같아져야 하는 비현실적인 시도가 아니다. 그것은 그리스도 안에서 이미 가능해진 삶을 살아 내기 위한 싸움이다."

거룩해지기 위해 금욕주의나 고행주의를 추구할 필요는 없습니다. 이제부터 우리가 할 일은 계속해서 성령으로 사는 것, 즉 지속적으로 성령을 따라 행하는 것입니다. 성령은 우리를 죄와 죽음과 마귀와 율법의 권세로부터 구속하는 일만 아니라, 우리의 내면과 외적인 행동을 변화시키는 일도 하시기 때문입니다. 따라서 성도는 한 사람도 예외 없이 이 땅을 사는 동안 어떤 상황 가운데서도 성령으로 살아야 합니다. 다만 문제는 성령이 우리를 깨우치고 인도하실 때 어떻게 반응할지를 결정해야 한다는 점입니다. 그 문제를 몇 가지 주제로 다루어 보겠습니다.

─ 분명한 변화

"그리스도 예수의 사람들은 육체와 함께 그 정욕과 탐심을 십자가에 못 박
았느니라"(갈 5:24).

여기서 '육체'는 '타락하고 부패하고 변질된 죄성을 가지고 사는 인간의
상태'를 뜻합니다. 그리고 '십자가에 못 박았다'는 것은 '더 이상 일방적으
로 정욕과 탐심의 지배를 받으며 끌려 다니는 삶을 살지 않는다'는 말입
니다. '십자가'는 '죽음의 틀'입니다. 더 이상 정욕과 탐심이 주인처럼 행세
하도록 버려두지 않는다는 뜻입니다. 단호한 거절을 표현한 말입니다. 속
지 않는다는 말이기도 합니다.

물론 아직은 우리가 육신을 입고 이 땅에 살기 때문에 유혹에 넘어지기
도 하고, 시험에 들기도 합니다. 그러나 금방 일어날 수 있는 길을 우리는
이미 알고 있습니다. 우리는 '그리스도 예수의 사람들'이기 때문입니다.
우리가 정욕과 탐심을 따라 살지 않고 스스로 거룩해졌기 때문에 그리스
도 예수의 사람이 된 것이 아닙니다. 예수님이 정욕과 탐심의 지배로부터
우리를 벗어나게 해 당신의 사람이 되게 하셨기 때문에 우리는 예수 소속
인 것입니다. 믿음은 내가 예수 그리스도를 위해 무엇을 해야 하는가 이
전에 먼저 그분이 나를 위해 무엇을 하셨는가, 그래서 그 결과 나는 누구
인가를 아는 것입니다.

"그런즉 누구든지 그리스도 안에 있으면 새로운 피조물이라 이전 것은 지
나갔으니 보라 새것이 되었도다"(고후 5:17).

우리 자신이 누구인가를 아는 것은 참으로 중요합니다. 더불어 예수 그리스도가 우리 가운데 무슨 일을 행하셨는지를 아는 것도 필요합니다. 그래야만 우리는 그리스도인답게 살 수 있기 때문입니다.

줄리아 호킨스(Julia Hawkins)라는 할머니는 2019년 6월에 열린 전미 육상 대회 100세 이상 100미터 여성 부문에서 46초 07의 기록으로 우승을 차지했습니다. 원래 그 경기에는 다른 한 명의 선수도 출전하기로 되어 있었는데, 그 선수가 부상으로 기권하게 되어 홀로 뛰게 되었습니다. 혹시 살짝 웃음이 나옵니까? 100미터 뛰는 데 46초나 걸린 것이 뭐 그리 대단한 일인가 싶습니까? 호킨스 할머니의 생각은 다릅니다. 그녀의 관심은 기록 갱신이나 다른 선수와의 경쟁이 아닙니다. 그 나이에도 뛸 수 있는 건강의 아름다움을 많은 사람에게 알리기 위해 경기에 참가했다고 합니다.

인생의 경주에서 우리도 숱한 실수와 실패를 거듭 경험했습니다. 그러한 실수와 실패를 지울 수는 없습니다. 그 수치와 부끄러움과 아픔을 무슨 지우개로, 무슨 세제로 지울 수 있겠습니까? 그런데 놀라운 일이 일어났습니다. 그런 실수와 실패까지도 사용해서 인생을 아름답게 빚으시는 분이 우리에게 나타난 것입니다. 그분이 우리를 만지고 다듬기 시작하셨습니다. '성령의 일'이 시작된 것입니다. 이것이 기적입니다. 복음만이 우리로 하여금 새로운 자아상을 그리게 하고 우상의 헛됨을 드러내 줍니다. 정욕과 탐심이 우리의 삶을 지배하던 옛 시절은 지나갔습니다. 이제 우리의 할 일은 거룩하신 하나님을 본받아 이 땅에서 거룩하게 사는 것입니다. 거룩하게 살기 위해 필요한 일은 무엇일까요?

── 거룩한 순종

"만일 우리가 성령으로 살면 또한 성령으로 행할지니"(갈 5:25).

성령을 의지하고 산다면 우리는 그분의 지시에 따라야 합니다. 앞선 장에서도 살폈듯이, '행하다'에 해당하는 헬라어는 원래 군사 용어입니다. 병사가 지휘관의 명령에 따라 움직이는 것을 말합니다. 병사에게 최우선으로 요구되는 자세는 명령에 순종하는 것입니다. 그가 얼마나 건장하고 용맹하고 검술에 능한지는 다음 문제입니다. 온몸이 무기인 최상급 병사라도 상관의 명령에 복종하지 않으면 오히려 위험할 수 있습니다. 병사는 자신의 생각이나 형편에 매여서는 안 됩니다. 필요한 것은 순종입니다. 듣고 따르는 것입니다.

"병사로 복무하는 자는 자기 생활에 얽매이는 자가 하나도 없나니 이는 병사로 모집한 자를 기쁘게 하려 함이라"(딤후 2:4).

성령을 따라 행하는 것이 때로 힘들고 어렵다 할지라도, 성령이 기뻐하시는 일에 동참하면 우리 또한 기쁨으로 단을 거두게 될 것입니다. 사도행전에 나타나는 제자들의 모습을 보십시오. 복음서에 그려져 있는 그들의 모습과 많이 다릅니다. 무엇이 그들을 변화시킨 것일까요? 성령입니다. 성령이 그들에게 임했기 때문입니다.

예수님이 승천하면서 그들에게 남기신 마지막 당부가 성령을 기다리라는 것입니다. 어떤 사역도 성령의 도움 없이는 불가능합니다. 신약 교회가 세워지는 과정에서 가장 우선적으로 필요했던 것이 성령의 오심이었습니다. 교회 조직이나 건물이나 재정이나 프로그램이 중요한 것이 아니었습니다. 그 어떤 소프트웨어나 하드웨어보다도 더 중요한 것은 성령의 오심과 성령의 도우심과 성령의 이끄심이었습니다.

성령의 임재 없이 그저 우리의 열정과 관록만을 믿고 사역을 하는 것은 아닌지 스스로 살펴보아야 합니다. 교회에서 하는 모든 사역은 거룩해야 합니다. 그러기 위해서는 거룩한 영의 이끄심에 반드시 반응해야 합니다. 성령의 지시에 민감해야 합니다. 그래서 성경에는 '듣다'라는 말이 1,500번 이상 사용됩니다. 들어야 삽니다. 제사가 순종보다 앞설 수는 없습니다. 유행이나 세상 풍조에 민감할 필요는 없습니다. 그러나 성령의 지시에는 언제나 민감해야 합니다.

수년 전, 서울대학병원에서 소아와 청소년 4천 명을 대상으로 자신의 삶에 대해 어떤 생각을 하고 있는지를 조사한 적이 있습니다. 조사 결과, 18퍼센트의 응답자가 자살을 생각하는 등 심각한 정신 건강 문제를 겪고 있음이 드러났습니다. 당연하지만, 우리 아이들과 청소년들에게도 예수님의 복음과 성령님의 만지심이 필요합니다. 그들의 고충을 해결할 특별한 다른 방도가 있는 것이 아닙니다. 예수님은 죽은 나사로를 살리셨을 뿐만 아니라, 회당장 야이로의 죽은 어린 딸도 살리셨습니다. '달리다굼'(소녀야 일어나라)의 예수님은 지금도 그 영으로 우리 자녀들에게 말씀하십니다.

어른이건 아이건 우리는 성령의 음성 듣는 법을 배워야 합니다. 성령의 인도를 따라 나아가야 합니다. 사실 인생의 여정에서 성령의 지시에 순종하는 것보다 더 안전한 길은 없습니다. 그 옛날 이스라엘이 광야에서 벗어나기 위해 나름대로 더 빠른 길을 찾지 않고 구름 기둥의 움직임에 따라 행진했던 것처럼, 오늘 우리도 당장 괜찮아 보이는 삶의 법을 따르기

보다는 말씀의 원리와 성령의 도우심을 구하며 믿음의 행진을 계속해야 합니다.

━ 온전한 자유

"헛된 영광을 구하여 서로 노엽게 하거나 서로 투기하지 말지니라"(갈 5:26).

신약학자 레온 모리스(Leon Morris)는 이 구절이 경계하는 것이 '나는 항상 옳고, 다른 사람은 항상 틀리다'는 사고를 지닌 사람들 가운데서 보편적으로 일어나는 현상이라고 해석했습니다. 허영과 다툼, 시기와 질투, 비교 의식과 말꼬리 잡기와 같은 것들은 자신이 늘 최고라고 생각하고 사는 사람들의 모습이라는 뜻입니다. 어쩌면 갈라디아 교회 교인들 가운데 이런 모습을 가진 자들이 있었는지도 모릅니다. 헛된 영광을 구하며 살면 살수록 우리는 점점 더 자유를 빼앗기게 됩니다. 자기 스스로 얽매여 자유를 잃는 일을 이제 멈추어야 합니다.

예수님만 드러내며 그분을 존귀하게 여기며 살 때, 우리는 그 무엇도 두렵지 않습니다. 자신을 증명하기 위해 불안해하거나 초조해질 필요가 없습니다. 죄가 있는 곳에 더욱 넘치는 은혜가 있고, 정욕과 탐심의 권세보다 성령의 권능이 훨씬 크기 때문에 성령을 따라 행하면 분명히 영적 싸움에서 승리를 경험하게 됩니다. 싸움이 끝나는 마지막 순간까지 하나님이 우리 각자에게 주신 거룩한 목적을 위해 삶을 드리십시오. 팀 켈러는 "스스로 하나님 노릇 했다면, 충성했어도 그것은 죄다"라고 말했습니다.

이 시대의 적지 않은 목회자가 충성을 하면서도 결국에는 꾸중을 들을 수 있습니다. 그것은 스스로 하나님 노릇 하기 때문입니다. 정말 두려운 일이 아닐 수 없습니다. 그러나 팀 켈러의 경고는 비단 목회자에게만 해당되지 않을 것입니다.

무슨 일을 하든, 어떤 직분을 가졌든, 하나님이 실제로 나의 왕이 아니면 내가 왕 노릇 하는 것입니다. 예수님이 실제로 나의 구원자가 아니면 내가 구원자 역할을 하는 것입니다. 성령님이 실제로 나의 주인이 아니면 내가 주인 자리에 있는 것입니다. 만약 이렇게 살고 있다면, 아무리 교회를 열심히 다녀도 우리는 그저 종교인일 뿐입니다. 아무리 주 예수라고 고백해도 우리는 여전히 죄의 종일 뿐입니다.

우리 안에 있을지도 모르는 이러한 우상들을 제거하기 전에는 결코 진정한 자유를 맛볼 수 없습니다. 이 가짜 신들을 제거하기 위해서는 반드시 우리 안에 성령이 거하셔야 합니다. 지금 당신은 이 성령을 갈망하고 있습니까? 성령을 모시고 그분과 함께 살고 있습니까?

● **함께 생각하고 솔직하게 나눠 봅시다.**

1. 당신에게 있어 성령은 어떤 존재입니까? 당신은 성령의 임재를 얼마나 체험하고 있습니까? '성령이 내 안에, 내가 성령 안에' 있음을 당신은 어떻게 알 수 있습니까?

2. 과거에 다른 종교를 가졌던 적이 있습니까? 혹은 가까운 사람 중에 기독교 외의 종교에 심취한 사람이 있습니까? 그 종교가 제시하는 구원의 길, 거룩함의 방법은 무엇입니까? 그런 노력이 효과를 본 것은 무엇이며, 효과가 없었던 것은 무엇입니까?

3. 복음이 다른 종교와 다른 점이 무엇인지 당신은 이해하고 있습니까? 당신의 가치관은 지금 복음에 가깝습니까, 아니면 종교에 가깝습니까?

믿음은

내가 예수 그리스도를 위해 무엇을 해야 하는가 이전에

먼저 그분이 나를 위해 무엇을 하셨는가,

그래서 그 결과

나는 누구인가를 아는 것입니다.

6부

복음은 언제나
사랑을 향해
있습니다

30. 바벨탑이 아닌 믿음의 공동체를 세우십시오

갈 6:1

> "사랑은 적을 친구로 바꾸어 놓을 수 있는
> 유일한 힘이다."
> 마틴 루터 킹, 주니어(Martin Luther King, Jr.)

1969년 7월 21일, 미국의 우주 비행사 닐 암스트롱(Neil Armstrong)이 달 탐사선 아폴로 11호의 달 착륙선인 이글(Eagle)호에서 내려 인류 최초로 달 표면에 발자국을 남겼습니다. 그는 달에 내리면서 이런 말을 했습니다. "이것은 한 사람에게는 작은 한 발걸음이지만, 인류에게는 위대한 도약이다." 그런데 인간이 달에 발자국을 남긴 사건과는 비교할 수 없을 만큼 훨씬 더 큰 사건이 2천 년 전에 있었습니다. 하나님의 아들이 이 땅에 육신을 입고 오신 것입니다.

> "말씀이 육신이 되어 우리 가운데 거하시매 우리가 그의 영광을 보니 아버지의 독생자의 영광이요 은혜와 진리가 충만하더라"(요 1:14).

여기서 '거하시다'라는 단어는 원어적으로 '장막을 치다'라는 의미입니다. 예수 그리스도가 우리 가운데 장막을 치신 이유가 무엇입니까? 죄로 말미암아 찢어지고 무너지고 망가져 버린 우리 자신과 이 세상을 회복시키기 위해서입니다. 물론 그분의 몸이 대신 찢어지고, 무너지고, 망가졌습니다.

"그날에 내가 다윗의 무너진 장막을 일으키고 그것들의 틈을 막으며 그 허
물어진 것을 일으켜서 옛적과 같이 세우고"(암 9:11).

그분의 이러한 '회복의 사역'에 우리가 동참하고 있습니다.

본문은 함께 교회를 이루고 있는 어느 지체가 육체를 따라 살다가 죄를 범하고 넘어졌을 때, 다른 지체들이 어떻게 그를 대해야 하는지 그리고 그를 보면서 그들이 가져야 하는 마음 자세는 무엇인지를 가르쳐 줍니다.

우리가 믿음을 가지게 된다는 것은 영적 공동체, 즉 교회의 일원이 된다는 것을 뜻합니다. 바른 믿음은 본질적으로 '공동체성'을 띠고 있다는 의미이기도 합니다. 좀 달리 표현하면, 우리는 예수 믿고 난 뒤 하나님의 가족 혹은 하나님 나라의 백성이 됩니다. 믿음은 근본적으로 하나님과 인격적인 관계를 맺음으로부터 시작되지만, 다른 지체 혹은 다른 사람과의 관계를 결코 무시하지 않습니다. 그러므로 교회의 지체들에게 가장 필요한 것 중의 하나가 공동체 의식을 가지고 함께 교회를 세워 나가는 일입니다. 이러한 공동체 의식을 상실한 교회는, 문제가 생기면 언제나 심한 갈등과 분규를 겪게 됩니다. 마귀는 '분열의 영'이지만, 성령은 '통합의 영'임을 잊지 말아야 합니다.

"평안의 매는 줄로 성령이 하나 되게 하신 것을 힘써 지키라"(엡 4:3).

성령으로 살지 않으면 그 누구도 공동체 의식을 가지고 책임 있는 지체의 사명을 감당할 수 없습니다. 기껏 할 수 있는 일이 "헛된 영광을 구

하여 서로 노엽게 하거나 서로 투기"(갈 5:26)하는 것밖에 없습니다. 공동체를 건강하게 세우는 것은 우리 모두에게 주어진 책임입니다. 그렇다면 어떻게 제대로 그리고 지속적으로 공동체를 세울 수 있는지 살펴보겠습니다.

━ 각성의 은혜

"형제들아 사람이 만일 무슨 범죄한 일이 드러나거든 신령한 너희는 온유한 심령으로 그러한 자를 바로잡고 너 자신을 살펴보아 너도 시험을 받을까 두려워하라"(갈 6:1).

형제를 회복시키는 데 가장 필요한 일은 먼저 우리 자신도 연약해서 언제든지 넘어질 수 있다는 사실을 인정하고 두려워하는 일입니다. 넘어진 형제만이 아니라 우리 자신도 연약하다는 '연약함의 공감'이 필요합니다. 그래야만 서로 세워 줄 수 있습니다. 자신은 전혀 연약하지 않고 문제가 없는 사람처럼 스스로 '자기 의'에 빠지게 되면 피차 갈등의 골만 더 깊어지게 됩니다. 넘어진 형제와 우리 자신 사이에 차이가 있다면, 그것은 지금 그 형제에게는 받아 줌과 세워 줌이 필요하고, 우리에게는 그를 용납하고 일으켜 줄 책임이 있다는 점입니다. 그 이상도 이하도 아닙니다.

우리 역시 허물과 죄로 얼룩진 불의하고 사악한 존재였는데 하나님이 길이 참으시는 가운데 먼저 회복시켜 주셨다는 사실을 기억해야 합니다. 이러한 각성의 은혜를 먼저 입어야 실수하지 않습니다. 어떤 면에서 아예 믿음이 없는 것보다 '자기 의'에 빠지는 것이 더 위험할 수 있습니다. '자기 의'에 빠진 사람들은 다른 사람을 돕는 데도 숱한 이유와 조건을 내세우곤 합니다. 그런 모습은 때로 옹졸해 보이기도 합니다. 자신을 높여서는 안 됩니다. 스스로 뭔가 됐다고 생각해서도 안 됩니다. 또한 자신을 미워해서도 안 됩니다. 우리처럼 연약하고 자꾸 넘어지는 사람을 여전히 붙들어 주고 받아 주시는 분이 계시기 때문입니다.

도림천 산책길을 걷다 보면 주인과 함께 산보 나온 개들이 많습니다. 보통은 문제가 없지만, 그중에는 간혹 사람이나 다른 개를 공격하는 개들이 있습니다. 심지어 사람을 물기도 합니다(물론 사람이 개를 무는 경우는 없습니다). 개 주인이 스스로 착각하는 것 중에 이런 생각이 있습니다. '우리 개는 순해서 다른 개나 사람을 물지 않는다.' 이런 확신을 버려야 문제가 발생하지 않습니다.

30년 이상 '동물행동학'을 연구한 미국 콜로라도대학교 명예 교수 마크 베코프(Marc Bekoff)의 말입니다. "개는 개다. 개는 있는 그대로 보아야 하며, 보고 싶은 대로 보아서는 안 된다." 사람도 마찬가지입니다. 자기 자신을 있는 그대로 보아야지, 자신이 보고 싶은 대로 보아서는 안 됩니다. 형제가 범죄함으로 넘어졌을 때, 우리는 너무 쉽게 그리고 빨리 형제를 비난하고 비판하는 경향이 있습니다. 그러면서 자신은 그런 사람과 다르다고 자고합니다. 비난으로는 그 넘어진 자를 다시 일으켜 세울 수 없습니다. 차라리 비판하는 데 쓸 에너지를 그를 세우기 위해 사용해야 합니다. 더 나은 방안은 없습니다.

신앙의 공동체인 교회에도 갈등과 시험은 늘 있게 마련입니다. 왜냐하면 교회는 온전히 거룩하고 의로운 사람들만 모이는 곳이 아니기 때문입니다. 미국 캘리포니아에 위치한 노스코스트 교회를 담임하고 있는 래리 오스본(Larry Osborne)은 "교회는 언제나 엉망이었다"고 말했습니다. 자신의 연약함을 알아야 다른 형제를 소중히 여길 수 있습니다. 예수님은 진정한 평화의 비밀을 알지 못하는 예루살렘을 보며 눈물을 흘리셨습니다. 넘어진 형제를 향한 눈물이 얼마나 있는지 스스로 살펴보면 좋겠습니다.

━ 회복의 은혜

본문은 범죄한 형제의 회복이 공동체 전체의 책임이라고 말씀합니다. 교회를 거룩하게 지키는 것만이 아니라 건강하게 회복시키는 것 역시 우리 모두의 책임입니다. 지금 갈라디아 교회는 영적 위기를 맞고 있습니다. 거짓 교사들로 인해 성도들의 마음이 나뉘었기 때문입니다. 그들에게 절실히 요구되는 것은 무엇보다도 '복음'으로 돌아가 '공동체 의식'을 회복하는 일이었습니다.

본문에서 '바로잡다'로 번역된 헬라어 단어는 '카타르티조'(katartizo)인데, '찢어지거나 해어진 그물을 기우다' 혹은 '골절된 뼈를 제 위치로 돌려 놓다'라는 의미입니다. 조금 더 포괄적으로 표현하면, 바로잡는다는 것은 기능을 상실하거나 오류가 발생한 것을 정상적으로 되돌려 놓는 것을 의미합니다. 잘못한 형제를 바로잡아 주는 일은 그의 짐을 함께 지고 실질적인 도움을 주는 것까지를 포함합니다.

오늘날 교회에서 점점 사라지는 사역 가운데 하나가 '회복의 사역'이 아닐까 싶습니다. 사실상 이 일은 교회가 가장 역점을 두어 수행해야 하는 사역 중 하나인데도 말입니다. 교회는 '회복의 공동체'입니다. 만약 교회에서 회복의 은혜가 메마르게 되면, 교회는 급속도로 차가워질 수 있습니다. 우리가 교회의 역사를 통해 이미 알고 있듯이, 진리의 이름으로 다른 형제를 비판하거나 비난하거나 정죄하는 일을 할 수 있기 때문입니다.

가끔씩 농산물 생산의 수요와 공급이 맞지 않아 농부들이 마음고생을 크게 할 때가 있습니다. 양파가 그랬고, 고구마도 그랬던 적이 있습니다. 양파가 넘쳐날 때면 당연히 양파 재배 농가는 속상해하며 한숨지을 수밖에 없습니다. 그런 상황에서 양파 재배 농민들을 어떻게 도와야 할까요? 기쁨으로 '풍년가'를 농민들과 함께 불러야 할까요? 아니면 양파가 건강식품이라며 사람들에게 그 효능을 열심히 알려야 할까요? 아닙니다. 먼저 양파를 사 주는 것이 무엇보다 필요합니다. 그다음에는 양파 소비 촉진을 위한 방안을 강구하고, 또 수출 등의 판로 확대를 위해 노력하는 것이 뒤따라야 합니다.

마찬가지로, 넘어진 형제를 도와주되 그에게 맞는 도움을 주어야 합니다. 넘어진 형제를 향한 바로잡음의 사역이 피상적이거나 천편일률적이되어서는 안 됩니다. 그 넘어진 자를 위해 기도해야 하고, 그가 상담 받도록 도와주기도 해야 합니다. 그리고 필요하다면 물질적인 도움도 줘야 합니다.

이런 의미에서 교회가 회복의 공동체가 되기 위해서는 반드시 '교제'가 필요합니다. 성경적인 '교제'는 단순히 함께 재미있고 즐겁게 지내는 것 이상의 의미를 지닙니다. 성경에서 교제로 번역된 헬라어 단어는 '코이노니아'(koinonia)입니다. 문맥에 따라 '참여, 연보, 상통, 사귐, 나눔, 동업, 통용' 등으로 번역되기도 합니다. 그런데 이 단어의 근본적인 의미는 '서로를 책임지는 것' 혹은 '서로에게 헌신하는 것'입니다. 교제는 시간이 남을 때만 하는 것이 아닙니다. 교제는 성도의 소명입니다. 연약해서 넘어진 형제를 일으켜 세우는 회복 사역의 실천을 위해 교제는 필수적인 것입니다.

― 복음의 은혜

하나님은 우리가 다른 사람을 소중히 여기고 사랑하도록 먼저 우리에게 예수 그리스도 안에서 긍휼을 베풀어 주셨습니다. 복음으로 우리의 정체성을 분명히 하지 않으면, 공동체 세우기는 불가능합니다.

사마리아 수가 성의 이름 모를 한 여인을 회복시키기 위해 예수님은 당시 수치의 땅으로 여겨졌던 사마리아 땅으로 친히 가셨습니다. 그분은 세리장 삭개오의 회복을 위해 비난을 감수하고 죄인의 집으로 들어가셨습니다. 그분은 우리를 죽음의 자리에서 영생의 자리로 옮겨 놓기 위해 스스로 저주와 치욕의 십자가를 지셨습니다. 당신의 생명까지 내놓으셨습니다.

이사야 53장 5절에서 선지자가 예언적으로 선포합니다.

"그가 찔림은 우리의 허물 때문이요 그가 상함은 우리의 죄악 때문이라 그가 징계를 받으므로 우리는 평화를 누리고 그가 채찍에 맞으므로 우리는 나음을 받았도다."

결국 형제의 회복을 위해서는 누군가가 값을 치러야 합니다. 넘어진 형제가 결국 회복되지 못한 가운데 믿음의 자리에서 멀어지게 되는 것은 우리가 복음의 은혜와 능력에서 멀어진 채 각자 자신의 문제에만 집착하기 때문입니다. 그 누구도 그 형제를 위해 값을 지불하지 않는다면, 각자 이기적인 본성에만 집착한다면, 교회는 더 이상 교회가 되지 못할 것입니다. 거기에는 더 이상 예수님이 계시지 않기 때문입니다.

갈라디아 교회가 회복되기까지 해산하는 수고를 아끼지 않겠노라고 다

짐했던 사도 바울에게 성령이 있고, 은혜가 있고, 복음이 있었기에 그는 그 사명을 감당할 수 있었습니다. 마찬가지로 우리가 속한 교회가 회복되고, 새로워지고, 온전케 되는 데 우리 각자가 사용되기 위해서는 성령과 은혜와 복음이 필요합니다. 이 셋은 별개의 것이 아니라 모두 예수 그리스도 안에 공존하는 하나님의 선물입니다. 우리는 이 선물로 넉넉하게 무장해서 교회 공동체를 세우고, 가정 공동체를 세우고, 국가 공동체를 세워 가는 성도가 되어야 할 것입니다.

● **함께 생각하고 솔직하게 나눠 봅시다.**

1. 당신이 지금 출석하며 섬기는 교회는 당신에게 어떤 의미와 가치가 있습니까? 교회에 아픔과 문제가 있을 때 그리고 기쁨과 좋은 일이 있을 때 당신은 어느 정도로 함께 울며 함께 웃고 있습니까?

2. 지금 교회에 소속되게 된 계기와 이유는 무엇입니까? 당신이 교회에 대해 갖고 있는 자부심은 무엇입니까? 그리고 아쉬운 점은 무엇입니까?

3. "교회는 언제나 엉망이었다"라는 래리 오스본의 말을 어떻게 생각합니까? 한국 교회 전체의 모습을 볼 때, 이 말이 옳다고 여겨지는 모습은 무엇입니까?

31. 예수님처럼 서로의 짐을 나눠야 합니다 갈 6:2-5

> "하나님께서는 짐들도 주셨지만,
> 또한 그러한 짐들을 짊어질 수 있는 어깨들도 주셨습니다."
>
> C. S. 루이스

대표적 신용 카드 회사인 '마스터 카드'(Master Card)가 몇 년 전 발표한 자료에 의하면, 해외에서 돈을 제일 많이 쓰는 국민이 미국, 중국, 독일, 영국, 프랑스, 한국, 일본 순이라고 합니다. 우리나라가 얼마 전, 유엔의 한 기구로부터 '선진국'으로 공적 인정을 받지 않았습니까? 물론 지금은 '코로나 팬데믹'으로 인해 해외여행이 자유롭지 못하지만, 해외여행을 많이 다니고 돈을 잘 쓴다고 해서 정말로 그 사람이 인생의 행복을 남들보다 더 많이 누린다고 말하지는 못할 것입니다.

휴식과 쉼을 위해 휴가도 가고 돈도 쓰지만, 역설적으로 우리나라는 세계적으로 유명한 '과로 사회'이며 또한 '피로 사회'입니다. 우리나라가 어쩌다가 '피로 사회'가 되었을까요? 우리나라에서는 왜 연중 하루 평균 서른여섯 명이 극단적인 선택을 하는 걸까요?

본문은 교회가 연약한 가운데 죄를 범해서 넘어진 형제를 바로잡고 세우는 '회복의 공동체'일 뿐만 아니라, 혼자서는 감당하기 어려운 짐을 함께 짊어짐으로 쉼을 얻는 '안식의 공동체'임을 가르쳐 줍니다. 여기서 '지다'라는 동사가 헬라어 원문에는 현재형으로 되어 있습니다. 어쩔 수 없이 한

두 번 정도 서로 짐을 지는 것이 아닙니다. 지속적으로 서로를 살펴 함께 짐을 져야 한다는 말입니다. 그런 의미에서 서로 짐을 지는 것은 '성도의 소명'이라 볼 수 있습니다. 우리 모두는 그렇게 살도록 부름을 받았다는 뜻입니다. 더 나아가, 우리가 짐을 서로 지는 것은 '그리스도의 법을 성취하는 일'이기도 합니다. 즉, 예수님이 명하신 '사랑의 새 계명'을 따라 사는 것입니다.

"새 계명을 너희에게 주노니 서로 사랑하라 내가 너희를 사랑한 것같이 너희도 서로 사랑하라"(요 13:34).

이렇게 함께 짐을 감당하는 것은 모든 그리스도인들의 거룩한 생활 방식이 되었습니다. 그런데 본문에는 '짐'이 무엇인지 상세히 설명되어 있지 않습니다. 일차적으로는 1절에서 언급된 범죄한 형제가 가지게 되는 죄책감, 수치심 그리고 영적 무력감 등으로 이해할 수 있습니다. 그러나 보다 포괄적으로는, 짐은 우리가 이 땅에서 육신을 입고 사는 동안 감당해야 하는 여러 종류의 고통과 상실, 아픔과 헤어짐 그리고 슬픔과 외로움 등을 의미한다고 보면 좋을 것입니다.

지금 우리에게는 어느 때보다도 쉼이 필요합니다. 그러나 진정한 쉼은 결코 안락함이나 값싼 편안함이 아닙니다. 짐을 서로 질 때 오는 하나님의 선물입니다. 짐을 서로 지는 일을 어떻게 계속 그리고 구체적으로 할 수 있는지 살펴보겠습니다.

누구에게나 있는 짐

"너희가 짐을 서로 지라 그리하여 그리스도의 법을 성취하라 만일 누가 아무엇도 되지 못하고 된 줄로 생각하면 스스로 속임이라 각각 자기의 일을 살피라 그리하면 자랑할 것이 자기에게는 있어도 남에게는 있지 아니하리니 각각 자기의 짐을 질 것이라"(갈 6:2-5).

짐에는 여러 종류가 있지만, 본문은 크게 두 가지 종류의 짐에 대해 말하고 있습니다. 2절에서 말하는 짐은 혼자서 지기에는 무거운 짐으로서 헬라어로 '발로스'(balos)라고 합니다. 그리고 5절의 각자가 져야 할 짐은 혼자서 질 수 있는 가벼운 짐으로서 헬라어로 '포르티온'(fortion)이라고 합니다. 우리 모두에게는 스스로 질 수 없는 무거운 인생의 짐들과 자기 자신이 져야만 하는 짐들이 있습니다. 사람의 눈에 보이는 짐들도 있지만, 눈에 띄지 않는 짐들도 있습니다. 우리 모두에게는 크기와 종류 그리고 무게는 다르지만, 다들 져야 할 짐들이 있습니다.

자기에게는 아무런 짐이 없다고 스스로를 속이며 살아가는 사람들도 있는데, 성경은 그런 모습을 지적합니다. 우리 각자에게는 책임감을 가지고 감당해야 하는 짐이 있습니다. 그리고 물론 홀로 지기에는 벅찬 무거운 짐도 있음을 우리는 인정해야 합니다. 짐을 서로 지기 위해서 필요한 일은 우리 모두에게 짐이 있다는 것을 인정하는 것입니다. 자신이 지고 있는 짐이 얼마나 무거운지를 인식할 때 다른 형제의 짐을 함께 지고자 하는 마음도 생기게 되는 법입니다.

"만일 누가 아무것도 되지 못하고 된 줄로 생각하면 스스로 속임이라 각각 자기의 일을 살피라 그리하면 자랑할 것이 자기에게는 있어도 남에게는 있지 아니하리니"(갈 6:3-4).

타인과 비교하면서 자신에게는 드러낼 만한 것이 더 많다고, 또 더 낫다고 스스로 생각하는 사람도 다른 사람의 눈에는 무거운 짐을 진 채 힘겹게 인생길을 가는 자처럼 보일 수 있다는 사실을 잊지 말라는 말입니다. 어떤 면에서 자신의 연약함을 인정하지 않는 사람이 다른 사람의 연약함을 돌아보기란 쉬운 일이 아닐 것입니다.

미국의 33대 대통령이었던 해리 트루먼(Harry Truman)의 일기장이 2003년 그의 기념 도서관에서 발견되었습니다. 그리고 일기장의 내용이 공개되었습니다. 일기장이 발견된 당시로부터 56년 전인 1947년 1월 6일에 쓴 일기 내용입니다. "이 백색의 거대한 감옥[백악관]은 늘 외로움을 느끼게 만드는 지옥과 같은 곳이다." 미국의 대통령이었지만, 그래서 백악관에 살았지만, 그 역시 모든 것을 다 누리며 무엇이든 자기 마음대로 할 수는 없었던 모양입니다. 홀로 외로이 져야 할 짐들이 그에게도 있었다는 말입니다. 그의 참모들이나 장관들조차 몰랐던 짐들도 그에게 있었을 것입니다.

누구든 예외 없이 감당해야 하는 짐들이 있습니다. 홀로 버티다가 그 짐에 눌려 극단적인 선택을 하는 사람도 있습니다. 그렇다면 교회가 해야 할 일은 무엇입니까? 무거운 짐을 지고 힘들어하는 형제를 향해 그런 짐도 질 수 없을 만큼 그렇게 연약하냐고, 왜 미리 준비하지 못했느냐고 비판하고 정죄해야 할까요? 아닙니다. 우리는 오히려 그의 무거운 짐을 함께 지기 위해 손을 모으고 마음을 합쳐야 합니다.

▬ 짐을 나누어 지는 복

함께 짐을 질 수 있다는 것이 우리에게는 복입니다. 져야 하는 짐이 없어야지 복된 것이 아니라, 짐을 서로 질 수 있기에 우리는 복된 사람들입니다.

"너희가 짐을 서로 지라 그리하여 그리스도의 법을 성취하라"(갈 6:2).

복음적인 믿음 공동체는 함께 져야 하는 무거운 짐이 없는 공동체가 아닙니다. 아무리 무거운 짐이라도 서로 힘을 모아 그 짐을 질 수 있는 지체들이 많은 공동체가 복음적인 공동체입니다. 그렇다면 우리가 서로의 짐을 감당해야 하는 영적인 근거는 무엇입니까? 그것은 짐을 서로 지는 것이 그리스도의 법을 성취하는 것이기 때문입니다. 짐을 서로 지는 것이 어떤 자랑거리나 부담스러운 일이 아니라, 예수 그리스도를 더욱 닮아 가는 과정이라는 것입니다.

짐을 서로 지는 것은 공동체가 존재하는 근본적인 이유이기도 합니다. 그러므로 그 일은 자연스럽게 이뤄져야 합니다. 그리고 따뜻하고 조용하게 성취돼야 합니다. 그리스도의 법, 즉 '사랑의 법'을 이루는 것이 뭐 그렇게 떠들썩해야 하겠습니까? 마땅히 할 일을 하는 것뿐입니다.

예수님이 우리를 위해 하신 일이 무엇인지를 깊이 그리고 충분히 안다면, 형제의 짐을 지는 것이 그렇게 대단한 일은 아닐 것입니다. 우리는 사랑의 빚을 진 자이니 그 빚을 조금이나마 갚을 따름입니다. 명령 받은 것을 다 행한 후에는 "우리는 무익한 종이라 우리가 하여야 할 일을 한 것뿐이라"(눅 17:10)라고 말해야 합니다. 진정한 겸손은, 어렵고 힘든 일을 행하되 자기를 내세우거나 자랑하지 않고 오직 하나님의 은혜로 돌리는 '삶의 태도'입니다(고전 15:10).

더 나아가, 서로 짐을 지는 데 우리의 나이나 사회적인 신분, 지위, 성별, 재산의 많고 적음 그리고 학식의 유무 따위가 근본적인 문제가 되지는 않음을 꼭 기억해야 합니다. 무엇이든 잘 해낼 만한 무언가를 소유한 자만이 이 사명을 감당할 수 있는 것이 아닙니다. 별로 내세울 것이 없을

지라도 예수님의 마음을 품고 다른 지체의 짐을 조금이라도 함께 지겠다는 의지가 있는 사람이 필요합니다. 이런 사람들이 많은 공동체는 서로 짐을 나눔으로 실상 서로 복을 함께 주고받는 신비를 체험하게 됩니다. 서로 짐을 지는 것이 우리 모두에게 복이라는 사실을 우리는 결코 잊지 말아야 합니다.

━ 십자가를 지신 분

우리가 짐을 서로 지는 삶을 살 수 있게 된 것은 예수님이 평생 지고 가야 할 우리의 죄 짐을 대신 맡아 주셨기 때문입니다. 하나님 나라의 왕이신 예수 그리스도가 육신을 입고 우리 가운데로 오셨습니다. 가장 높은 영광의 보좌에서 짐들로 가득 찬 이 땅에 겸손하게 오셨습니다. 화려한 옷을 입은 왕이 아니라, 가난한 목수의 아들로 오셨습니다. 채찍을 휘두르는 감독관의 모습이 아니라, 채찍질당하는 종의 모습으로 우리 곁에 오셨습니다. 만왕의 왕이지만 왕관이 아닌 가시관을 쓰셨습니다. 많은 신하와 시녀 그리고 호위병을 거느린 위엄 있는 왕이 아니라, 제자들까지 배신하고 도망친 가운데 홀로 벌거벗은 몸으로 십자가에 비참하게 매달린 왕이었습니다.

그분은 우리를 위한 죽음을 기뻐하셨습니다. 그분은 상한 몸으로 우리의 질고를 지셨습니다. 우리가 그분이 가신 '십자가의 길'을 걸으며 '그리스도의 법'을 성취하는 것은 결코 우아하거나 고상한 것이 아닙니다. 짐을 지는 것이기 때문에 고되고, 값을 치르는 것이기 때문에 아픕니다. 향기로운 냄새가 아니라 피 냄새, 땀 냄새가 납니다. 늘 노래만 나오는 것이 아닙니다. 거친 숨소리가 납니다. 때로는 입을 다물고 묵묵히 나의 손과 온몸을 드려야 합니다. 그럴 때 우리는 그분의 사랑의 음성을 듣게 됩니다. 우리에게 진정 쉼이 필요한 것을 잘 아시는 그분의 음성 말입니다.

"수고하고 무거운 짐 진 자들아 다 내게로 오라 내가 너희를 쉬게 하리라"(마 11:28).

당신의 모든 죄 짐을 주님이 이미 다 져 주셨습니다. 당신의 모든 인생의 짐을 주님이 함께 져 주고 계십니다. 이 기쁜 소식을 알고 있습니까? 이 놀라운 사실을 알고 있나요? 당신의 짐만이 아니라 당신의 형제자매의 짐도 역시 주님이 다 맡아 주십니다. 그것을 그 사람이 알고 있습니까? 모르고 있다면, 그것을 전해야 하지 않을까요?

짓눌리고 넘어진 지체의 짐을 당신은 나누어 지고 있습니까? 그것이 예수님의 길을 걷는 자의 마땅한 도리인 것을 인정하고 있습니까? 짐을 서로 질 수 있는 것은 곧 복을 함께 나누는 것임을 경험하고 있습니까? 이 모든 질문에 기쁨으로 반응하고 실천하는 교회 공동체가 되기를 기도합니다.

● **함께 생각하고 솔직하게 나눠 봅시다.**

1. 당신의 인생에서 가장 무겁게 여겨지는 짐은 무엇입니까? 당신은 그 짐을 온전히 주님에게 맡기고 있습니까, 아니면 아직도 홀로 감당하려고 애쓰고 있습니까?

2. 낙망하여 고통 중에 있는 누군가를 도와주며 기쁨을 맛본 적이 있습니까? 그 사람의 짐을 어떻게 나누어 졌습니까? 그때 느낀 보람은 무엇입니까?

3. 혹시 누군가의 짐을 함께 져 주려다가 시험에 들어 포기한 적은 없습니까? 있다면, 그때 당신이 포기했던 이유는 무엇입니까? 지금이라면 어떤 식으로 그 일을 처리하겠습니까?

32. 사라진 것 같으나 열매 맺는 인생이 되어야 합니다 갈 6:6-8

> "당신의 삶이 하나님과 가까워질수록,
> 다른 모든 것은 더 작게 보일 것이다."
>
> 릭 워렌(Rick Warren)

'버킷 리스트'(Bucket List)란 말이 있습니다. '죽기 전에 해보고 싶은 것들을 적은 목록'이라는 뜻을 지닌 말입니다. 당신은 죽기 전에 꼭 해보고 싶은 것이 있습니까? 미국의 신학자인 프레드릭 비크너(Frederick Beuchner)는 "대개 하나님께서 우리에게 주시는 일은 우리가 가장 하고 싶은 일인 동시에 세상이 가장 필요로 하는 일이다"라고 말했습니다. 우리가 하고 있는 일이 세상에도 필요한 것일 때 그것이야말로 하나님이 우리에게 주신 소명이라는 뜻입니다. 그렇지 않으면 아무리 보기에 그럴듯하고 듣기에 좋은 것이라 할지라도 그것은 개인적인 야망이나 세속적인 욕심일 가능성이 높습니다.

본문은, 성령으로 사는 자는 죄를 범해서 넘어진 형제를 바로잡는 회복의 사역을 하는 자 그리고 짐을 서로 지는 일도 기꺼이 하는 자일 뿐만 아니라, 무엇을 하든 성령을 위해 심는 자임을 가르쳐 줍니다. 그러면서 구체적인 예로 가르침을 받는 자가 말씀을 가르치는 자와 좋은 것을 함께하는 것을 들고 있습니다(이것을 '코이노니아'라고 합니다). 물론 이는 앞서 나누었던 짐을 서로 지는 것의 예도 될 수 있을 것입니다.

성령으로 사는 자는 더 이상 육체를 위해 심지 말아야 합니다. 그렇게 살다가는 결국 육체로부터 썩어질 것, 즉 영원한 죽음을 거두게 됩니다. 따라서 지금 무엇을 얼마나 거두는가보다 지금 무엇을 위해 심고 있는가를 먼저 생각해야 합니다. 무엇을 심든지 심은 대로 거두기 때문입니다. 함부로 심어서는 안 됩니다. 풍성한 수확을 바라기에 앞서, 때에 맞춰 바르게 성령을 위해 심을 수 있는 지혜를 구해야 합니다. 아무 것이나 심고 원하는 것을 거두려고 하는 것은 '스스로를 속이는 일'(7절)입니다. 그렇다면 성령을 위해 심는 일을 제대로 감당하기 위해 필요한 것이 무엇인지 살펴보겠습니다.

▬ 가치 판단

"가르침을 받는 자는 말씀을 가르치는 자와 모든 좋은 것을 함께하라"(갈 6:6).

이 말씀은 문맥상 앞에서 언급한 짐을 서로 지는 것과 성령을 위해 심는 것을 포괄적으로 적용한 예라고 볼 수 있습니다. 가르치는 자는 말씀으로, 그리고 가르침을 받는 자는 모든 좋은 것으로 함께해야 합니다.

특별히 본문의 가르치는 자는 갈라디아 교회에 상주하는 사역자일 수도 있고, 아니면 순회 전도자일 수도 있습니다. 그가 누구든, 말씀을 가르치는 자와 가르침을 받는 자는 말씀과 모든 좋은 것으로 교제해야 합니다. 여기 '함께하다'로 번역된 헬라어는 '코이노네이토'(koinoneito)인데 '교제하다'로 더 자주 번역되는 말입니다. 서로를 책임지고 피차 헌신하라는 말입니다.

가르치는 자는 가르침을 받는 자가 얼마나 소중한 존재인지를 늘 잊지 않고 최선을 다해 말씀을 준비해야 하며, 가르침을 받는 자는 가르치는 자가 말씀의 사역을 잘 감당하도록 모든 여건들을 잘 마련해 줄 필요가 있습니다. 가르침을 받는 자가 견고한 믿음의 사람으로 성장할 수 있도록 가르치는 자는 사심 없이 복음의 진리를 가르쳐야 하고, 또 가르침을 받는 자는 가르치는 자가 아무런 염려 없이 맡은 말씀의 사역을 잘 감당할 수 있도록 (재정을 포함해서) 여러 가지 모양으로 도와야 된다는 말입니다. 이것이 함께 짐을 지는 것이고, 또 성령으로 심는 참된 교제입니다. 그런데 오늘날 교회의 현실은 어떻습니까? 교역자와 성도 사이에 이런 교제가 이루어지고 있습니까? 혹시 일종의 고용 관계로 생각하고 있지는 않습니까?

미국의 목회 연구 전문가인 톰 라이너(Thom Rainer)가 교인들이 교회의 담임 목사에게 기대하는 바와 요구하는 사역 등이 무엇인가를 조사한 적이 있습니다. 그 가운데 교인들을 만족시키려면 목회자가 얼마나 많은 시간을 목회에 써야 하는지를 조사했는데, 기도, 설교 준비, 행정 업무, 상담 및 심방, 훈련 등을 위해 매주 최소한 114시간을 들여야 교인들을 만족시킬 수 있다는 결과가 나왔습니다. 하루 16시간씩 주 7일을 꼬박 일해야 되는 셈입니다. 특별한 경우 일정 기간은 그럴 수 있을지 몰라도, 그렇게 계속 목회를 하게 되면 결국 목회자는 탈진에 이르게 될 것이 분명합니다. 목회자와 성도 간에 지혜로운 균형 감각이 필요한 부분입니다.

그런데 왜 말씀의 가르침이 그렇게 중요할까요? 말씀을 잘 듣지 않으면 열심히 심기는 하지만 성령을 위한 심음이 되지 못하기 때문입니다. 그러면 개인이든 가정이든, 혹은 교회든 금방 위기를 맞게 됩니다. 무엇이 중요하고 가치 있는 것인지 먼저 생각해야 합니다. 가치 판단의 문제입니다. 말씀을 잘 듣고 배우는 것이 당장 생활에 무슨 유익이 있는가라고 의문을 품을 수 있습니다. 그러나 사람은 떡으로만 사는 존재가 아닙니다. 생각 없이 심다가는 큰일 납니다. 말씀을 들어야 제대로 심을 수 있습니다. 그래서 떡이 부족해 육신적으로 주리는 것보다 더 두려운 것이 영적으로 주리고 목마른 것입니다(암 8:11).

우리의 내면이 변화되고 우리의 영이 먼저 살아야 공동체도 건강하게 세울 수 있고, 짐도 서로 질 수 있습니다. 복음의 진리를 계속해서 배우고 들어야 합니다. 내면의 변화에 먼저 관심을 가져야 합니다. 그러기 위해서는 말씀을 가르치는 자가 넘어져서는 안 됩니다. 짐을 지고 홀로 버텨서는 안 됩니다. 모두가 살고 공동체를 제대로 세우기 위해서라도 우리는 말씀을 가르치는 자와 모든 좋은 것으로 함께해야 합니다. 물론 말씀을 가르치는 자는 그 누구보다도 자신을 잘 살피고, 자신이 져야 할 수고의 짐을 마땅히 져야 합니다. 그렇지 않고 좋은 것만 바라는 자는 '삯꾼 목자'일 가능성이 큽니다.

━ 생활 방식

"스스로 속이지 말라 하나님은 업신여김을 받지 아니하시나니 사람이 무엇으로 심든지 그대로 거두리라"(갈 6:7).

거둔 것이 기대한 것과 다르다고 해서 낙심하거나 시험에 들면 안 됩니다. 또한 하나님과 다른 사람을 탓해서도 안 됩니다. 이유는 우리가 무엇으로 심든지 심은 대로 거두기 때문입니다.

"자기의 육체를 위하여 심는 자는 육체로부터 썩어질 것을 거두고 성령을 위하여 심는 자는 성령으로부터 영생을 거두리라"(갈 6:8).

앞선 장에서도 이야기했지만, 육체로부터 거둘 썩어진 것은 궁극적으로 죽음을 의미합니다. 그러나 죽음 같은 상황 가운데서도 성령을 위해 심은 것, 즉 성령이 인도하고 감동케 하셔서 생각하고 행한 것은 영생을 가져옵니다. 물론 영생을 얻는 것이 우리의 행위에 의해 결정된다는 식으로 8절 말씀을 이해해서는 안 될 것입니다. 여기서 심는다는 것은 삶의 방식을 의미합니다. 이미 예수 그리스도 안에서 성령으로 말미암아 영생을 얻은 자에게는 삶의 방식에도 변화가 일어난다는 말입니다.

로마서 8장 5-6절이 이 사실을 이해하는 데 도움이 될 것입니다.

"육신을 따르는 자는 육신의 일을, 영을 따르는 자는 영의 일을 생각하나니 육신의 생각은 사망이요 영의 생각은 생명과 평안이니라."

여기서 '생각'은 일종의 고정된 성향을 뜻합니다. 생명을 얻은 자, 그래서 성령을 따라 사는 자는 늘 성령의 일을 생각한다는 말입니다. 그래서 우리에게 지금 필요한 일은 우리에게 일어난 일들(즉, 거둔 것들)에 대해 하나님을 원망할 것이 아니라, 우리 자신의 생활 방식에 어떤 변화가 일어났는지를 점검해 보는 것입니다. 왜냐하면 하나님은 업신여김을 받지 않으시는 분이기 때문입니다. 누구를 위해 무엇을 심는가, 즉 우리 자신의 생활 방식을 문제 삼아야 온전한 것을 거둘 수 있습니다.

알려진 바와 같이 '호모 사피엔스'(Homo Sapiens)라는 말은 '지혜로운 사람'이란 뜻입니다. "나는 생각한다. 고로 나는 존재한다"라는 명제와 통합니다. 그런데 요즘은 '호모 모빌리쿠스'(Homo Mobilicus)라는 말을 씁니다. '휴대 전화 인간'이란 의미입니다. 생각하기를 싫어하고, 핸드폰 같은 전자기기에 접속해서 문제를 해결하려는 현대인들의 생활 습관을 반영한 말입니다. 이들의 명제는 이렇게 될 것입니다. "나는 클릭(혹은 터치)한다. 고로 나는 존재한다." 물론 어떤 이는 이렇게 반응할 것입니다. "내가 생각을 하든 말든, 무엇을 생각하든, 어떻게 살든 남이 왜 간섭이냐?"

> "네가 평안할 때에 내가 네게 말하였으나 네 말이 나는 듣지 아니하리라 하였나니 네가 어려서부터 내 목소리를 청종하지 아니함이 네 습관[way]이라"(렘 22:21).

이스라엘 백성은 결국 그들의 길(way)을 바꾸지 않았습니다. 스스로 멸망의 길로 가고 말았습니다. 우리는 하나님만을 섬길 때 진정 자유롭습니다. 다른 우상을 섬기는 데 힘을 쏟거나 혹은 누군가에게 호감을 얻기 위해 헛된 수고를 할 필요가 없기 때문입니다. 그저 하나님의 뜻을 따라 살면 되는 것입니다. 그렇게 사는 것이 우리의 생활 방식이 되어야 합니다. 성령을 위해 그리고 성령으로 심는 것에 익숙해져야 합니다.

▬ 종말 의식

언젠가는 심은 대로 거둘 날이 옵니다. 물론 우리의 마지막 결실은 영생입니다. 그것을 확신해야 합니다. 우리를 사랑해서 십자가에서 죽으시고 값없이 우리에게 영생을 주신 예수님을 붙잡아야 합니다. 그분은 자신의 이익과 행복을 위해 심는 법이 없었습니다. 스스로 땅에 떨어져 죽는 한 알의 밀알이 되셨습니다. 잃어버린 한 마리의 양을 찾기 위해 당신의 목숨도 아끼지 않았던 선한 목자이셨습니다. 우리는 지금 그분과 함께 멍에를 메고 우리에게 주어진 십자가를 지고 갑니다. 우리는 그분과 영원토록 함께할 것입니다. 그분이 우리와 영원히 함께할 거라고 약속하셨기 때문입니다.

지금 성령을 위해 심는 것은 결코 어리석은 일이 아닙니다. 조금 덜 취하고, 덜 누리고, 덜 편해도 괜찮습니다. 그분이 함께하시기 때문입니다. 이미 누리는 영생을 소망으로 삼고 성령을 위해 심는 일을 계속해야 합니다. 이 땅에서 심고 싶어도 더 이상 심을 수 없는 때가 분명히 옵니다. 끝이 옵니다. 그때까지는 눈물을 흘리며 씨를 뿌려야 합니다.

미국의 저명한 목회자이자 영성 신학자였던 유진 피터슨은 이 땅에서의 삶을 마무리하며 마지막으로 남긴 말이 "Let's go"(자, 이제 가자)입니다. 우리에게는 분명히 갈 곳이 있습니다. 당신이 지금 가고 있는 방향은 과연 영원히 후회하지 않을 그곳입니까?

● **함께 생각하고 솔직하게 나눠 봅시다.**

1. 당신이 지금 심고 있는 삶의 방식 중 가장 많은 관심과 힘을 기울이고 있는 것은 무엇입니까? 그 가운데 성령으로 심고 있는 것은 무엇입니까?

2. 당신은 교회의 리더들, 특히 말씀을 가르치는 자들을 신뢰하며 그 지도를 잘 따르고 있습니까? 목회자들과의 연합을 훼방하는 요소는 무엇이며, 그것을 어떻게 해결할 수 있을까요?

33. 선행에 자격증은 필요 없습니다

갈 6:9-10

> *"거룩한 삶은 골방 안에서만 살아지지 않는다.*
> *그러나 골방 없이 거룩한 삶을 살 수는 없다."*
> 에드워드 바운즈(Edward M. Bounds)

'949', 무슨 숫자일까요? 이 숫자는 캐나다 토론토에 위치한 큰빛교회의 임현수 원로 목사가 북한 노동 교화소 독방에 억류되어 지낸 날수입니다. 그전까지 그는 18년간 북한 동포들을 위해 온갖 지원을 아끼지 않았습니다(모두 550억 원 정도를 썼습니다). 그런 그에게 북한 당국은 종신형 선고를 내렸습니다. 그들은 다음과 같은 그의 설교 내용을 문제 삼았습니다. "김일성 대신에 하나님을, 김정일 대신에 예수님을 믿고, 당 대신 교회를 세워야 한다." 이 설교 때문에 그는 2015년 1월부터 2년 7개월 동안 북한 교화소의 독방에서 하루하루를 암울하게 지내야만 했습니다. 북한 주민들을 위해 여러 가지 방법으로 도움을 주었지만, 되돌아온 것은 참혹한 독방 생활이었습니다. 기나긴 고난의 날들을 지난 후 자유를 얻은 임현수 목사는 그 사건 후에도 북한을 욕하거나 비난하지 않습니다. 배신감에 치를 떨며 자신이 행한 일을 억울해하지도 않습니다. 그는 이렇게 말합니다. "북한을 위해 더욱 기도해야 합니다." "선을 행하고 낙심하지 않는 것도 믿음입니다."

본문은 성령을 위해 심는 삶이 어떤 것인지를 보여 주고 있습니다. 그것은 모든 사람에게, 특별히 믿음의 가정들에게 선을 행하는 일입니다. 선행은 몇몇 열심 있는 성도들만의 일이 아니라, 성령으로 사는 모든 자에게 자연스럽게 나타나는 삶의 모습입니다. 그런데 선을 행하다가 낙심에 들어 결국 선행을 포기하는 경우도 생길 수 있음을 본문은 또한 가르쳐 줍니다. 선행 자체가 모든 것을 해결하지는 않는다는 뜻입니다. 선행도 여러 측면에서 신중하게 준비되고 시행돼야 합니다. 선한 일도 지혜롭게 할 필요가 있습니다.

우리의 열심만으로는 지속적인 선행이 불가능함을 기억해야 합니다. 또한 선행은 공동체 안에서부터 시작되어야 함도 잊지 말아야 합니다. 가까이에서부터 실천되지 않으면, 선행이 추상적이고 피상적으로 여겨질 수 있습니다. 우리의 선행은 구체적이고 실제적이어야 합니다.

영적 어려움에 처한 갈라디아 교회 성도들에게 참으로 필요했던 것은 서로를 향한 비난과 증오가 아니었습니다. 서로에게 선을 행하는 것이었습니다. 서로에게 '착한 사람'이 되는 것이었습니다. 어떻게 하면 '율법적인 선행'이 아니라 '복음적인 선행'의 전통을 세워 나갈 수 있을까요?

▬ 선행의 소명

> "우리가 선을 행하되 낙심하지 말지니 포기하지 아니하면 때가 이르매 거두리라 그러므로 우리는 기회 있는 대로 모든 이에게 착한 일을 하되 더욱 믿음의 가정들에게 할지니라"(갈 6:9-10).

바울은 선을 행하는 주체가 누구라고 말합니까? 다른 사람이 아니라 사도 바울 자신, 동역자들 그리고 갈라디아 교회 성도들입니다. 선행은 특별한 자격을 갖추거나 특정한 조건을 가진 사람들만 하는 것이 아니라, 성령으로 사는 모든 그리스도인이 행하는 일입니다. 성령으로 거듭난 우리의 일입니다. 따라서 다른 사람이 무엇을 어떻게 행하는가에 너무 마음을 빼앗기지 말아야 합니다. 그들의 모습을 보고 선을 행할 것인지 혹은 말 것인지를 결정해서는 안됩니다. 늘 자신이 선을 행하고 있는가를 먼저 살펴야 합니다. '선행'은 예수 그리스도 안에서 부름 받은 우리의 '소명'입니다.

> "우리는 그가 만드신 바라 그리스도 예수 안에서 선한 일을 위하여 지으심
> 을 받은 자니 이 일은 하나님이 전에 예비하사 우리로 그 가운데서 행하게
> 하려 하심이니라"(엡 2:10).

하나님이 우리를 부르신 목적이 무엇인지 분명히 가르쳐 주고 있지 않습니까? 선한 일을 행하기 위해 우리는 예수 믿는 자로 부름 받았습니다. 그렇다면 예수 믿지 않아도 선한 일을 하는 사람들이 있는데, 이를 어떻게 이해해야 할까요?

> "기록된바 의인은 없나니 하나도 없으며 깨닫는 자도 없고 하나님을 찾는
> 자도 없고 다 치우쳐 함께 무익하게 되고 선을 행하는 자는 없나니 하나도
> 없도다"(롬 3:10-12).

시편의 말씀들(시 14:1-3, 53:1-3)을 인용한 위의 구절은 근본적으로 죄로 말미암아 망가진 인간의 모습을 보여 줍니다. 여기서 "다 치우쳐 함께 무익하게 되고 선을 행하는 자는 없나니 하나도 없도다"라는 말을 생각해 봅시다. 이 말은 '하나님에게 등을 돌린 결과, 행하는 모든 것이 비뚤어

지고 뒤틀려 그 기능과 역할이 엉망인 상태가 돼 버린 가운데 제대로 선을 행하는 자가 없다'는 것을 의미합니다. 선을 행한다고 하지만, 하나님이 보실 때 그 선행은 이미 오염된, 제 기능을 제대로 하지 못하는 '무익한 것'이라는 뜻입니다. 그만큼 죄의 독성이 심각하다는 말입니다.

우리는 순수한 마음으로 선을 행해야 합니다. 예수님이 가르치셨던 '선한 사마리아인의 비유'에 나타나는 그러한 선행 말입니다. 이것저것 비용을 치르지만 돌아올 것은 전혀 없는 그런 선행 말입니다. 더 나아가, 선한 일을 행함으로 우리 자신이 얼마나 선한 사람인가를 드러내려는 욕심과 괜찮은 사람으로 인정받으려는 욕구에서 벗어나야 지속적인 선행이 가능합니다. 우리로 하여금 선을 행하게 하시는 하나님이 얼마나 자비로운 분인지를 드러내는 것이 우리의 기쁨이 되어야 합니다.

"이같이 너희 빛이 사람 앞에 비치게 하여 그들로 너희 착한 행실을 보고 하늘에 계신 너희 아버지께 영광을 돌리게 하라"(마 5:16).

━ 선행의 확신

본문에서 사도 바울은 선을 행함에 뒤따르는 낙심이 누구에게든 있을 수 있음을 말합니다. 9절에서 '낙심하다'라고 번역된 헬라어 단어는 '에르카케오'(erkakeo)인데, '마음을 잃다', '마음이 내키지 않고 편치 않다'라는 의미를 지닌 말입니다. 그리고 '포기하다'라고 번역된 '에클루오'(ekluo)는 '허리를 동이지 않고 풀다'(즉, 더 이상 섬기거나 일할 마음이 없다)라는 뜻을 가진 헬라어입니다. 선행을 제대로, 지속적으로 하려면 먼저 우리의 마음이 편해야 됨을 알 수 있습니다.

낙심이 올 때, 우리는 마음을 잘 다스려야 합니다. 그래서 선행에 대한 확신이 필요합니다. 선행으로 말미암아 손해를 보거나 어려움을 겪는다 할지라도 포기할 수 없음을 확신해야 된다는 말입니다. 우리가 할 수 있는 것 가운데 선을 행하는 것보다 나은 것이 없음을 잊지 말아야 합니다.

낙심을 극복하는 방법은 다름 아니라 거둠의 때가 분명히 온다는 사실을 확신하는 것입니다. 예수님에게도 낙심의 순간은 분명히 있으셨습니다. 그러나 예수님은 인내하며 거둠의 때를 기다리셨습니다.

"믿음의 주요 또 온전하게 하시는 이인 예수를 바라보자 그는 그 앞에 있는 기쁨을 위하여 십자가를 참으사 부끄러움을 개의치 아니하시더니 하나님 보좌 우편에 앉으셨느니라 너희가 피곤하여 낙심하지 않기 위하여 죄인들이 이같이 자기에게 거역한 일을 참으신 이를 생각하라"(히 12:2-3).

과거에 요르단 선교를 통해 배운 것 중 하나는 무슬림들도 우리와 크게 다르지 않은 평범한 사람들이었다는 사실입니다. 특별히 나그네를 친절하게 대하는 것이 중근동 지방의 보편적인 문화임을 그곳에서 경험할 수 있었습니다. 예수님 당시 유대 사회도 마찬가지였습니다.

"또 누구든지 제자의 이름으로 이 작은 자 중 하나에게 냉수 한 그릇이라도 주는 자는 내가 진실로 너희에게 이르노니 그 사람이 결단코 상을 잃지 아니하리라 하시니라"(마 10:42).

당시 팔레스타인 지역에서 먼 길을 걸어온 손님에게 베푸는 가장 단순하고 기본적인 접대는 냉수 한 그릇을 주는 것이었습니다. 달리 표현하면, 칭찬이나 보상을 받을 정도의 선행은 아니라는 말입니다. 마땅한 것이었습니다. 그러나 예수님은 하늘의 상이 있을 거라고 말씀하십니다. 이제 복음의 은혜 가운데 행하는 모든 선한 일은 하늘에 보물을 쌓는 일이고, 또 적절한 때에 거둠이 있는 일임을 확신해야 합니다.

한 가지 더, 우리의 선행은 성령을 위해 심는 복된 일이라는 사실도 잊지 말아야 합니다. 선행의 반응이나 결과를 우리 자신이 판단해서는 안 됩니다. 그럴 경우 자칫 낙심과 시험에 빠질 위험이 있기 때문입니다. 우리는 하나님의 말씀을 믿고 기회 있는 대로 선을 행할 뿐입니다.

"네 손이 선을 베풀 힘이 있거든 마땅히 받을 자에게 베풀기를 아끼지 말며"(잠 3:27).

우리는 특별히 믿음의 가정들을 계속해서 돌봐야 합니다. 사실 가까운 사람일수록 그에게 선을 행하는 것이 쉬운 일이 아님을 우리는 알고 있습니다. 교회에서 정말 중요한 것은 많은 모임이나 다양한 봉사가 아니라, 도움이 필요한 가까운 형제자매에게 실제로 선을 행하는 것입니다.

▬ 선행의 동력

선을 행하는 곳에는 언제나 위선의 위험도 있기 때문에 선행을 지속적으로 할 수 있는 힘의 근원을 늘 기억해야 합니다. 선을 행하기 전에 먼저 해야 할 일은, 선하신 하나님이 우리에게 행하신 선한 일을 생각하는 것입니다. 이 세상에서 가장 위대한 선행은, 하나님의 아들 주 예수 그리스도가 우리의 죄를 대속하기 위해 십자가를 지고 죽임을 당하신 것입니다. 선한 목자이신 예수님은 우리가 가야 할 자리에 대신 가서 고난 받고 죽으심으로 우리의 죄를 대속하셨습니다. 이제는 우리가 예수님이 가기를 원하시는 자리로 가서 그분과 함께 선을 행하고, 용서하고, 섬겨야 합니다.

우리의 열정과 힘만으로는 선을 온전히 행할 수 없습니다. 우리 자신이 선을 행한다 생각하지 말고, 오히려 선하신 예수님이 우리를 도구로 사용해서 그분의 일을 이루어 가신다고 믿고 감사함으로 자신을 드리는 것이 필요합니다. 그렇게 해야 선행으로 말미암는 사람의 칭찬과 박수갈채에 겸손하게 반응할 수 있습니다. 그리고 어떻게 하면 다른 사람을 제대로 도우며 구체적으로 돌볼 것인가에만 관심을 둘 수 있습니다.

● **함께 생각하고 솔직하게 나눠 봅시다.**

1. 혹시 누군가를 도와준 후에 후회한 적이 있습니까? 있다면, 이유가 무엇이었습니까? 혹시 그 일이 새로운 선행을 하는 데 지장을 주진 않았습니까? 우리는 어떻게 해야 선행을 하면서 후회하지 않을까요?

2. 당신이 생각하는 선행은 주로 물질적인 것과 관계있지 않습니까? 그래서 재정이 부족하다는 이유로 선행에 소극적으로 살고 있진 않습니까? 낙심한 자를 격려하고, 시험에 빠진 자를 위해 기도하고, 초보 신자에게 성경을 가르쳐 주는 것 같은 비물질적 선행에 대해서는 어떻게 생각합니까?

3. 당신의 선행을 사람은 몰라줘도 하나님은 기억하실 것이며, 때가 되면 반드시 하나님이 그것을 갚아 주실 것이라는 확신이 있습니까? 그때가 혹시 이 세상이 아닌 천국에 가서일 수도 있지만 그것에 상관치 않고 선행을 지속적으로 수행할 마음이 있습니까?

34. 꾸며진 것은 지워지기 마련입니다

갈 6:11-13

> "그리스도는 모든 것의 주님이시든지,
> 그렇지 않다면 그는 결코 주님이 아니시다."
>
> 허드슨 테일러(Hudson Taylor)

'저장 장애'(Hoarding Disorder)라는 것이 있습니다. 물건에 대한 강박적인 집착 때문에 쌓아 놓은 물건들이 생활공간을 침범해 불편함을 겪으면서도 무엇인가를 계속 수집해서 저장하려는 성향입니다. 왜 끝없이 쌓을까요? 그렇게 함으로써 심리적 안정감을 얻는 것입니다. 다른 사람에게 불편함이나 불쾌감을 줄 수 있다는 생각을 하지 못하기 때문에 그러한 성향에 대해 장애라는 말을 쓰는 것입니다.

정도의 차이는 있지만, 우리에게는 모두 율법주의적인 성향이 있습니다. 자기 스스로의 힘으로, 아니면 스스로 만들어 낸 방식에 따라 '자기 의'를 이루려는 성향 말입니다. 이런 율법주의 신앙을 과감하게 버리지 못하면, 복음의 은혜와 능력에 대해 늘 듣기는 하지만, 결코 누리지는 못합니다.

사도 바울은 갈라디아 교회의 영적 위기가 복음의 진리에서 떠나 인간의 의와 행위를 강조하는 율법주의 신앙에 빠졌기 때문임을 알았습니다. 따라서 교회의 영적 위기를 극복하고 교회를 다시 건강하게 세우기 위해서는 그러한 율법주의 신앙이 얼마나 위험한 것인가를 밝힐 필요가 있었습니

277

다. 그래서 그는 "내 손으로 너희에게 이렇게 큰 글자로 쓴 것을 보라"(갈 6:11)
는 말까지 합니다. 서신의 처음부터 지금까지는 대필자의 도움을 받아서 썼
지만, 마지막 부분만큼은 본인이 직접 쓰겠다는 의지가 담긴 표현입니다.

본문은 갈라디아 교회를 영적 혼란과 갈등 가운데로 빠뜨린 거짓 교사
들의 가르침 중에 특별히 왜 그들이 그토록 '할례'를 강조하는지를 잘 드
러내 줍니다. 그들의 진정한 관심은 갈라디아 교회 성도들도 아니었고,
예수 그리스도의 십자가도 아니었습니다. 그들의 관심은 오직 자신들의
의와 공로를 드러내는 것, 또 사람들로부터 인정과 영광을 얻는 것이었습
니다. 그래서 할례를 육체의 자랑거리로 삼았던 것입니다.

오늘날 우리가 경계해야 할 것이 바로 이러한 율법주의 신앙입니다. 때
로 교회 밖으로부터 오는 박해와 유혹보다 더 극복하기 힘든 것이 율법주
의 신앙입니다. 그것이 바로 우리 안에 있기 때문입니다. 내부의 적이라
고 할 수 있습니다. 우리 자신도 잠시라도 영적 경계심을 늦추게 되면 언
제든지 율법주의 신앙의 늪에 빠지게 됩니다. 물론 우리가 진정 원하는
것은 복음 중심의 신앙입니다. 항상 복음적으로 생각하고, 사역하며, 더
나아가 복음적인 삶을 사는 것입니다. 그러기 위해서는 먼저 율법주의 신
앙의 숨은 동기와 본질이 무엇인지를 알아야 합니다.

━ 편한 신앙

"무릇 육체의 모양을 내려 하는 자들이 억지로 너희에게 할례를 받게 함
은 그들이 그리스도의 십자가로 말미암아 박해를 면하려 함뿐이라"(갈 6:12).

율법주의자들이 그토록 할례를 주장했던 것은 결국 박해를 피하기 위함

이었습니다. 그들은 동족 유대인들이 십자가를 얼마만큼 싫어하는지를 잘 알고 있었습니다. 유대인들은 나무에 매달리는 것 자체를 하나님의 저주로 생각했기 때문에 십자가에 달린 메시아를 받아들일 수가 없었습니다(신 21:23). 율법주의자들은 십자가보다 할례를 더 소중히 여긴 것이 아니라, 십자가 자체가 싫었던 것입니다. '십자가의 도'를 전함으로 인해 유대인들에게 받게 될 신체적 박해, 경제적 불이익 그리고 사회적 소외 등이 두려웠던 것입니다.

오늘날도 마찬가지입니다. 율법주의적인 신앙을 가진 자는 자신이 원하는 일이나 자기에게 이익이 되는 데 필요한 일만 합니다. 자기를 희생하면서 다른 사람을 위해 내 것을 내어놓는 일은 하지 않습니다. 예수님이 지적하신 유대 종교 지도자들의 모습이기도 합니다.

> "이에 예수께서 무리와 제자들에게 말씀하여 이르시되 서기관들과 바리새인들이 모세의 자리에 앉았으니 그러므로 무엇이든지 그들이 말하는 바는 행하고 지키되 그들이 하는 행위는 본받지 말라 그들은 말만 하고 행하지 아니하며 또 무거운 짐을 묶어 사람의 어깨에 지우되 자기는 이것을 한 손가락으로도 움직이려 하지 아니하며"(마 23:1-4).

편한 신앙에는 자발적인 섬김이 없습니다. 편한 신앙을 영위하는 사람은 자기 나름대로 무언가를 열심히 하지만 결국은 자신을 위해 열심히 하는 것입니다. 나를 위해 십자가를 지신 예수님의 사랑을 경험했고 그분을 진정으로 사랑한다면, 십자가로 인해 받는 박해를 기꺼이 감수해야 합니다. 본질적으로 복음적인 신앙에는 십자가 때문에 당하는 박해도 포함됩니다. 그러므로 신앙의 성숙은 십자가 때문에 잃는 것이 점점 많아지는 것에 대해 익숙해진다는 것을 뜻합니다. 진짜 신앙은 결코 편할 수가 없습니다.

스코틀랜드의 작가, 시인 그리고 목사였던 조지 맥도날드는 "하나님의 아들은 인간의 고난을 면해 주기 위해서가 아니라, 그들의 고난이 자신의 고난과 같은 것이 되게 하기 위해 죽기까지 고난 받으셨다"라고 말했습니다. 예수 그리스도의 십자가 은혜가 먼저이고, 그다음은 우리 몫의 십자가가 있음을 잊지 말아야 합니다. 결국 우리와 주 예수 그리스도의 깊은 교통과 동행을 가능케 하는 매개체는 십자가이기 때문입니다. 우리에게 맡겨진 십자가를 질 때, 먼저 십자가를 지셨던 예수님을 깊이 경험할 수 있으며, 끝까지 그분을 따를 수 있습니다. 그래서 예수님도 당신을 따르는 무리에게 이렇게 말씀하신 것이 아닙니까?

> "아무든지 나를 따라오려거든 자기를 부인하고 날마다 제 십자가를 지고 나를 따를 것이니라"(눅 9:23).

말씀을 읽고 좋은 설교를 듣는 것은 매우 바람직한 일입니다. 그러나 말씀과 접촉하면서 단순히 지식적으로 아는 것만으로는 부족합니다. 자기를 부인하고 십자가를 지지 않고서는 결코 예수님을 따를 수도, 또 닮을 수도 없습니다.

— 꾸민 경건

> "할례를 받은 그들이라도 스스로 율법은 지키지 아니하고 너희에게 할례를 받게 하려 하는 것은 그들이 너희의 육체로 자랑하려 함이라"(갈 6:13).

율법주의자들의 몸에는 할례의 표식이 분명했지만, 그들의 마음에는 하나님의 말씀대로 살고자 하는 열망이 없었습니다. 마음의 할례를 받지 못했기 때문입니다. 그들은 할례를 받았고 할례를 주장했지만, 하나님이 명하신 다른 율법의 명령은 실제로 지키지 않았습니다. 그들에게 있어 할례는 단지 자신들의 추한 내면을 숨기고 죄악 됨을 가리는 하나의 수단에 불과했던 것입니다. 이런 모습이 바로 율법을 수단화하고 종교를 도구화하는 가식적 영성입니다. 구제와 기도 그리고 금식조차도 외식의 도구가 될 수 있음을 예수님이 가르쳐 주셨습니다.

오늘 우리에게도 현대판 할례가 있을 수 있음을 잊지 말아야 합니다. 율법주의자들의 실질적 관심은 하나님의 말씀에 대한 순종이 아니라, 사람의 눈과 평판이었습니다. 이렇게 내면보다는 겉모습에 그리고 본질보다는 형식에 관심을 두는 신앙은 지속적이지 못하고 변화와 성장을 기대하기가 어렵습니다. 게다가 다른 사람과 공동체의 신앙을 어렵게 만들 수도 있습니다. 반면 복음은 우리의 내면과 중심의 변화에 관심을 둡니다.

국제교육협회(IEA, International Education Association)에서 24개국(유럽 16, 남미 5, 아시아 3) 청소년들을 대상으로 민주주의에 대한 생각과 시민 의식에 대해 조사를 한 적이 있습니다. 항목 중에 "다른 사람을 신뢰하는가?"라는 질문이 있었는데, 이에 대해 "예"라는 응답을 우리나라 청소년들이 가장 적게 했습니다(39.7퍼센트). 타인에 대한 신뢰도가 가장 낮았다는 말입니다. 1위인 핀란드 청소년들의 74퍼센트와 큰 차이를 보였습니다. 청소년 열 명 중 여섯 명의 눈에는 한국 사회가 믿을 만하지 못하다는 것입니다. 청소년들이 왜 그렇게 우리 사회를 불신의 눈으로 보게 되었을까요? 우리 사회가 가식과 위선으로 가득 차 있기 때문은 아닌지 모르겠습니다.

구약학자인 파머 로버트슨(Palmer Robertson)은 할례가 남자의 외부 생식기 포피를 잘라 내는 행위이므로 그것은 옛 사람을 죽이는 결단이라고 해석합니다. 그러한 결단은 자신을 꾸미지 않고 있는 모습 그대로를 하나님 앞에 내어놓는 것입니다. 우리는 이제 십자가 앞에서 우리 자신의 무능과 무지, 연약함과 죄악을 숨기지 않고 인정해야 합니다. 우리가 가진 연약함은 부끄럽거나 수치스러운 것이 아닙니다. 더 이상 소망이 없거나 우리 자신이 인생의 실패자라는 말도 아닙니다. 그것은 예수 그리스도와 그분의 복음의 은혜와 능력이 필요하다는 것을 뜻할 뿐입니다.

━ 헛된 자랑

> "할례를 받은 그들이라도 스스로 율법은 지키지 아니하고 너희에게 할례를 받게 하려 하는 것은 그들이 너희의 육체로 자랑하려 함이라"(갈 6:13).

율법주의자들이 갈라디아 교회 성도들로 하여금 억지로 할례를 받게 했던 목적 중의 하나는 할례 받은 자를 많게 해서 그것을 자신들의 공로와 자랑거리 그리고 영향력으로 삼기 위함이었습니다. 우리도 자신의 이름을 드러내고 높이기 위해 사람을 숫자화 하는 것을 거절해야 합니다. 그것에 중독되어서는 안 됩니다.

신약학자인 앨런 콜(Alan Cole)은 오늘날 우리의 가장 큰 유혹이 세상으로부터 오는 것이 아니라 교회 통계로부터 온다고 경계한 적이 있습니다. 우리의 관심은 '어떻게 예수 그리스도가 나를 통해서 드러날 것인가?'에 모아져야 합니다. 우리 자신의 이름과 모양이 아니라, 우리를 통해 존귀하게 되실 예수님을 먼저 생각해야 합니다. 오직 십자가의 복음만이 그런 생각을 하게 만듭니다.

십자가는 우리의 삶의 방식을 바꾸어 놓습니다. 인생의 목적과 가치관을 바꾸어 놓습니다. 다른 사람을 보는 눈을 변화시킵니다. 그리고 무엇보다도, 주님의 십자가는 우리가 그 십자가를 자랑하며 살도록 우리를 변화시킵니다.

갈라디아서 6장에서 사도 바울이 고백한 것을 기억하십시오.

"그러나 내게는 우리 주 예수 그리스도의 십자가 외에 결코 자랑할 것이 없으니 그리스도로 말미암아 세상이 나를 대하여 십자가에 못 박히고 내가 또한 세상을 대하여 그러하니라"(갈 6:14).

내가 가장 자랑하는 것이 나의 하나님입니다. 내게 없으면 죽는 것이 바로 나의 신입니다. 당신은 무엇을 가장 자랑하며 살고 있습니까? 당신에게 없으면 죽을 것만 같은 것은 솔직히 무엇입니까? 편한 신앙, 꾸민 경건, 헛된 자랑은 율법주의 신앙의 피치 못할 열매입니다. 우리는 성령의 열매가 아니라 이런 가짜 열매를 맺으며 교회를 다니고 있는 것은 아닌지 겸손히 스스로를 돌아봐야 합니다.

● **함께 생각하고 솔직하게 나눠 봅시다.**

1. 복음의 핵심이 아님에도 불구하고 당신이 오랜 기간 지키고자 애썼던 '율법적'인 신앙 행태는 무엇입니까? 그것이 그토록 소중했던 이유는 무엇입니까? 그것의 폐해는 무엇이었습니까?

2. 자신이나 타인의 꾸민 경건으로 인해 힘들었던 적이 있습니까? 진짜 경건과 가짜 경건의 근원적인 차이는 무엇이라고 생각합니까?

3. 당신이 마음으로 자부심을 갖고 은근히 또는 노골적으로 자랑하는 것 세 가지를 말해 보십시오 예수님의 십자가는 당신의 자랑거리 중 몇 번째에 자리하고 있습니까?

35. 우리가 자랑할 것은 오직 십자가입니다 갈 6:14-16

> "만약 당신이 하나님의 은혜를 원한다면,
> 당신에게 필요한 것은 [그 은혜를] 필요로 하는 것뿐입니다.
> 그 외에 필요한 것은 아무것도 없습니다."
> 팀 켈러

지구촌교회의 이동원 원로 목사님이 수년 전 미국 트리니티 복음주의 신학교(Trinity Evangelical Divinity School)에서 한국인으로서는 처음으로 '올해의 자랑스러운 동문상'을 수상했습니다. 이 목사님의 수상은 한국 교회 전체의 기쁨이자 자랑이기도 합니다.

우리나라의 많은 학교들도 모교의 위상을 높인 동문에게 '자랑스러운 동문상'을 수여합니다. 여러 지방 자치 단체에서도 그 지역을 빛낸 사람들에게 상을 수여합니다. 이처럼 자랑이란 단어에는 여러 가지의 의미가 포함되어 있습니다. '특별함, 기여, 수고, 봉사' 등과 같은 개념들입니다. 실제로 흔하거나 평범한 것을 자랑거리로 삼는 사람은 거의 없습니다. 우리 역시 흔하지도 않고 평범하지도 않은 것을 자랑하는 존재로 살아가고 있는데, 그 자랑거리는 바로 '십자가'입니다.

본문은 사도 바울의 자랑거리가 오직 예수 그리스도의 십자가뿐임을 가르쳐 줍니다. 거짓 교사들이 할례를 육체의 자랑으로 삼은 것과 대조시켜 표현한 것이라 볼 수 있습니다. 십자가를 자랑한다는 것은 인간 스스로의 의로운 행위로(특별히 할례를 받음으로) 구원을 얻을 수 있다는 거짓 가르침에 넘어간 갈라디아 교회 성도들이 다시 예수 그리스도의 십자가의 은혜로 구원을 얻을 수 있다는 복음의 진리로 돌아오기를 열망하는 사도 자신의 간절한 호소이기도 합니다. 십자가는 바울의 삶에 참으로 큰 영향을 미쳤고, 그는 그 십자가를 위해 자신의 일생을 내어놓았습니다.

미국 로체스터대학교(University of Rochester)의 심리학 교수인 에드워드 디시(Edward Deci)가 "어떤 일에 헌신하려면 그 일 자체를 가치 있게 여겨야 한다"는 주장을 했는데 지당한 말이 아닐 수 없습니다. 십자가는 바울의 삶에서 가장 가치 있는 것이었습니다. 충분히 인생을 걸 만한 것이었고, 또 자랑할 만한 것이었습니다.

오늘 우리에게는 예수 그리스도의 십자가가 어떤 의미입니까? 바울이 평생 십자가의 길을 걸었던 것처럼, 우리 또한 십자가의 길을 끝까지 걸을 수 있겠습니까? 우리 가운데 십자가만을 자랑하며 사는 자가 누구입니까? 진정으로 십자가가 우리 자신이 이 땅에 존재하는 이유가 되고 있습니까? 십자가를 자랑하지 않는 영적 풍토 가운데서는 그 어떠한 말씀 선포도 그리고 그 어떤 유익한 프로그램도 결코 우리를 근본적으로 변화시킬 수 없습니다. 우리를 건강하게 성장시킬 수 없습니다.

▬ 십자가의 구원

먼저 생각할 것은 '십자가를 자랑한다'는 고백 자체가 당시 사람들에게는 충격적이었을 것이라는 사실입니다. 왜냐하면 십자가는 로마의 사형 도구였기 때문입니다. 만약 우리 가족이나 친척 가운데 사형을 당한 사람이 있다면 그 사형수를 그리고 그 사형 집행 도구를(즉, 전기 의자나 독극물 주입 주사 혹은 교수대 같은 것을) 자랑할 수 있겠습니까? 그렇다면 2천 년 전 가장 끔

찍하고 수치스러운 그리고 저주스러운 사형 도구인 십자가를 사도 바울은 왜 그토록 자랑했을까요? 분명한 이유가 있지 않겠습니까?

바울에게는 예수 그리스도의 십자가야말로 하나님의 구원 역사에 있어 가장 중심적이고, 유일하고, 특별한 것이었습니다. 그 십자가보다 더 귀하고 가치 있고 소중한 것이 있었다면 그가 십자가를 그렇게 자랑하지는 않았을 것입니다.

> "그러나 내게는 우리 주 예수 그리스도의 십자가 외에 결코 자랑할 것이 없으니 그리스도로 말미암아 세상이 나를 대하여 십자가에 못 박히고 내가 또한 세상을 대하여 그러하니라"(갈 6:14).

바울이 십자가를 그렇게 자랑했던 것은, 자기 자신의 그 무엇으로도(이전에 자랑했던 혈통과 열심과 학벌조차도) 절대 이룰 수 없는 구원을 예수님이 십자가를 통해 이루어 주셨다는 것을 깨달았기 때문입니다. 우리가 예수를 믿는다는 것은 몇 가지 행동이나 습관을 고쳐 도덕적으로 좀 더 나은 삶을 산다는 것을 뜻하지 않습니다. 완전히 새로운 피조물이 되는 것입니다.

> "할례나 무할례가 아무것도 아니로되 오직 새로 지으심을 받는 것만이 중요하니라"(갈 6:15).

할례는 종교적인 것을 대표하고, 무할례는 이교도적인 것을 대표합니다. 이런 것들은 모두 하나님과의 의로운 관계를 맺는 데 전혀 효력이 없다는 것입니다. 그렇습니다. 이 세상의 어떤 철학이나 사상도, 사람이 만든 어떤 종교도 그리고 이 세상의 그 무엇도 우리를 새로운 피조물이 되게 할 수는 없습니다. 그래서 우리는 하나님이 십자가 외에 다른 구원의 길을 두지 않으신 것에 불만을 품지 않습니다. 오히려 구원의 길을 하나라도 허락하신 것에 감사할 뿐입니다. 우리 자신이 어떤 존재인지를 알기 때문입니다.

프랑스 파리의 북동쪽 지역을 관할하는 경찰들이 근무 환경 개선과 그에 따른 대책 마련을 촉구하며 성명서를 발표했습니다. 근무 환경이 얼마나 열악했으면 성명서까지 발표했을까요? 그런데 뜻밖에도, 그들을 정말 힘들게 하는 열악한 근무 환경은 다름 아닌 '벼룩과 빈대'였습니다. 경찰서 내에서는 온몸이 근질거려 제대로 일에 집중할 수가 없고, 벼룩과 빈대가 그들의 집에까지 옮겨 붙어 가족들도 피해를 입게 된 것입니다. 그들에게 급한 것은 절도범이나 마약 밀매범을 검거하는 것보다 먼저 벼룩과 빈대를 잡는 것이었습니다.

우리가 살아가는 동안 어떤 문제가 발생한다면, 그 문제의 핵심이 무엇인지 잘 파악하는 것이 필요합니다. 우리의 삶에 가장 문제가 되는 것은 우리 속사람 가운데 끊임없이 기승을 부리는 '죄'입니다. 하는 일마다, 가는 곳마다 죄는 늘 우리에게 붙어 모든 것을 엉망으로 만들어 놓습니다. 죄를 처리하는 앱은 결코 존재하지 않습니다. 아무리 다른 사람들이 나의 말과 행동에 대해 '좋아요'를 눌러도 죄는 없어지지 않습니다. 우리는 죄 앞에서 여지없이 무너지고 마는 사람들입니다.

그런데 예수님이 십자가의 능력으로 모든 죄의 권세를 물리치셨습니다. 그리고 죄 아래 있던 우리를 건져 주셨습니다. 사망의 자리에서 생명의 자리로 우리를 옮겨 주셨습니다. 우리는 더 이상 죄의 권세 아래 있지 않습니다. 예수님의 은혜와 진리 아래 있습니다. 오직 예수 그리스도의 십자가만이 구원의 능력입니다. 이것을 확신해야 합니다. 사도 바울처럼 말입니다. 예수 그리스도의 십자가는 하나님의 사랑이 얼마나 큰지를 보여 줍니다. 그리고 우리를 포기하지 않겠다는 하나님의 의지를 보여 줍니다. 문제는 십자가에 대한 확신입니다.

━ 십자가의 거룩

> "그러나 내게는 우리 주 예수 그리스도의 십자가 외에 결코 자랑할 것이
> 없으니 그리스도로 말미암아 세상이 나를 대하여 십자가에 못 박히고 내
> 가 또한 세상을 대하여 그러하니라"(갈 6:14).

"그리스도로 말미암아 세상이 나를 대하여 십자가에 못 박히고 내가 또한 세상을 대하여 그러하니라"라는 말은 바울 자신과 세상이 서로 못을 박는 것처럼 피차 관계가 끝났음을 극적으로 표현한 것입니다. 물론 여기서 말하는 세상은 지금 우리가 살고 있는 가정이나 직장 혹은 학교 같은 삶의 터전을 직접적으로 의미하는 것이 아닙니다. 단순히 사람이 모여 사는 곳을 뜻하지도 않습니다. 세상은, 로마서 12장 2절이 언급하듯, '자기 영광을 추구하며, 세속적 가치관을 가지고 살아가는 삶의 방식'을 의미합니다.

　예수 그리스도의 십자가 외에 그 무엇이 우리로 하여금 거룩한 삶을 살도록 만들겠습니까? 십자가는 우리로 하여금 세상의 가치관과 방식을 따라 살지 않도록 결단케 합니다. 십자가는 거룩한 삶의 동기가 됩니다. 이제 우리는 예수님에게 속한 자가 되었습니다. 그분을 따르고, 그분과 함께하며, 그분을 닮아 가는 일을 이 땅에서 남은 평생 해야 합니다. 세상의 유혹과 시험이 가끔씩 우리를 흔들어 놓을 수는 있지만, 우리는 십자

가 덕분에 완전히 넘어지지는 않습니다. 세상과 성도는 피차 죽은 관계이기 때문입니다. 그러므로 세상에서 너무 쩔쩔매는 것은 십자가를 자랑하며 살아야 할 우리의 모습이 아닙니다. 세상은 우리에게 두려움의 대상이 될 수 없습니다. 우리는 세상에 순종할 아무런 이유가 없습니다. 예수님이 우리의 주님이시기 때문입니다.

도널드 트럼프 전 미국 대통령은 거칠고 속된 말을 거리낌 없이 하는 것으로 유명합니다. 그래서 그를 향해 "트럼프의 입은 대량 살상 무기다"라는 말까지 나오게 되었습니다. 대통령답지 못한 언행은 결국 다른 사람에게 나쁜 영향을 미칠 수밖에 없습니다. 미국의 정치 데이터 업체인 고브프레딕트(GovPredict)가 2019년 8월 18일에 발표한 바에 따르면, 535명의 미국 상·하원 의원들이 그들의 트위터(twitter)에 사용한 비어, 속어, 욕설의 빈도가 트럼프 대통령 취임 후 급속도로 늘어났다고 합니다. 모두들 점잖게 대응할 수만은 없는 입장이 되어 버렸던 것입니다.

우리의 말과 행동은 다른 사람들에게 어떤 영향을 미치고 있을까요? 다른 사람들은 우리를 어떻게 보고 있을까요? 십자가의 길을 걷는 것은 결코 쉬운 일이 아님을 우리는 압니다. 십자가는 세상의 가치관과 풍조를 거부하기 때문입니다. 그러나 우리에게는 새 왕이 있습니다. 그 왕은 십자가를 지기까지 우리를 사랑하며, 우리를 존귀하게 여기시는 분입니다. 우리가 십자가의 길을 걷는 데 필요한 힘은 예수님의 십자가로부터 나오는 것임을 잊지 말아야 합니다. 존 스토트는 "십자가의 사람들은 세상으로부터 도망치는 사람들이 아니라 세상을 도전하는 사람들이다"라고 말했습니다.

─ 십자가의 선포

십자가는 예수님이 보여 주셨던 것처럼, 우리 또한 긍휼을 품고 살아야 하는 존재임을 가르쳐 줍니다. 고대의 왕들은 자신을 드러내기 위해 거대한 신상을 세우거나, 피라미드, 왕궁, 오벨리스크, 개선문, 기념비 같은 화려한 구조물을 지었습니다. 그러나 하나님 나라의 왕이신 예수님은 너무나도 초라하게 십자가에 매달려 죽으셨습니다. 자신의 그 무엇을 자랑하지 않으셨습니다. 사실 사람의 눈에는 자랑할 만한 것이 그에게서 보이지 않았습니다. 그러나 십자가에서의 그 죽음은 우리를 위한 대속의 죽음이었습니다. 그래서 우리는 그 십자가를 전하게 되는 것입니다.

"십자가의 도가 멸망하는 자들에게는 미련한 것이요 구원을 받는 우리에게는 하나님의 능력이라"(고전 1:18).

"우리는 십자가에 못 박힌 그리스도를 전하니 유대인에게는 거리끼는 것이요 이방인에게는 미련한 것이로되 오직 부르심을 받은 자들에게는 유대인이나 헬라인이나 그리스도는 하나님의 능력이요 하나님의 지혜니라"(고전 1:23-24).

그렇다면 우리는 도대체 무슨 힘으로 십자가를 전할 수 있는 것일까요?

"무릇 이 규례를 행하는 자에게와 하나님의 이스라엘에게 평강과 긍휼이 있을지어다"(갈 6:16).

여기서의 규례는 복음에 합당한 삶을 말합니다. 하나님의 이스라엘은 할례나 율법을 따르는 자들이 아니라 예수 십자가를 따르는 자들입니다. 이제 우리가 십자가를 전할 수 있게 된 것은 여전히 위로부터 내리는 '평강과 긍휼' 덕분입니다. 예수 그리스도가 십자가 위에서 행하신 일, 그래서 이루어 놓으신 일이 우리가 순종하는 동기와 힘이 됩니다.

십자가의 은혜가 있어서 우리는 순종의 삶을 살게 됩니다. 그래서 무엇을 해내고 또 이루어 내더라도 우리는 자랑하지 않습니다. 십자가의 은혜로 그렇게 했기 때문입니다. 우리가 자랑할 것은 오직 은혜의 십자가뿐입니다. 믿는 자가 선포할 것은 궁극적으로 예수 십자가뿐입니다.

● **함께 생각하고 솔직하게 나눠 봅시다.**

1. "만약 당신이 하나님의 은혜를 원한다면, 당신에게 필요한 것은 [그 은혜를] 필요로 하는 것뿐입니다. 그 외에 필요한 것은 아무것도 없습니다"라는 팀 켈러의 말을 당신이 이해하는 방식으로 설명해 보십시오.

2. 가정과 직장 그리고 다른 모든 만남에서 당신은 말과 행동으로 어떤 영향을 끼치며 살고 있습니까? 자녀에게 당신은 어떤 본이 되고 있습니까? 직장 동료에게 당신은 삶의 향기로 예수님을 드러내고 있습니까? 당신은 삶의 터전에서 당신에게 주어진 '십자가'를 지려고 합니까, 아니면 거부하려고 합니까? 당신은 도망치는 그리스도인입니까, 아니면 도전하는 그리스도인입니까?

3. 당신의 영혼 안에 '벼룩과 빈대' 같은 것이 있지는 않습니까? 그것 때문에 마땅히 해야 하는 중요한 일에 집중하지 못하고 있지는 않습니까? 그러면서도 해충을 잡고자 하는 생각을 하지 않고 있는 것은 아닙니까?

36. 우리는 예수가 남긴 사랑의 흔적입니다 갈 6:17-18

저는 2019년에 세상을 떠나신 어머니의 마지막 모습을 지켜보았습니다. 임종 자리에 가족들과 함께 있었습니다. 그 자리에서 가장 먼저 떠올랐던 생각은, '하나님, 어머니에게 믿음의 선물을 주셔서, 은혜 가운데 이 땅에서의 삶을 마감하고 하나님 나라로 가게 하심을 진심으로 감사합니다'였습니다. 그 자리에 무슨 인간의 업적이나 공로 혹은 신분 같은 것이 필요했겠습니까? 인생은 결국 살아야 하는 것이고, 또 걸어가야 할 어떤 길이기도 합니다. 히브리어로 '길을 가는 것'과 '행하는 것'은 동일한 단어인 '데렉'(derek)을 사용합니다. 우리는 언젠가는 죽음에 이르게 되고, 이 땅에서의 길은 끝나게 되어 있습니다.

인생을 철학적으로 논할 수는 있지만, 그것은 사색이나 명상 혹은 논증으로 설명할 수 있는 것이 결코 아닙니다. 하루하루를 어떻게 살다가 가는가, 이것이 인생에서 중요한 문제입니다. 성경은 이 주제를 '지혜'의 문제로 여깁니다. 그리스도인은 '몸'에 예수의 흔적을 가지고 평생을 살도록 부름 받은 사람입니다.

본문은 갈라디아 교회 성도들에게 바울이 서신을 통해 경계하고 권면하고 꾸짖는 내용이 어떤 면으로는 사도 자신에게 하는 충언임을 보여 줍니다. 특별히 그가 표현한 '예수의 흔적'은 거짓 교사들이 주장했던 '할례'를 염두에 두고 한 말일 것입니다. 두 가지 다 몸에 남는 뚜렷한 자국들입니다. 그러나 갈라디아 교회를 갈등과 혼동 가운데 빠뜨린 거짓 교사들에게는 '몸의 흔적'만 남아 있지 '예수의 흔적'은 찾아볼 수가 없었습니다. 그들에게는 사도 바울처럼 예수의 이름으로 인한 고난과 박해의 흔적도 없었고, 주 예수 그리스도의 십자가 은혜만을 주장하고 자랑하는 진정한 사도로서의 흔적도 없었다는 말입니다. 그래서 바울은 몸에 예수의 흔적이 없는 그런 거짓 가르침으로 더 이상 자신을 괴롭게 하지 말아 달라고 말합니다.

예수의 흔적은 (근본적인 의미에서) 사도 바울 자신이 주 예수 그리스도와 그의 몸 된 교회를 위해 겪어야만 했던 고난과 고통 그리고 아픔의 흔적이라 이해할 수 있습니다. 이와 더불어 그의 몸에 남은 흔적은 바울 자신이 진정한 사도임을 보여 주는 징표라 할 수 있습니다. 팀 켈러는 이에 대해 "나[바울]를 의심하지 말라. 내게는 사도의 권위를 보여 주는 진정한 흔적이 있다. 위대함과 부요함이 아니라 고난과 연약함의 흔적이다"라고 해석합니다.

그렇다면 우리에게 있어 몸에 예수의 흔적을 가지고 산다는 것은 구체적으로 무엇을 의미하는지 그리고 그러한 흔적을 가지고 사는 데 필요한 것은 무엇인지 살펴보겠습니다. 이것을 사도 바울의 삶과 사역, 갈라디아서 전체의 내용 그리고 복음의 본질에 관한 성경의 가르침 전체를 연결시켜 생각해 볼 것입니다.

예수의 복음의 은혜

'몸에 예수의 흔적을 지니고 있다'는 말은 '오직 예수의 은혜를 입고 산다'는 것을 의미합니다. 자신이나 다른 사람의 힘을 더 이상 의지하지 않고 예수님만을 전적으로 의지해 자신을 그에게 맡기고 사는 것입니다. 우리가 '자기 의'에 빠지고 '자기 자랑'을 일삼게 되는 것은 예수님과 그분의 복음의 은혜를 깊이 경험하지 못했기 때문입니다(그래서 율법주의자들이 '할례'를 육체의 모양내는 것이나 자랑거리로 삼은 것입니다). 그리고 삶 속에 갈등과 곤고함이 계속되는 것은 예수님이 우리를 도우실 힘이 없기 때문이 아니라, 우리가 예수님을 전적으로 의지하지 않기 때문입니다.

놀라운 것은, 예수님을 의지하거나 그분의 은혜를 구하는 일에 관심을 기울이는 성도들이 생각만큼 많지 않다는 사실입니다. 또한 겸손, 내적 변화, 소망 같은 복음의 속성을 따라 열심히 살면서 하나님이 기뻐하시는 열매를 맺고자 하는 열정을 가진 그리스도인들도 그렇게 많지 않은 것 같습니다. 지속적으로 십자가 은혜를 구하지 않으면 우리의 신앙은 언제든지 율법적으로 변질될 가능성이 있습니다. 그 누구도 예외는 없습니다.

우리는 누가복음 18장에 나오는 '성전에서 기도하는 바리새인'의 모습을 예수님이 어떻게 평가하셨는지를 기억해야 합니다. 예수님은 그 기도자의 경건이나 종교적 열심 또는 의로운 행위 자체를 문제 삼으신 것이 아니었습니다. 그가 자신의 본성에 대해 무지한 것이 문제였습니다. 그 자신이 하나님 앞에서 얼마나 은혜가 필요한 존재인지를 모르는 것이 문제였습니다. 우리도 마찬가지입니다. 우리가 하나님과 얼마나 멀어져 있는 존재인지를 감지하지 못하는, 영적으로 둔해져 버린 때가 우리에게도 있습니다. 열심히 무엇인가를 하는데 하나님의 뜻과 성품에는 관심이 없는 때도 있습니다. 그런데 한 가지 분명한 사실은, 우리가 스스로의 연약함과 부족함을 인정할 때 오히려 하나님의 강하심과 능하심과 풍성하심을 경험할 수 있다는 것입니다.

북한의 5대 범죄는 마약, 성매매, 도박, 밀수 그리고 미신이라고 합니다. 그런데 이러한 것들이 이데올로기나 정치 체제 혹은 경제 제도와 관련된 것들입니까? 아닙니다. 타락하고 부패한 사람의 본성, 즉 죄성으로부터 나오는 것들입니다. 우리나라처럼 자유와 풍요가 있는 곳이든지 북한처럼 얽매임과 궁핍함이 있는 곳이든지 상관없이 사람이 있는 곳에는 동일하게 죄악이 만연해 있습니다. 죄악은 삶의 환경이나 상황에 관계없이 언제, 어디에서나 존재합니다. 우리는 사람을 새롭게 만드는 것이 무엇인지 분명히 알아야 할 필요가 있습니다. 십자가 은혜 외에 그 무엇으로 사람을 바꿀 수 있겠습니까?

은혜로 사는 것은 자신이 누구인지를 알 뿐만 아니라 예수님의 복음이 무엇인지를 늘 잊지 않고 사는 것입니다. 복음의 은혜를 끝까지 붙들고 사는 것입니다. 그러면 사도 바울이 왜 다음과 같이 고백했는지를 이해하게 될 것입니다.

"그러나 내가 나 된 것은 하나님의 은혜로 된 것이니 내게 주신 그의 은혜가 헛되지 아니하여 내가 모든 사도보다 더 많이 수고하였으나 내가 한 것이 아니요 오직 나와 함께하신 하나님의 은혜로라"(고전 15:10).

━ 예수를 위한 고난

'몸에 예수의 흔적을 지니고 있다'는 고백은 '예수님이 실제로 고난당하셨던 것처럼, 예수님을 따름으로 인해 몸에 고난의 흔적이 남아 있다'는 것으로 이해할 수 있습니다. 사도행전 14장을 보면, 사도 바울이 선교 여행 중 루스드라라는 곳에 이르게 됩니다. 그는 거기서 한 병자를 고칩니다. 그리고 그곳에서 복음도 전합니다. 그러자 분노한 유대인들이 바울을 돌로 치게 됩니다. 사람들은 바울이 돌에 맞아 죽은 줄 알고 그를 성 밖으로 버립니다. 그러니까 사도 바울의 몸에는 '고난의 흔적', 특별히 돌에 맞아 생긴 흉터가 분명히 남았을 것입니다. 바로 그 루스드라가 갈라디아 남부 지방에 위치한 도시입니다. 예수의 흔적은 바로 예수님과 그분의 복음 때문에 생긴 고난의 흔적인 셈입니다.

사람이면 누구나 고난, 고초, 곤경, 고독 그리고 고통을 싫어합니다. 당연히 안락하고 편한 것을 좋아합니다. 그러나 우리는 오히려 고난의 흔적을 가지고 살아야 할 소명을 가진 자들입니다. 예수님으로 인해 손해를 보거나 아픔을 겪거나 눈물을 흘리는 일이 성도에게는 낯선 것이 되어서는 안 됩니다.

우리는 십자가를 장식품으로 사용할 수 있습니다. 십자가를 신학적으로 분석할 수도 있습니다. 십자가를 주제로 책도 쓸 수 있습니다. 그리고 심지어 십자가를 찬양의 소재로 삼아 노래할 수도 있습니다. 그렇지만 정말로 중요한 것은, 십자가를 실제로 지는 것입니다. 십자가를 알고 믿을 뿐 아니라, 십자가를 기쁨으로 감당하는 데까지 나아가야 합니다. 사도 바울도 십자가의 복음 때문에 갈라디아 교회 성도들로부터 미움을 받고 있지 않습니까?

"그런즉 내가 너희에게 참된 말을 하므로 원수가 되었느냐"(갈 4:16).

'속삭이는 사람들'이라는 말이 있습니다. 역사학자이자 런던대학교 교수인 올랜도 파이지스(Orlando Figes)가 저술한 《속삭이는 사회》(교양인 역간)에 나오는 표현으로서, 스탈린 통치 하에 살던 소련의 평범한 개인들을 지칭하는 말입니다. '속삭이는 사람들'은 살아남기 위해 침묵해야만 하는 사람들입니다. 고난과 희생을 두려워해서 언제나 속삭이는 데 길들여져 있는 사람들입니다.

오늘날 교회의 문제도 점점 속삭이는 사람들이 많아지는 데 있습니다. 그 가운데는 설교자도 포함됩니다. 어려움과 아픔을 겪지 않기 위해 '십자가'에 대해 침묵하는 것입니다. 스스로 '예수의 흔적'을 지우려고 합니다. 그리고 교회 안에서만, 우리끼리만 속삭입니다.

교회에 처음 나온 사람들이 교회에서 상처를 입거나 낙심에 빠져 교회를 등질 경우, 다시 교회로 돌아오는 것이 쉽지 않습니다. 그런 안타까운 일이 발생하지 않도록, 먼저 신앙생활을 시작한 우리는 늘 먼저 손해 볼 각오를 해야 합니다. 또 누군가가 고통을 당해야 한다면, 자진해서 먼저 고통당할 준비를 해야 합니다. 그러기 위해서는 우리보다 먼저 십자가 고난을 당하신 예수님을 늘 생각하고 바라봐야 합니다. 그분 안에서의 고난은 우리가 하나님에게 버림을 받았거나 인생에서 실패한 것임을 보여 주는 증거가 아닙니다. 오히려 그분을 닮았다는 것을 인증하는 것입니다. 만약 우리의 삶에 고난이 없다면, 우리는 쉽게 교만에 빠지게 될 것입니다. 모든 것이 마음먹은 대로 쉽게 이루어지면, 하나님을 쉽게 잊어버릴 수도 있을 것입니다. 그리고 '자기 의'에 금방 사로잡히게 될 것입니다. 고난은 우리로 하여금 계속 '복음 중심적인 삶'을 살게 하는 하나님의 또 다른 은혜입니다.

17절의 '흔적'으로 번역된 '스티그마타'(stigmata)라는 헬라어 단어는 원래 노예의 '문신'을 뜻합니다. 그 노예의 주인이 누구인가를 보여 주는 문신입니다. 따라서 '몸에 예수의 흔적을 지니고 있다'는 말은 '예수의 증인으로 지금까지 살았고, 앞으로도 예수님을 전하며 살겠다'는 결단입니다. 율법주의 신앙을 가진 거짓 교사들은 사람을 살리는 일보다 넘어뜨리는 데 앞장서는 자들이었습니다. 예수님 당시의 바리새인들도 그러한 모습을 보였습니다. 그들은 자기들만 천국에 들어가지 않는 것이 아니라, 천국 길을 가로막고 서서 남들도 들어가지 못하게 만드는 사람들이었습니다.

몸에 예수의 흔적을 지닌 사람은 한 사람의 영혼을 소중히 여깁니다. 복음 전파에 힘을 씁니다. 바울은 자신이 예수 그리스도의 종이요, 예수 그리스도가 자신의 주 되심을 늘 잊지 않았습니다.

> "이제 내가 사람들에게 좋게 하랴 하나님께 좋게 하랴 사람들에게 기쁨을
> 구하랴 내가 지금까지 사람들의 기쁨을 구하였다면 그리스도의 종이 아니
> 니라"(갈 1:10).

예수님이 하나님의 아들이면서도 하나님의 구원의 뜻을 따라 종의 삶을 사셨던 것처럼, 자신을 드러내지 않고 오직 예수님의 이름만 높이기를 원하는 사람이 몸에 예수의 흔적을 지니고 사는 사람입니다. 겸손히 그리고 묵묵히 자신을 드리는 사람, 자신은 희생당하더라도 다른 사람이 생명을 누리는 것을 기뻐하는 사람, 자신의 유익과 안전을 내려놓을 수 있는 사람, 바로 그 사람이 몸에 예수의 흔적을 가진 사람입니다. 그런 사람에

게 무엇보다도 필요한 것이 있습니다.

"형제들아 우리 주 예수 그리스도의 은혜가 너희 심령에 있을지어다 아
멘"(갈 6:18).

예수님의 은혜가 우리 심령에 들어오면 그 이름을 위해 받는 고난을 넉넉히 감당하게 됩니다. 몸에 예수의 흔적이 있음을 기뻐하게 됩니다. 그리고 그 이름 전하는 것을 사명으로 여기게 됩니다. 예수님을 세상에 알리는 것이 바로 자신의 책임인 양 살게 됩니다. 이런 변화는 오직 예수 십자가의 은혜를 경험한 사람에게만 나타납니다. 당신은 이 은혜를 알고 있습니까? 이 흔적을 갖고 있습니까? 이 변화를 경험했습니까? 사도 바울이 만났던 그 예수 그리스도를 당신도 또한 만났습니까?

● **함께 생각하고 솔직하게 나눠 봅시다.**

1. 당신이 체험한 가장 강렬했던 하나님의 은혜는 무엇이었습니까? 그 은혜 이후 당신의 삶에 어떤 변화가 일어났습니까?

2. 당신에게도 예수님의 흔적이 있습니까? 어떻게 생긴 것입니까? 그것이 당신의 삶에 어떤 영향을 주고 있습니까?

3. 당신이 설교자로부터 듣기 원하는 말씀의 주제는 주로 무엇입니까? 당신의 그런 성향은 당신의 신앙을 복음적으로 성장시키고 있습니까, 아니면 종교적으로 퇴보시키고 있습니까?